Annette Rehrl · Illustrierte Ausgaben von Goethes Lyrik 1800 – 1933

Silhouette von Johanna Beckmann, 1909

Annette Rehrl

Illustrierte Ausgaben von Goethes Lyrik 1800 – 1933

M&P
VERLAG FÜR WISSENSCHAFT UND FORSCHUNG

Die Deutsche Bibliothek – CIP-Einheitsaufnahme

Rehrl, Annette:
Illustrierte Ausgaben von Goethes Lyrik 1800 – 1933 /
Annette Rehrl.
– Stuttgart : M und P, Verl. für Wiss. und Forschung, 1996
Zugl.: München, Univ., Diss., 1993
ISBN 978-3-476-45136-1
NE: HST

ISBN 978-3-476-45136-1
ISBN 978-3-476-04232-3 (eBook)
DOI 10.1007/978-3-476-04232-3

M & P Verlag für Wissenschaft und Forschung
ein Verlag der J.B. Metzlerschen Verlagsbuchhandlung und
Carl Ernst Poeschel Verlag GmbH in Stuttgart

1. Einleitung ... 9
1.1 Einführung in die Thematik ... 9
1.2 Forschungsüberblick ... 14
1.3 Methodik ... 17

2. Lyrikillustration im Rahmen der Buchgeschichte ... 21
2.1 Entwicklung von Illustrationstechniken und Druckverfahren ... 21
2.2 Erscheinungsformen der Lyrikillustration im Kontext der Buchkunst ... 27
2.2.1 18. Jahrhundert ... 29
2.2.2 19. Jahrhundert ... 32
2.2.3 20. Jahrhundert ... 37
2.3 Funktionen der Lyrikillustration im Wandel der Epochen ... 40
2.4 Zum Verhältnis von Wort und Bild ... 45

3. Funktionen der Illustration in Goethe-Gedichtausgaben ... 55
3.1 Form und Wirkung: Die Illustration als Medium im Rezeptionsprozeß ... 55
3.2 Goethes Verhältnis zur Illustration ... 66
3.3 Verlegerinteressen ... 78
3.4 Zielgruppenorientierte Editionen ... 89

4. Die Illustrationen zu J. W. Goethes Lyrik ... 99
4.1 Illustrierte Gedichtabteilungen (Tab. 1, 2) ... 101
4.2 Die illustrierten Gedichte (Tab. 3) ... 109
4.3 Mehrfachillustrationen ... 123
4.3.1 *„Heidenröslein"* ... 134
4.3.2 *„Der Fischer"* ... 152
4.3.3 *„Der Totentanz"* ... 170

5. Die illustrierten Gedichtausgaben ... 181
5.1 Vorgeschichte bis 1800 ... 181
5.2 1800–1832 ... 183
5.2.1 Erste Illustrationen ... 183
5.2.2 'Kupfer-Sammlung zu Goethes sämmtlichen Werken' ... 189
5.2.3 Almanache und Taschenkalender ... 190
5.2.4 Eugen Napoleon Neureuthers 'Randzeichnungen zu Goethes Balladen und Romanzen' ... 195
5.3 1832–1871 ... 198
5.3.1 Wilhelm Kaulbachs 'Gallerie zu Goethe's sämmtlichen Werken' 199
5.3.2 Das 'Goethe Album' von Ludwig Richter ... 202

5.3.3 Weitere illustrierte Ausgaben 205
5.4 1871–1918 209
5.4.1 Prachtausgaben 210
5.4.2 Ausgaben für Damen 219
5.4.3 Einzelbände mit Buchschmuck 223
5.5 1918–1933 226
5.5.1 Künstlerbücher 227
5.5.2 'Goethe-Gedichte' bei Paul Cassirer 231
5.6 Resümee 238

6. Schlußbetrachtung 243

Anhang 247
Verzeichnis illustrierter Goethe-Lyrikausgaben in chronologischer Reihenfolge 247
Literaturverzeichnis 252

Vorwort

Statt eines Vorworts möchte ich an dieser Stelle ausdrücklich all jenen danken, ohne die dieses Buch nie entstanden wäre.

Den Umstand, Johann Wolfgang Goethe als sporadischen, doch stets präsenten „Begleiter" gewonnen zu haben, verdanke ich meinem Doktorvater, Herrn Prof. Dr. Günter Häntzschel von der Ludwig-Maximilians Universität München. Er hatte die Idee zu diesem Thema und die Geduld, mich auch über Jahre der Berufstätigkeit hinweg mit viel Zuversicht zu betreuen.

Für sachdienliche Hinweise danke ich Frau Cornelia Banzhaf, M.A. und Dr. Georg R. Schroubek für wertvolle Anregungen. Er half, bedrohliche Klippen zu umschiffen und bewahrte mich vor dem Fall in manchen Abgrund.

Dank auch meinen Freunden, die des Themas nicht überdrüssig wurden und die Entstehung dieses Buches mit Interesse und Anteilnahme begleitet habe. Sie waren das heilsame Gegengewicht zu den Überstunden am Schreibtisch. Einem von ihnen, Rainer Kürvers, sei ganz besonders gedankt. Er stellte mir nicht nur die technischen Mittel zur Verfügung, sondern investierte viel Zeit, Freude und Geduld in die Erstellung dieses Buches.

Mögen sich darüber hinaus meine Eltern und all jene, die mich auf ihre Weise unterstützt haben, in diesem Dank eingeschlossen fühlen.

1. Einleitung

1.1 Einführung in die Thematik

Wer im 19. Jahrhundert das Ausmaß seiner Bildung bekunden wollte, tat gut daran, eine Goethe-Ausgabe zu erwerben. Sofern das Werk darüber hinaus mehr repräsentativen als geistigen Ansprüchen genügen sollte, griff man mit Vorliebe auf illustrierte Bände zurück. Offensichtlich war dieses Bedürfnis der Käuferschaft schon bald sehr groß, denn nur so läßt sich die Beliebtheit der bereits um 1830 aufkommenden „pompösen Quartausgaben mit Goldschnitt und reichen Illustrationen“ erklären, „die allenfalls zum Vorlesen, mehr aber wohl zu dekorativen Zwecken dienten“.[1]

In dem Maße, in dem Goethe bereits zu seinen Lebzeiten zum kulturellen Statussymbol aufstieg, erlangte die Illustrierung seiner Werke zunehmend Bedeutung. Der Lyrik schenkte man dabei zunächst nur wenig Beachtung: Goethes Gedichte wurden selektiv illustriert und fanden nur zögerlich eine Umsetzung ins Bild. Dies wirft zwangsläufig die Frage auf, inwieweit wirkungsgeschichtliche Umstände hierbei eine Rolle spielten und welche äußeren Faktoren und Hintergründe die Entstehung der Illustrationen prägten. Unter rezeptionsgeschichtlichen Aspekten ist die Illustrationsgeschichte zu Goethes Lyrik daher äußerst aufschlußreich.

Jegliche Form der Illustrierung darf als Zeugnis des Rezeptions--prozesses verstanden werden. Bislang zeigte die Literaturwissenschaft jedoch nur geringfügiges Interesse an der vielfältigen Beziehung zwischen Text und Bild. Untersuchungen zur Buchillustration blieben eine Domäne der Kunstwissenschaft und wurden selbst dort vernachlässigt. Trotz der seit Jahren stärker werdenden Forderung, auch fachübergreifende Forschungsarbeit zu leisten, gibt es nur geringe Ansätze, konstruktiv mit anderen Fachrichtungen zusammenzuarbeiten. Dabei ergänzen sich Themen aus dem Wort/Bild-Bereich namentlich in der Wirkungs- und Rezeptionsforschung. Wie Frank Büttner zutreffend konstatierte,

---

1 Waltraud Hagen: „Goethes Werke auf dem Markt des deutschen Buchhandels“, in: GJB 100, 1983, S. 57.

> legt jede Illustration das Vorstellungs- und Sinnpotential des Textes aus und ist damit ein Dokument seiner Rezeptionsgeschichte. In herausragenden Fällen ist die Illustration sogar wesentlich an der Steuerung des Rezeptionsprozesses beteiligt.[2]

Für Goethes Lyrik gilt dies im besonderen. Erstaunlicherweise hat es die Goethe-Forschung bisher jedoch versäumt, sich des weitreichenden Themas anzunehmen. Im Bereich der Illustrationsgeschichte zu Goethes Dichtung sind jedenfalls auffallende Forschungslücken vorzufinden.

Die vorliegende Arbeit versteht sich demzufolge als Beitrag, Lyrikillustration zum Gegenstand einer literaturwissenschaftlichen Betrachtung zu machen. Das Augenmerk soll hierbei auf jene Faktoren gerichtet werden, die hinsichtlich ihrer rezeptionsgeschichtlichen Wirkung von Bedeutung sein können. Dabei sollen Fakten dargelegt und vor den komplexen Zusammenhängen und Hintergründen beleuchtet werden. Ein vordergründiges Anliegen dieser Untersuchung liegt vor allem darin, auf all jene scheinbar sekundären Aspekte hinzuweisen, die sich auf den letztendlichen Rezeptionsprozeß einer Illustration und ihres dazugehörigen Gedichts ausgewirkt haben. Hierzu gehören besonders jene Faktoren, die im Rahmen markt- und werbepsychologischer Erkenntnisse von Bedeutung sind, die in der kunst- bzw. literaturwissenschaftlichen Forschung bisher jedoch außer Acht gelassen wurden.

Die Problematik stellt sich bereits angesichts des Selbstverständnisses der Lyrikillustration, das im Bereich der Buchkunst seit jeher Stoff zu Kontroversen bietet. Während sich die Bebilderung religiöser oder wissenschaftlicher Texte schon durch ihr didaktisches Moment rechtfertigt und Illustrationen in fiktionaler Literatur zunächst als ästhetische Bereicherung gelten, wird die Existenzberechtigung der Gedichtillustration a priori in Frage gestellt. Hier findet sich unter Forschern, Literaten und bildenden Künstlern ein

---

2 Frank Büttner: „Die Illustration im 18. und frühen 19. Jahrhundert. Probleme ihrer Katalogisierung und der bibliographischen Erschließung der Sekundärliteratur", in: Bibliographische Probleme im Zeichen eines erweiterten Literaturbegriffs, Weinheim 1988, S. 160.

breites Spektrum, das von einer grundsätzlichen Befürwortung der Lyrikillustration bis hin zu ihrer prinzipiellen Ablehnung reicht.[3] Während sie Wilhelm Höck in einem sehr subtilen Bereich ansiedelt, „den man vielleicht als die 'Aura' der Vorlage bezeichnen könnte: ihr zugehörig und doch nicht mit ihr gleichgestellt"[4] und der Illustrator Wilhelm M. Busch für die Illustration plädiert, indem er die Dichter ermahnt, ihr Werk nicht stets als unantastbar zu empfinden,[5] versteigt sich Wilhelm Plünnicke beispielsweise zu der Behauptung: „Man kann nicht Goethes Lyrik (...) illustrieren, weil sie in sich vollendet ist." [6] Illustrationen zu Goethes Prosa hingegen läßt er gelten.

Maßgeblich für die divergierenden Meinungen ist die Tatsache, daß nirgendwo sonst das Verhältnis zwischen Wort und Bild so eklatant in Erscheinung tritt: Unterschiede in Formvollendung und Gehalt können das ästhetisch-harmonische Gleichgewicht empfindlich stören und wirken sich ihrerseits wiederum auf den Rezeptionsprozeß aus.

So sehr Illustrationen in nicht-fiktionalen Texten zur Veranschaulichung des Gegenstandes beitragen können, so sehr stellen sie sich in literarischen Werken selbst in Frage, denn „die bloße bildliche Wiedergabe eines mit Worten beschriebenen Vorgangs genügt nicht, einen Stoff zu illustrieren, vielmehr soll im illustrativen Gebilde der ganze Raum des Erdichteten gefaßt werden."[7]

Mehrschichtige Texte jedoch – und für die Lyrik gilt das im besonderen – werden durch den Illustrator nicht selten auf *eine* Ebene reduziert. Eine schlechte Illustration kann somit die Aussage des Gedichts gänzlich entstellen und seine Komplexität mitunter zunichte machen.

---

3 Uneinstimmigkeiten bei den bildenden Künstler ergaben sich schon aus der Tatsache, daß die Illustrierung allgemein als 'Gebrauchskunst' verstanden wird, also als künstlerisch minderwertig gilt.

4 Wilhelm Höck: „Die Grenzen der Buchillustration. Zur Phänomenologie eines künstlerischen Ausdrucksmittels", in: Illustration 63, Heft 2, Memmingen 1964, o. S.

5 Vgl. Wilhelm M. Busch: „Der Illustrator zwischen Autor und Leser", in: Illustration 63, Heft 3, Memmingen 1975, S. 75–78, hier S. 75.

6 Vgl. Wilhelm Plünnicke: Grundformen der Illustration, Diss. Leipzig 1940, S. 35.

7 Carl Bänfer: Bild und Wort im illustrativen Schaffen der letzten 100 Jahre. Probleme der jüngeren Buchillustration, Diss. Münster 1952, S. 13.

Illustrationen hingegen, die aufgrund ihrer herausragenden Qualität als eigenständiges Kunstwerk zu betrachten sind, verleihen dem Text eine zusätzliche Dimension. Auch in solchen Fällen, in denen nur eine Ebene des Gedichts zum Tragen kommt, erhöht und bereichert das Bild den Text. Durch gute Illustrationen werden selbst mittelmäßige Gedichte akzeptabel, was umgekehrt nicht der Fall ist. Dennoch bleibt auch hier zu fragen, inwieweit das Bild dem Text treu bleibt und ihm gerecht wird.

Einen weiteren Problemfaktor stellen die externen Einflüsse dar. So darf nicht übersehen werden, daß Leser und Betrachter eines illustrierten Gedichts mit einem Produkt konfrontiert werden, das bereits der Dynamik diverser Modifizierungsprozesse unterlegen ist. Dazu gehören die Schwerpunktsetzung des Herausgebers und seine vorab getroffenen Entscheidungen, z.B. welche Gedichte überhaupt illustriert werden sollten und welche nicht, sowie die geleistete Gedichtinterpretation des Illustrators. Hinzu kommen epochenspezifische Tendenzen und Moden.

Bemerkenswert ist ferner die Wechselwirkung zwischen den Präferenzen gewisser Zielgruppen und den Vorlieben der Verleger. Schließlich bestimmt auch auf dem Buchmarkt die Nachfrage des Lesepublikums, ob anspruchsvolle Buchprojekte durchgeführt werden oder nicht. Einschlägige ästhetische Bildungs- und Erziehungsmaßnahmen von seiten der Autoren, den Publikumsgeschmack betreffend, haben jedenfalls oftmals ihre Wirkung verfehlt. [8]

An der letztlichen Wirkung einer Illustration sind demzufolge künstlerisch-technische Voraussetzungen und Stilrichtungen, gesellschaftspolitische und historische Gegebenheiten, Verlegerinteressen und ökonomische Faktoren beteiligt, die die Rezeption eines jeglichen Textes beeinträchtigen und manipulieren, ohne daß dies dem Leser überhaupt bewußt wird. Sofern man die Illustration als Indikator für den Rezeptionsprozeß betrachtet, muß allerdings bedacht werden, daß das Unterbewußtsein des Lesers zwar einer Reihe von Vorgängen

---

8 Erinnert sei hier an Goethes und Schillers 'Publikums-Erziehungsprojekt' in den 'Horen', das bald zum Scheitern verurteilt war. Schiller stellte seine Zeitschrift nach 12 Nummern mangels Akzeptanz ein. Sein Fazit lautete: „Wenn aber ... die öffentliche Stimme gegen uns ist, so muss die Unternehmung aufgegeben werden. Mir ist es unmöglich, mich lange gegen Stumpfsinnigkeit und Geschmacklosigkeit zu wehren." Vgl. Schiller an Cotta, 3. September 1795, Schillers Werke, NA Bd. 28, Weimar 1969, S. 39 ff.

ausgesetzt ist, welche die Textrezeption mitbestimmen, sich diese Einflüsse jedoch nicht mehr nachweisen lassen. So gesehen, müssen sich diesbezügliche Mutmaßungen eher auf psychologische Erkenntnisse als auf tatsächliche Beobachtungen stützen.

Da auf dem Gebiet der Illustrierung von Goethes Lyrik bisher keine Grundlagenforschung betrieben wurde, ist es Ziel dieser Arbeit, den Zeitraum zwischen 1800 und 1933 faktisch zu erhellen. Unter Berücksichtigung der Komplexität des Themas werden die Hintergründe der Goetheschen Illustrationsgeschichte kommentiert, wobei es aufzuzeigen gilt,

* welche Faktoren ihren Einfluß ausgeübt haben
* inwieweit Goethe und seine Verleger die Entstehung von Illustrationen gefördert haben
* in welchem Maße buchhändlerische Interessen wirksam wurden
* was für Tendenzen sich feststellen lassen und welche Folgerungen sich daraus für die Rezeptionsgeschichte ergeben können.

Unter Übernahme der Goethe-Rezeptionsepochen nach Karl Robert Mandelkow,[9] wird daraufhin dargelegt,

* welche Gedichtabteilungen bevorzugt illustriert wurden
* wieviel Gedichte überhaupt jemals als Vorlage dienten
* welche illustrierten Gedichtausgaben auf den Markt kamen
* wie Goethes Lyrik in den diversen Epochen von Illustratoren interpretiert und dem Lesepublikum präsentiert wurde
* inwieweit Illustratoren zeitgenössische Strömungen aufgriffen oder neue Rezeptionsakzente gesetzt haben.

Zumal es sich hier um eine erste Bestandsaufnahme der Goetheschen Lyrikillustration handelt, soll es nicht Aufgabe dieser Dokumentation sein, Einzelergebnisse im Detail zu beleuchten. Zum einen würde dies den Rahmen der Arbeit sprengen, zum anderen sind die möglichen Forschungsfelder so vielfältig, daß nur tiefgründige Einzeluntersuchungen dem jeweiligen Thema gerecht zu werden vermögen.

---

9 Vgl. hierzu das Standardwerk von Karl Robert Mandelkow: Goethe in Deutschland. Rezeptionsgeschichte eines Klassikers, München 1980. Mandelkow unterteilte die Goethe-Rezeption in folgende Abschnitte: 1773–1832, 1832–1870, 1870–1918.

Angesichts des hinreichend bekannten Umfangs der ohnehin nicht mehr überschaubaren Sekundärliteratur zu Goethes Werk, mag es zunächst erstaunen, seine Gedichte zum Gegenstand der Untersuchung gewählt zu haben. Gründe dafür waren die zahlreichen Illustrationen zu seiner Lyrik, eine Zeitspanne, die einen umfassenden Überblick gewährleistet, und die Herausforderung, das Goetheverständnis im angesetzten Zeitraum anhand illustrierter Gedichte neu zu hinterfragen.

So gesehen möge das Unterfangen gerechtfertigt erscheinen, der äußerst umfangreichen Forschungsliteratur zu Goethe eine weitere Arbeit hinzuzufügen.

1.2 Forschungsüberblick

Zu einzelnen Gedichtillustrationen sowie zu den jeweiligen bildenden Künstlern liegen eine Reihe von aussagekräftigen Forschungsarbeiten vor, die das Thema jedoch gänzlich unter seinem kunstgeschichtlichen Aspekt abgehandelt haben.[10] So hat sich primär die Kunstwissenschaft um die Erforschung der Buchillustration verdient gemacht, wiewohl das Augenmerk weniger der Bild/Wort-Beziehung als stilistischen und interpretatorischen Aspekten gilt. Hier konnte auf eine Reihe von Standardwerken und Untersuchungen zum Thema Buch- bzw. Lyrikillustration zurückgegriffen werden.[11]

Wilhelm Plünnecke und Carl Bänfer näherten sich dem Thema im Rahmen ihrer Dissertationen mit einem philosophischen Ansatz. Während Plünnecke den Stellenwert des Mediums Illustration im Rahmen der Kunst auszumachen versucht und sich erstmals um eine differenzierte Begriffsbestimmung bemüht, stellt Bänfer Werkbeispiele von 25 Illustratoren vor. In beiden Arbeiten kommt jedoch, namentlich bei Bänfer, der kunstgeschichtliche Aspekt besonders zum Tragen.[12]

---

10 Vgl. hierzu Titelangaben in der Bibliographie.

11 Die Kunstwissenschaft erlebte ihre diesbezüglichen Höhepunkte vor 1945. Hingewiesen sei an dieser Stelle auf die Werke von Arthur Rümann, Gräfin Maria Lanckoronska und Anita Fischer (vgl. Bibliographie). Ein gesteigertes Interesse an Buchillustration ist mit einigen Ausnahmen erst wieder ab Mitte der 70er Jahre zu beobachten.

Dieter Griesbach wiederum befaßte sich ausdrücklich mit dem Verhältnis zwischen Wort und Bild innerhalb der Lyrikillustration.[13] Zwar steht auch hier der kunstwissenschaftliche Ansatz im Vordergrund, dennoch wird dem illustrierten Text mehr Beachtung geschenkt. Griesbach erörterte auch einige Illustrationen Eugen N. Neureuthers zu Goethes Balladen und Romanzen,[14] wobei er der Goethe-Forschung erweiterungsfähige Anhaltspunkte geliefert hat.

Die erste Dissertation mit teils literaturwissenschaftlichem Anspruch zur Illustrationsgeschichte bei Goethe legte 1943 Elisabeth Clösges vor.[15] Ganz im Tenor des nationalsozialistischen Gedankenguts gehalten, ist die Arbeit von einem streng antisemitischen Interpretationsansatz geprägt.[16] Ein Kapitel ist der Lyrikillustration gewidmet, wobei Clösges vorwiegend auf Eugen N. Neureuther, Ludwig Richter und Johann Heinrich Ramberg eingeht, ohne jedoch alle von diesen Künstlern geschaffenen Illustrationen zu berücksichtigen. Ihre stark deskriptiven Ausführungen führen schließlich wieder von der Textbetrachtung weg. Erstaunlicherweise fand sich in der Forschungsliteratur kein Echo auf Clösges' Ergebnisse. Die Arbeit hätte genügend Anhaltspunkte gegeben, ihre antisemitischen Deutungen zu widerlegen und sich der derart entstellten Thematik anzunehmen.

---

12 Vgl. Wilhelm Plünnecke: Grundformen der Illustration, Diss. Leipzig 1940; Carl Bänfer: Bild und Wort im illustrativen Schaffen der letzten 100 Jahre. Probleme der jüngeren Buchillustration, Diss. Münster 1952.

13 Vgl. Dieter Griesbach: Illustration zur deutschsprachigen Lyrik von der Romantik bis zum Expressionismus. Eine Untersuchung über das Verhältnis von Wort und Bild, Diss. Heidelberg 1984.

14 Vgl. hierzu Kap. 5. 2.4.

15 Vgl. Elisabeth Clösges: Die Illustration von Goethes Dichtung in seiner Zeit, Diss. Bonn 1943.

16 Die „Umrisse zu Goethes Hermann und Dorothea erfunden von M. Oppenheim, auf Stein gezeichnet von A. Lucas", Frankfurt a. M. 1828, bezeichnet sie z. B. als „besonders unerträglich", ebd. S. 307. „Seine [Oppenheims] Figuren zeigen ein eigentümlich jüdisches Gepräge. Es fehlt diesen gedrungenen ... Figuren in ihrer satten selbstzufriedenen Beweglichkeit, auch die Herzenswärme", ebd. S. 305. Besagte „Umrisse" regten Goethe immerhin zu einem Aufsatz über zyklische Darstellungen an, in dem er Oppenheim seinen Beifall zollte. Vgl. J. W. Goethe: Schriften zur Kunst, WA. Auch die Gedichtillustrationen, vor allem jene J. H. Rambergs, werden auf semitische Merkmale geprüft.

Aufschlußreiche Beiträge fanden sich in diversen Ausstellungskatalogen[17] sowie in den *Wolfenbütteler Schriften zur Geschichte des Buchwesens*,[18] meines Wissens das einzige literaturwissenschaftliche Projekt, in dem Themen im Zusammenhang kontinuierlich behandelt werden.

Hingewiesen sei darüber hinaus auf den Band *Goethe und seine Verleger* von Siegfried Unseld, dem viele nützliche Informationen zu entnehmen waren.[19] Unselds detaillierten Ausführungen ist es zu verdanken, daß die buchhändlerischen Hintergründe zur Lyrikillustrationsgeschichte Goethes in dieser Arbeit beleuchtet werden konnten.

Als letztes sei an dieser Stelle auf den von Wolfgang Harms herausgegebenen Band *Text und Bild, Bild und Text* verwiesen, ein literaturwissenschaftlicher Versuch, sich streng theoretisch dem komplexen Thema Wort/Bild zu nähern.[20] Die dort ausgeführten Gedanken mögen zwar ihre fachspezifische Berechtigung haben, leisten jedoch keinen wesentlichen Beitrag zur Erhellung der immer noch offenen Grundproblematik. Der Forschung fehlt es nach wie vor an grundlegenden Beiträgen zum Verhältnis von Wort und Bild und solange die Literaturwissenschaft keinen konkreten Zugang zu diesem Thema findet, erscheint es müßig, logische Formeln aufzuführen.[21] Allem Anschein nach bereitet es der Kunstwissenschaft weniger

17 Zu den Katalogen vgl. Bibliographie.

18 Vgl. Paul Raabe (Hrsg.): Buchgestaltung in Deutschland 1740–1890. Vorträge des dritten Jahrestreffens des Wolfenbütteler Arbeitskreises für Geschichte des Buchwesens in der Herzog August Bibliothek Wolfenbüttel. (Wolfenbütteler Schriften zur Geschichte des Buchwesens 5), Hamburg 1980.

19 Vgl. Siegfried Unseld: Goethe und seine Verleger, Frankfurt/M. 1991.

20 Vgl. Wolfgang Harms (Hrsg.): Text und Bild, Bild und Text. DFG-Symposium 1988, Stuttgart 1990.

21 Hier sei insbesondere auf den Beitrag von Michael Titzmann: „Theoretisch-methodologische Probleme einer Semiotik der Text-Bild-Relation" verwiesen, in: Harms: Text und Bild, S. 368–384. Titzmanns Thesen sowie seine Rechenbeispiele wurden laut Protokoll ziemlich kontrovers diskutiert, wobei v. a. Angaben wie die folgende zu Widersprüchen reizte: „Die Bedeutung einer Äußerung ist die Gesamtmenge aus (...) der Menge der Propositionen aus (a) und (b)-(a_1 , ... , a_n , ... , a_{n+1} , ... , a_{n+m})". Ebd., S. 373. Zwar mag man sich auch über mathematische Formeln dem Text-Bild Verhältnis nähern – angesichts der bedauerlichen Forschungslage scheint mir dieser Zugang zu dem Thema allerdings stark vorgegriffen.

Schwierigkeiten, das Thema 'Wort' in ihre Analysen zu integrieren, als der Germanistik, dem Medium 'Bild' gerecht zu werden.

Die Goethe-Forschung schließlich befaßte sich vorwiegend mit den Illustrationen zu *Hermann und Dorothea, Faust* sowie den *Leiden des jungen Werther.*[22] Bezeichnenderweise existiert bis heute keine vollständige Bibliographie zu Goethes illustrierten Werken, eine mangelnde Voraussetzung, die gewiß von manchem konstruktiven Beitrag zu diesem Thema abgehalten hat.

1.3 Methodik

Im Rahmen der Untersuchung sollte die Zeitspanne zwischen Goethes Lebzeiten und dem Ende der Weimarer Republik in Betracht kommen. Anhand maßgeblicher Goethe-Bibliographien[23] wurden zunächst all jene Ausgaben erfaßt, die in besagtem Zeitraum bis 1933 mit Illustrationen versehen worden sind. Zur Untersuchung wurden nur Gesammelte Werkausgaben und Gedichtbände herangezogen, wobei in Ausnahmefällen auch illustrierte Erstdrucke in Almanachen berücksichtigt werden mußten, zumal sie zeitweise das einzige Illustrationsforum darstellten.

Von Illustrationen in Zeitschriften oder Anthologien habe ich nicht nur aus Gründen der Materialfülle abgesehen. In Zeitschriften verliert der einmalige Charakter des Wort/Bild-Verhältnisses, wie er in Büchern gegeben ist, ohnehin seine Bedeutung, zumal Zeitschriften durch ihre Bilderfülle ganz andere Rezeptionsakzente setzen. Anthologien hingegen beinhalten Beiträge verschiedener Dichter, wodurch der Schwerpunkt nicht mehr auf Goethes Werk liegt; auch hier ist von anderen Grundvoraussetzungen auszugehen.

---

22 Vgl. zu den ersten beiden die maßgeblichen Bibliographien (s. Anhang); einen aufschlußreichen Beitrag zu diesem Thema lieferte auch Jutta Assel: „Werther Illustrationen. Bilddokumente als Rezeptionszeugnisse", in: Georg Jäger: Die Leiden des alten und neuen Werther, München 1984, S. 57–106.

23 Unübertroffen bleibt die Bibliographie Karl Goedekes, die hier als Grundlage gewählt wurde. Desweiteren erwiesen sich die Arbeiten von Waltraud Hagen und Arthur Goldschmidt als sehr nützlich.Titel vgl. Bibliographie.

Nachdem ca. 150 Ausgaben gefunden und auf ihre Auswertungsqualität hin analysiert wurden, konnte man die Eckdaten des zu erforschenden Zeitraums festlegen: 1800-1933.

Zum einen fand sich das erste illustrierte Gedicht innerhalb einer Werkausgabe im Jahre 1800.[24] Bis dahin hatte man Goethes Gedichte gelegentlich nur mit den im 18. Jahrhundert beliebten Vignetten verziert, die in diesem Rahmen nicht als Illustrationen zu werten sind.[25] Zum anderen beginnt mit dem Jahr 1933 die Goetherezeption im Dritten Reich. Diese bietet ihrerseits so viel Material und untersuchenswürdige Aspekte – einige Ausgaben jener Zeit weisen beispielsweise schwere Texteingriffe- und Entstellungen vor, – daß diesem Zeitraum unbedingt eine gesonderte Arbeit gewidmet werden sollte.

Beabsichtigt war zunächst eine grundsätzliche Bestandsaufnahme aller illustrierten Gedichte und Ausgaben. Zum einen galt es, die Entwicklung der Goetheschen Lyrikillustrationsgeschichte erstmalig darzulegen, zum anderen sollte festgestellt werden, welche Gedichte Goethes überhaupt jemals illustriert wurden und welche Gedichtabteilungen man hierbei bevorzugt hatte. Desweiteren mußten die jeweiligen Rahmenbedingungen und Hintergründe erörtert werden. Dieser Abriß sollte schließlich einen Schluß darüber erlauben, warum es überhaupt zu Illustrationen kam und 'welchen Goethe' man in den verschiedenen Epochen bevorzugt illustrieren ließ.

Nach Sichtung des vorhandenen Materials erfolgte die Auswahl der zu erörternden illustrierten Ausgaben und Gedichte, da die ursprüngliche Materialfülle sonst jeglichen Rahmen gesprengt hätte. Einige Gedichte Goethes, vor allem aus den Abteilungen 'LIEDER' und 'BALLADEN', sind im Laufe der Zeit stets von neuem illustriert worden. Es war daher naheliegend, einen eventuellen Wandel in der Rezeption anhand von Mehrfachillustrationen aufzuzeigen. Ebenso fanden sich vereinzelt Gedichte, die im angesetzten Zeitraum äußerst selten Eingang in die Kunst gefunden haben. Ihnen wird schon angesichts ihrer Ausnahmestellung Beachtung geschenkt.

---

24 Vgl. Kap. 5.2.1.

25 Vgl. dazu den sehr aufschlußreichen Aufsatz von Gunnar Kaldewey: „Die Vignettenbücher des Rokoko in Deutschland 1750–1770", in: Raabe: Buchgestaltung in Deutschland, S. 54–67.

Der gesetzte Zeitraum ergab zwangsläufig einen Querschnitt durch die kunstgeschichtlichen Epochen von der Romantik bis zum Expressionismus. Dies wiederum erlaubte, einen Epochenvergleich anzustellen und Schlüsse über jeweilige epochenspezifische Tendenzen zu ziehen.

Die vorliegend Arbeit setzt sich in einführenden Kapiteln zunächst mit der Bedeutung der Lyrikillustration auseinander, um dem Leser den notwendigen theoretischen Hintergrund zum Verständnis der Arbeit zu liefern. Dem folgt eine Erörterung all jener Faktoren, die die Illustrationsgeschichte von Goethes Gedichten geprägt haben. Die letztendliche rezeptionsgeschichtliche Bedeutung einer Illustration kann nur erfaßt werden, wenn jedes Bild vor seinen komplexen Hintergründen betrachtet wird. Obwohl manche dieser Faktoren scheinbar zweitrangig sind, ist es dennoch notwendig ihnen Beachtung zu schenken. Die Erscheinungsform und Funktion einer Illustration unterlag vielen äußeren Einflüssen, welche sich letztlich alle auf die Rezeptionsgeschichte eines Goetheschen Gedichts ausgewirkt haben.

Die darauf folgenden Kapitel dokumentieren das untersuchte Material. Kommentierte Aufstellungen sämtlicher jemals illustrierter Gedichtabteilungen und Gedichte möchten dem Leser einen Überblick verschaffen. Inwieweit sich Wort und Bild ergänzen, wird bei einem Illustrationsvergleich zu drei Gedichten Goethes sichtbar. Auch hier möge sich die Forschung zu weiteren Wort/Bild-Untersuchungen anregen lassen. Den Abschluß bildet eine Dokumentation der illustrierten Gedichtausgaben.

Es sei darauf hingewiesen, daß in dieser Arbeit erstmals *alle* illustrierten Goethe-Gedichtausgaben innerhalb des untersuchten Zeitraums erfaßt wurden. Desweiteren sind sämtliche Gedichtabteilungen und Gedichte tabellarisch aufgeführt, zu denen sich Illustrationen fanden. Ein Anspruch auf Vollständigkeit kann dennoch nicht gestellt werden, da manche Exemplare heute in keiner Bibliothek mehr nachzuweisen sind und sich die Unmenge von Illustrationen in den sog. 'Illustrierten Ausgaben' der Gründerzeit einer exakten Bestandsaufnahme entziehen. Illustrationen in diesen Bänden müßten in speziellen Einzeluntersuchungen erfaßt und ausgewertet werden.

Zwar habe ich alle maßgeblichen Ausgaben in den einzelnen Epochen aufgeführt, nicht jedoch ausführlich besprochen. Hier galt es ebenso, die Materialfülle auf ein vernünftiges Maß einzuschränken. In Zweifelsfällen waren der künstlerische Gehalt der Illustrationen sowie ihr repräsentativer Wert ein Kriterium. Dasselbe gilt für die Abbildungen.

Die Illustratoren und ihre Zugehörigkeit zu verschiedenen Stilrichtungen wurden berücksichtigt, dennoch möchte diese Arbeit kunstgeschichtliche Aspekte nur insofern erörtern, als sie für das Verständnis der weiteren Ausführungen von Belang sind. Maßgebliche kunstwissenschaftliche Erkenntnisse bezüglich einzelner Illustrationen und ihrer Künstler habe ich unter Angabe der Quellen jeweils übernommen, zumal auf diesem Gebiet bereits hervorragende Arbeit geleistet wurde und diese Untersuchung letztlich im Zeichen des Wortes steht.

2. Lyrikillustration im Rahmen der Buchgeschichte

2.1 Entwicklung von Illustrationstechniken und Druckverfahren

Im Rahmen der bildenden Künste gehören Illustrationen dem Genre Malerei und Graphik an; ihre Erscheinungsform war demnach unmittelbar vom jeweiligen technischen Entwicklungsstand abhängig. Doch obwohl die Technik nur *ein* Ausdrucksmittel des Künstlers darstellt und somit nur ein Teil des Kunstwerks ist,[1] bekundet der Illustrator „schon durch die Wahl des Mittels seine Absicht, sein Wollen.“[2]

Folglich hängt die Wirkung, die ein Bild auf das Publikum haben kann, weitgehend von dem technischen Verfahren ab, in dem es geschaffen wurde. So wecken die schroffen Formen eines Holzschnitts andere Empfindungen im Betrachter als die feine Linienführung eines Kupferstichs. Aber auch das jeweilige Druckverfahren ist ausschlaggebend. Walter Koschatzky spricht diesbezüglich von einem wirkungsästhetischen ”Grundgegensatz“ zwischen dem Hoch- und Tiefdruck:

> Beruht der zunächst oft aus einer naiven, ja primitiven Kraft gestaltete Hochdruck [Holzschnitt] in seiner Vereinfachung auf einer ... abstrakten Sehweise, so zeigt sich die ... zart modellierende, malerische Wirkungen erstrebende Kupferstichtechnik als ein verfeinertes Instrument der Wirklichkeitsschilderung.[3]

---

1 Im Gegensatz zur traditionellen Kunstwissenschaft wird in der vorliegenden Untersuchung davon ausgegangen, daß auch Illustrationen Kunst bzw. Kunstwerke sein können, ohne deswegen ihren textbegleitenden Charakter einbüßen zu müssen. Dieser Aspekt wird sonst nie erörtert, da die Illustration generell als ein dem Text untergeordnetes Medium gilt. Es wird unterstellt, eine Illustration führe sich selbst ad absurdum, wenn sie den Rang eines Kunstwerks beanspruche.

2 Walter Koschatzky: Die Kunst der Graphik. Technik, Geschichte, Meisterwerke, Herrsching 1990, S. 8.

3 Ebd., S. 132.

Innerhalb der Lyrikillustration unterlag die Wahl der Form in der Regel dem gängigen Zeitgeschmack, sofern sie nicht ohnehin epochenspezifisch geprägt war. Außerdem waren auch praktische und nicht zuletzt wirtschaftliche Überlegungen entscheidend. Es galt zu bedenken, wie leicht eine Illustration vervielfältigt werden konnte und wie teuer die Drucke schließlich dem Verleger kamen. Unter diesen Gesichtspunkten ist es für die Rezeptionsgeschichte bedeutsam, inwieweit die Lyrikillustration von den jeweils gegebenen technischen Möglichkeiten und Modeformen geprägt worden ist.

Bis zur Erfindung der Lithographie war eine unmittelbare graphische Umsetzung der Lyrik schon aus formalen Gründen nicht gegeben. Der Entwurf des Illustrators konnte nur über Hochdruckverfahren (Holzschnitt) oder Tiefdruckverfahren (Radierung, Kupfer- oder Stahlstich) ausgeführt werden. Beide benötigten handwerkliche Zwischenstufen: das Schneiden des Holzstocks bzw. das Stechen der Metallplatte. An der Fertigstellung einer Illustration waren daher mindestens zwei Personen beteiligt: Zeichner und Stecher, wobei jeder einzelne die Qualität der Illustration nachhaltig beeinflussen konnte.[4]

Im 18. Jahrhundert fand der Kupferstich nicht nur aus technischen Gründen weite Verbreitung. Der Stil entsprach gänzlich dem ästhetischen Empfinden des Publikums. Zwar wirken die scharfen Konturen und der linienförmige Strich bisweilen sehr hart und ausdrucksarm, doch dafür konnte der Künstler Einzelheiten hervorheben. Detailgetreu mit einer sorgfältigen „Lichtführung- und Nuancierung als Mittel kompositorischer Ordnung“[5] werden die Szenen dargestellt. Das ästhetische Ziel lag in der „Verbindung von Ausdruck und Anmut“.[6]

---

4 Die Namen der Beteiligten sind unter jedem Stich vermerkt: Unter 'inv.' (lat. invenit) wurde derjenige vermerkt, der dem Zeichner den Entwurf bzw. die Idee geliefert hatte. Hinter 'del.' (lat. delineavit) findet sich der Name des Zeichners, hinter 'sc.' (lat. sculpsit) der des Stechers. Nur selten bearbeiteten die Zeichner ihre Platten selbst. Ein guter Stecher konnte eine schlechte Illustration 'verbessern', umgekehrt aber verloren hervorragende Zeichnungen durch schlechte Stecher ihren künstlerischen Gehalt. Gelegentlich erschien hinter der Abkürzung 'imp.' (lat. impressit) auch der Name des Druckers.

5 Wolf Stubbe: „Illustrationen und Illustratoren“, in: Hauswedell/Voigt (Hrsg.): Buchkunst und Literatur in Deutschland 1750–1850, Hamburg 1977, S. 58–144, hier S. 70.

6 Ebd.

Koschatzky hat allerdings zurecht darauf hingewiesen, daß „das streng lineare Wesen der Stecherkunst ... auch allzuleicht zu einer manchmal starr wirkenden Perfektion und bald auch zum Überwiegen des technischen Raffinements" führte.[7]

Wolf Stubbe wiederum hat in diesem Zusammenhang die Wechselwirkung zwischen dem Zeitgeschmack und der künstlerischen Ausreifung einer Form gesondert hervorgehoben:

> Im weiteren Sinne als Kriterium künstlerischer Qualität eines Kupferstichs wurden zutreffende Richtigkeit und charakterisierende Deutlichkeit des physiognomischen Ausdrucks der dargestellten Personen angesehen ... Wenigstens im letzten Drittel des 18. Jh. scheint dieses Interesse der Hauptgrund des allgemeinen Verlangens nach Buchillustration gewesen zu sein. [8]

Seiner Meinung nach „hat der Publikumsgeschmack die Qualität der Kupfer beeinträchtigt",[9] namentlich in den Almanachen und Taschenbüchern, einer kurzlebigen Gebrauchsware, deren künstlerischer Anspruch zugunsten ihrer hohen Auflage und der raschen Herstellung bald zu wünschen übrig ließ.

Die ebenfalls in Kupfer gestochenen allegorischen Vignetten hingegen profitierten von der klaren, exakten Form. Illustrierter Lyrik kam es im ausgehenden 18. Jahrhundert zugute, daß sie vorwiegend mit Vignetten geschmückt wurde, die dazu geeignet waren, „den geistigen Gehalt des Geschriebenen"[10] symbolhaft umzusetzen.

Das 19. Jahrhundert stand unter dem Zeichen rasch aufeinanderfolgender drucktechnischer Verbesserungen.[11] Der Engländer Charles Heath erfand 1820 den Stahlstich, der den nur unter großem Aufwand

---

7 Koschatzky: Kunst der Graphik, S. 189.

8 Stubbe, in: Hauswedell/Voigt: Buchkunst und Literatur, S. 70.

9 Ebd., S. 66.

10 Ebd., S. 82. Stubbe bezieht sich hier auf Meil, der im Gegensatz zu Chodowiecki den Gehalt umsetzte, wohingegen letzterer den Inhalt eines Textes „durchleuchtete".

11 Eine ausführliche Behandlung erfährt dieses Thema bei Claus W. Gerhard: „Die Wirkungen drucktechnischer Neuerungen auf die Buchgestaltung im 19. Jahrhundert", in: Raabe: Buchgestaltung in Deutschland, S. 146–180.

reproduzierbaren Kupferstich – vor jedem Druck mußte die Kupferplatte neu eingefärbt und ausgewischt werden – schließlich ablöste. Neu daran war eine dichtere Strichlage, welche sich aus der kleinporigeren Struktur der Platte ergab. Außerdem konnte mit Stahlstichen ohne qualitative Einbußen eine höhere Auflagenzahl ermöglicht werden. An der künstlerischen Ausdrucksmöglichkeit änderte sich bis auf die Tatsache, daß nun auch Miniaturformate hergestellt werden konnten, im wesentlichen jedoch nichts.

Formal befreiend wirkte sich vielmehr die Erfindung der Lithographie bzw. des Steindrucks auf die Illustratoren aus, da technische Zwischenstationen vermieden werden konnten. Aloys Senefelder hatte 1796 dieses Verfahren entwickelt, als er nach einer billigen Vervielfältigungsmöglichkeit für seine Schriften suchte. Obwohl sein maßgebliches Lehrbuch[12] erst 1818 erschien, breitete sich die Lithographie rasch aus.

Im Gegensatz zum Kupferstich entsprach beim Steindruck, einem Flachdruckverfahren, der Entwurf dem Druck. Außerdem erlaubte er den Illustratoren eine freie Wahl der Zeichenmittel, denn Feder, Pinsel oder Kreide eigneten sich gleichermaßen. Allerdings wies die Lithographie einen ähnlichen Nachteil wie zuvor der Kupfer- oder Stahlstich auf: sie mußte getrennt vom Text gedruckt und gebunden werden, was relativ hohe Herstellungskosten erforderte, so daß die Verleger ab den 30er Jahren wieder auf den weitaus billigeren Holzstich[13] zurückgriffen.

Der Holzstich entwickelte sich schließlich in der Jahrhundertmitte zum beliebtesten Illustrationsmedium für volkstümliche Drucke sowie für Lyrikausgaben. Vom Publikum wurde er bereitwillig akzeptiert, zumal bereits die Romantiker, in Anlehnung an die wiederentdeckte

---

12 Vgl. Aloys Senefelder: Lehrbuch der Steindruckerey, München 1818. Senefelder hatte bereits 1809 ein einschlägiges Werk veröffentlicht, das sich auch in Goethes Besitz befand: 'Musterbuch über alle lithographische (sic!) Kunst-Manieren, in welchen die königlich baierische privilegierte Steindruckerey von Aloys Senefelder, Franz Gleisner et. Comp. in München, solche Arbeiten, so die Kupferstecher- Formschneide- und Buchdruckerkunst nachahmen, zu liefern im Stand ist; herausgegeben vom Erfinder der Lithographie, Aloys Senefelder. München 1809. I. Heft, enthaltend 10 Probeblätter und 3 Seiten Text in groß Regalfolio.'

13 Der Holzstich unterscheidet sich vom Holzschnitt insofern, als die Holzplatte statt mit einem Messer mit einem Kupferstichel bearbeitet wird, ein Verfahren, das feinere Linien erlaubt.

Tradition gotischer Malerei, den etwas gröberen Holzschnitt als Ausdrucksmittel bevorzugt hatten. Wie Koschatzky darstellt, fand der Holzstich schließlich „im Verein mit der Billigkeit von Material und Herstellung, eine ideale Erfüllung."[14] Im Gegensatz zum aufwendigen Druckvorgang eines Kupferstichs, ließ er sich problemlos vervielfältigen: Ein Holzstock lieferte ohne erhebliche Qualitätsminderung mehrere hundert Abzüge.

Doch Quantität trat an die Stelle von Qualität. Billig und schnell produziert, verkam die Illustrationskunst zur graphischen Auftragsarbeit, wobei die Illustratoren nicht mehr das geeignetste Ausdrucksmittel wählen durften, sondern sich an die Vorgaben der Verlage halten mußten:

> Der ansteigende Bildbedarf in der zweiten Hälfte des 19. Jahrhunderts in Büchern und Zeitschriften ließ ... das Verfahren bald in virtuose, aber höchst unkünstlerische Bereiche abgleiten; als dann noch die Möglichkeit auftaucht, photographische Mittel einzusetzen, genügte dies, um den Holzstich gänzlich abzuwerten.[15]

Die neuen Errungenschaften in der Drucktechnik verlagerten die Formkriterien für Illustrationen derart, daß künstlerische Ansprüche schlichtweg sekundär wurden. Edda Ziegler resümiert diesbezüglich:

> Durch die Technisierung ... verschwindet die bisher vorherrschende Produktionsweise handwerklicher, bisher als 'halbkünstlerisch' geltender Arbeit ... In dem Maße aber, in dem die 'mechanischen Künste'... sich ... zu fabrikmäßigen Unternehmen entwickelten, zerfiel der Zusammenhang von Kunst und Handwerk.[16]

Nachdem man im ausgehenden 19. Jahrhundert den künstlerischen Tiefpunkt erreicht hatte und traditionelle Techniken wie Kupferstich,

---

14 Koschatzky: Kunst der Graphik, S. 54.

15 Ebd.

16 Edda Ziegler: „Buchgestaltung in Deutschland 1820 bis 1850", in: Raabe: Buchgestaltung in Deutschland, S. 124–145, hier S. 142.

Lithographie und Holzstich weitgehend von mechanischen Verfahren abgelöst worden waren, erlebten die graphischen Künste einen ungeahnten Aufschwung, von dem auch die Illustrationskunst profitierte. Die „Griffelkunst" wurde zum beliebtesten künstlerischen Ausdrucksmittel, wobei der handwerkliche Vorgang in sich nicht mehr als untergeordnetes Mittel zum Zweck, sondern als Teil des Kunstwerks aufgefaßt wurde. Max Klinger sprach diesbezüglich von einem neu zu entdeckenden „Reich ... für die Kunst".[17] Ihm erschlossen „die neuen Techniken Quellen der Poesie, der Leidenschaft, der geistigen Vertiefung".[18]

Wiewohl diese Impulse von Deutschland ausgingen und in der Buchillustration zaghaft übernommen wurden, erlebten sie in Frankreich in Form der „Malerbücher" ihren buchkünstlerischen Höhepunkt.

Erst nach der Jahrhundertwende konnten die Lyrikillustratoren in Zusammenarbeit mit den Privat-Pressen und Buchkunst-Verlegern wieder frei gestalten und über angemessene Ausdrucksmittel verfügen. Darüber hinaus sprengten expressionistische Illustratoren ohnehin den formalen Rahmen. Unabhängig vom Zeitgeschmack wurde Lyrikillustration in derjenigen Form angefertigt, die dem Illustrator am geeignetsten erschien. Lithographien, Radierungen, aber auch grobe Holzschnitte prägen somit die Illustrationskunst des frühen 20. Jahrhunderts. Nachdem die Illustration zum selbständigen, dem Gedicht ebenbürtigen Kunstwerk geworden war, begegneten sich bildende Kunst und Literatur auch in der Buchproduktion auf gleicher Ebene: Jede in ihrer ausgereiften Form.

Hingewiesen sei an dieser Stelle auf die rezeptionsgeschichtlich nicht zu unterschätzende Rolle der Typographie, die sich ihrerseits zum künstlerischen Ausdrucksmittel entwickelt hatte. Zumal belegt ist, daß Schriftarten die Interpretation eines Textes beeinflussen, böte sich hier ein weiteres Forschungsfeld.[19]

---

17 Max Klinger: Malerei und Zeichnung, Leipzig 1895, S. 7.

18 Ebd.

19 Vgl. hierzu den Aufsatz von Hans Peter Willberg: „Buchform und Lesen", in: Börsenblatt für den Deutschen Buchhandel, Frankfurter Ausgabe, Nr. 103/104 vom 28.12.1977, Beilage.

2.2 Erscheinungsformen der Lyrikillustration im Kontext der Buchkunst

Die ersten illustrierten Texte finden sich auf ägyptischen Papyrusrollen.[20] Die Anfänge der Buchillustration[21] liegen demnach bereits in vorchristlichen Jahrhunderten. Offensichtlich war dem Menschen die Bebilderung von Schriftstücken seit jeher ein Bedürfnis.

Obwohl man Illustrationen bis zum Mittelalter mit großem künstlerischen Bestreben und Sorgfalt anfertigte, behielten sie eine dienende, dem Text untergeordnete Funktion. Vorrangig war das Anliegen, dem Rezipienten das Verständnis des Textes zu erleichtern, entweder weil jener des Lesens gänzlich unkundig war oder weil die Inhalte eine Veranschaulichung erforderten. Bildliche Darstellungen finden sich deswegen hauptsächlich in theologischen[22] und nicht-fiktionalen Werken, in denen der Leser bzw. Betrachter auf die Verstehenshilfe angewiesen war.

Innerhalb dieses Rahmens hatte die Lyrikillustration schon früh eine Sonderstellung inne, zumal Gedichte in ihrer Komplexität erfaßt und dargestellt werden mußten.

14. – 17. Jahrhundert

Beginnend mit der Illustrierung von höfischer Minnedichtung in der Zeit zwischen dem ausgehenden 13. und beginnenden 14. Jahr-hundert entpuppt sich die Lyrikillustration im deutschsprachigen Raum bald als eine Form des "l'art pour l'art", deren erste Blütezeit im

---

20 Besagte Illustrationen fanden sich in den fortlaufenden Text der Rolle eingestreut. Vgl. dazu 'Buchmalerei' in: Bilzer, Eyssen, Winzer (Hrsg.): Das große Buch der Kunst. Vom Altertum zur Gegenwart, Braunschweig 1987, S. 407.

21 In der Kunstgeschichte fallen sämtliche illustrierte, von Hand gefertigte Werke unter die Kategorie 'Buchmalerei'. Illustrationen in gedruckten Schriften hingegen werden als 'Buchillustration' bezeichnet. Um den Leser nicht zu verwirren, wurde der Terminus 'Illustration' hier für alle mit Bildern versehenen Schriften benutzt, ungeachtet, ob es sich um Inkunabeln oder gedruckte Werke handelt.

22 Buchschmuck hatte im Mittelalter bei theologischen Texten vorwiegend religiösen Charakter. Die Bücher wurden zumeist von Mönchen in minutiöser monatelanger Arbeit ausgeschmückt. Nicht selten war die Schrift schon Ornament. Folgerichtig spricht man in der Forschung von „illuminierten" Handschriften, denn das Bild sollte den Text nicht nur ausschmücken, sondern den Inhalt „erhellen".

15. Jahrhundert liegt und mit der Erfindung des Buchdruckes einhergeht.

Für das Verständis des Textes sind diese Darstellungen meist unerheblich, ein manchmal einstimmender, zumindest unterhaltender Charakter ist ihnen jedoch eigen. Zu den herausragendsten Illustrationen jener Zeit gehören die 137 eleganten, farbenreichen Miniaturen der Minneliedersammlung des Ritters Rüdiger II. Manesse, bekannt als *Große Heidelberger („Manessische") Liederhandschrift*. Die Bilder erscheinen dem Betrachter zunächst als Buchschmuck. Dargestellt werden die Minnesänger in der für jeden Autor typischen Pose, wie z.B. beim Schachspiel mit einer Edeldame, während eines Ausritts oder in der freien Natur sitzend. Texterläuternd sind diese Illustrationen nicht, wiewohl „die nebeneinander erscheinenden Bilder und Texte ... aus ein und derselben Sphäre schöpfen".[23] Wer des Lesens nicht mächtig war, erhielt anhand der Miniatur jedoch keinerlei Aufschluß über den Inhalt des Gedichts.

Nach Erfindung des Buchdrucks wirkte sich schließlich der geringere Aufwand, der zur Herstellung und Vervielfältigung eines Buches notwendig war, günstig auf die Lyrikillustration aus. Den Dichtungen wurden meist ganzseitige Holzschnitte beigefügt, auf denen größtenteils Szenen aus einzelnen Liedern oder Gedichten dargestellt sind. So boten beispielsweise die Dichtungen Hans Sachs' Künstlern des 16. Jahrhunderts reichhaltig Stoff zu Illustrationen.

Aufgrund historischer wie gesellschaftlicher Veränderungen im 17. Jahrhundert und angesichts der Auswirkungen des 30jährigen Krieges, trat die Illustrationskunst in der Folgezeit in den Hintergrund, bis gegen 1700 ein Zustand eingetreten war, den Arthur Rümann als „Tiefstand deutscher Kunst" bezeichnete.[24] Es galt, sich neu zu orientieren.

---

23 Gottfried Willems: „Kunst und Literatur als Gegenstand einer Theorie der Wort-Bild-Beziehungen", in: Harms: Text und Bild, S. 415–429 hier S. 419.

24 Vgl. Arthur Rümann: Das deutsche illustrierte Buch des XVIII. Jahrhunderts, Studien zur deutschen Kunstgeschichte Heft 282, Straßburg 1931, S. 2.

2.2.1 18. Jahrhundert

Maßgeblichen Einfluß auf die deutsche Illustrationskunst des 18. Jahrhunderts hatte die Buchproduktion im Frankreich Ludwigs XIV. Abgesehen davon, daß die Hofhaltung des französischen Sonnenkönigs an deutschen Fürstenhöfen großen Anklang fand und zur Nachahmung reizte, erlebte die Buchkunst in Frankreich zu jener Zeit einen Höhepunkt: Paris galt auch hierin als Vorbild.

Im Bestreben, es den Franzosen gleichzutun, eröffnete bald jeder Fürstenhof seine eigene Akademie. Als Lehrer berief man in Paris ausgebildete Künstler, die jeweils zu Rang und Namen der gegründeten Schule beitrugen. Illustrationen wurden zunächst auf Auftrag eines Hofes angefertigt, wobei sich die Akademien von Nürnberg und Augsburg im beginnenden 18. Jahrhundert bald zu buchkünstlerischen Hauptzentren entwickelten: sie beschäftigten die renommiertesten Kupferstecher.[25] Das Schwergewicht verlagerte sich nun auf die Illustrierung fiktionaler Texte, man ließ vorwiegend Romane mit Titelkupfern und vereinzelten Bildern im Text ausstatten. Dabei diente das Bild „nicht mehr der Aufklärung des Ungebildeten, man betrachtete es nur noch vom künstlerischen Standpunkt aus."[26]

Die Ausgaben erschienen repräsentativer als bisher und reich ausgestattet, Herausgeber und Leser sollten gleichermaßen gewürdigt werden. Dabei mindert, wie Hennig Wendland zutreffend festgestellt hat, die verhältnismäßig wuchtige Ausstattungsweise bisweilen nicht nur den Text, sondern „häufig überwuchert die Dekoration ... den Bildinhalt."[27]

Rosemary Hoffmann-Scholl wies darauf hin, daß in der ersten Hälfte des 18. Jahrhunderts „künstlerisch ausgezeichnete Illustrationen fast nur in Gedichtbänden oder Erbauungsbüchern"[28] zu finden sind. Allerdings handelt es sich vorwiegend um Titelkupfer mit meist allegorischen Inhalten. Diese behalten zunächst

---

25 Vgl. hierzu Elisabeth Geck: Grundzüge der Geschichte der Buchillustration, Darmstadt 1982, S. 73–79.

26 Ebd., S. 56.

27 Henning Wendland: Die Buchillustration von den Frühdrucken zur Gegenwart, Aarau 1987, S. 133.

28 Rosemary Hoffmann-Scholl: „Die Buchillustration im 18. Jahrhundert", in: Raabe: Buchgestaltung in Deutschland, S. 39–53, hier S. 43.

> noch ihren symbolischen Wert, aber sie gewinnen an ästhetischem Reiz und an kompositorischer Logik. Die Künstler achten immer mehr auf die Perspektive und bemühen sich, die Bildfläche optimal zu nutzen. Als Resultat werden die Bilder trotz inhaltlicher Vielfalt doch übersichtlicher.[29]

Illustrationen zu einzelnen Gedichten sind in den Bänden kaum vorhanden.

Ab den 40er Jahren wird Lyrik vorwiegend mit Vignetten verziert, eine Mode, die bis in die 90er Jahre hinein beliebt bleiben sollte. Elisabeth Geck begründet die Vorliebe für Vignetten mit einer, der damaligen Gesellschaft eigenen „Freude am Spiel, den kleinen, unwichtigen Dingen die größte Bedeutung zuzuweisen".[30] Putten und allegorische Darstellungen schmücken das Titelblatt und stehen über Gedichtanfängen bzw. an deren Ende. Bisweilen kommt noch ein Titelkupfer dazu. Die Vorliebe für zierliche Darstellungen in Gedichtbänden entspricht ganz dem Geist des Rokoko. Diesbezüglich befand Wolf Stubbe:

> Solche sinnbildlichen Darstellungen sollten offenbar Gedanken im Anschluß an die im Text präsentierten evozieren, um die Bezirke des Denkens, das vom Autor Gegebene hinter sich lassend, zu erweitern.[31]

Zwar brachten es die Künstler zu beachtlichen Schöpfungen auf diesem Gebiet, die Elisabeth Geck im Namen der kunstwissenschaftlichen Forschung dazu veranlaßten, der Buchillustration „jener Epoche die künstlerisch brillantesten Erzeugnisse seit ihrer Entstehung"[32] zuzugestehen. Dennoch gilt: „Eine große Aussagekraft in bezug auf den Text haben die meisten dieser Bilder nicht – ihre dekorative Aufgabe steht deutlich im Vordergrund."[33]

---

29 Ebd., S. 42.

30 Geck: Geschichte der Buchillustration, S. 58.

31 Wolf Stubbe: „Illustrationen und Illustratoren", in: Hauswedell/Voigt: Buchkunst und Literatur, S. 58–144, hier S. 83.

32 Geck: Geschichte der Buchillustration, S. 55.

33 Hoffmann-Scholl, in: Raabe: Buchgestaltung in Deutschland, S. 44.

In der zweiten Hälfte des 18. Jahrhunderts verlagern sich die Kunstzentren von Augsburg und Nürnberg nach Berlin, Leipzig und Dresden. Die Akademien werden dabei maßgeblich vom Gedankengut der Aufklärung geprägt und entwickeln sich parallel zur Literatur, die sich unter dem Einfluß Klopstocks und Lessings zu wandeln beginnt. Philosophische Strömungen finden nachhaltig Eingang in die Illustrationskunst. So treten bei Illustrationen der bürgerlichen Literatur naturalistische Tendenzen in Anlehnung an Rousseau auf, während für die Lyrik klassizistische Motive bevorzugt werden. Die Illustration verändert ihre Funktion: Ab nun „wenden sich die Illustrationen an den gebildeten Betrachter, der vertraut mit dem Text, in den Kupfern eine Weiterführung und Ausschmückung der Gedanken des Autors findet.“[34]

Adam Friedrich Oeser wird zum Direktor der Leipziger Kunstakademie ernannt, die er ganz im Geiste Winckelmanns führt. Die antike Kunst des klassischen Griechenlands wird fortan idealisiert und nachzuahmen versucht, wobei Oeser es „vermochte, diese Neigung mit der Gegenwart seines Jahrhunderts zu verbinden. Er verstand es, den liebenswürdigen Charme des Rokokos in seinen Kupfern, Vignetten und Zierstücken zu vermitteln.“[35]

Der Leipziger Künstlerkreis tritt somit durch streng klassizistisch ausgerichtete Darstellungen hervor. Arthur Rümann zufolge fand in diesem Kontext zumindest die Buchillustration auf Grund des „durch die Literatur geforderten naturalistischen Gedankens oft ein sympathisches Gegengewicht“.[36]

In Berlin erlangt Johann Wilhelm Meil als virtuoser Lyrikillustrator Berühmtheit. Seine Arbeiten finden Aufnahme in Gedichtbänden und den seit den 50er Jahren in Mode gekommenen Almanachen und Kalendern. In Verbindung mit Daniel Nikolaus Chodowiecki, der hauptsächlich epische Dichtung illustrierte, entstehen an der Berliner Kunstakademie Titel- und Textkupfer sowie Vignetten, die der deutschen Lyrikillustration maßgebliche Impulse gegeben haben. Namentlich Chodowiecki „ist ein Schulbeispiel dafür, wie sich der Weg

---

34 Gunnar Kaldewey: „Die Vignettenbücher des Rokoko in Deutschland 1750–1770“, in: Raabe: Buchgestaltung in Deutschland, S. 54–67, hier S. 62.

35 Geck: Geschichte der Buchillustration, S. 75.

36 Rümann: Das deutsche illustrierte Buch des XVIII. Jh., S. 3.

von der historisch-objektiven Darstellung zu immer stärkerem Naturalismus neigt."[37] „Richtigkeit und Wahrheit" galten fortan als höchste ästhetische Kriterien.[38]

Das Bild bekommt in der Illustrationsgeschichte somit erstmals eigenständigen Charakter und tritt als selbständiges Kunstwerk neben den Text.[39]

2.2.2 19. Jahrhundert

Nach der im ausgehenden 18. Jahrhundert zu beobachtenden fortschreitenden Emanzipation des Bildes vom Text finden sich im beginnenden 19. Jahrhundert diverse Strömungen in der Lyrikillustration.

Zum einen war man mancherorts dem Geist des Rokoko verhaftet geblieben. Als Vorbilder galten weiterhin Oeser in Leipzig oder Chodowiecki und Meil in Berlin. Zum anderen stand die Zeit noch unter den Nachklängen der Französischen Revolution. Die neue Epoche begann sich erst behutsam abzuzeichnen.

Nie zuvor jedoch lassen sich in der Illustrationskunst derart verschiedene Tendenzen, Höhen und Tiefen aufzeigen wie im Verlauf des 19. Jahrhunderts. Ebenso finden sich zahlreiche Künstlerpersönlichkeiten, die sich in keine spezifische Gruppe einreihen lassen. Darüber hinaus tritt auch innerhalb der Lyrikillustration das Phänomen der Stilretardierung auf. Während die stilgeschichtliche Epochenbegrenzung in der Musik oder Literatur weitaus stärker ausgeprägt war, behielt die bildende Kunst mehrere Stilrichtungen gleichzeitig bei. Von seiten der Verleger wurde dem nicht entgegengewirkt, zumal man an den vermeintlich traditionsgebundenen Geschmack des Publikums glaubte, was die anhaltende Produktion von zunächst spätklassizistischen, dann romantisch oder biedermeierlich anmutenden Illustrationen zur Folge hatte.

---

37 Ebd., S. 9.

38 Zitat Daniel N. Chodowiecki, in: Paul Landau (Hrsg.): Chodowiecki's Illustrationen zu den deutschen Klassikern, Berlin 1914, S. 1.

39 Goethe war an dieser Entwicklung nicht unbeteiligt. Klaus Lankheit wies darauf hin, daß „die revolutionären Anschauungen seiner jungen Jahre – mit dem Sturm und Drang verbunden – entscheidend zur Befreiung der Kunst aus überlebten Bindungen beigetragen" haben. Vgl. Klaus Lankheit: Revolution und Restauration 1785–1855, Köln 1988, S. 175 f.

Carl Bänfer hat in seiner Dissertation hervorgehoben, wie verschieden sich die einzelnen Kunstrichtungen des 19. Jahrhunderts auf das Verhältnis zwischen Wort und Bild ausgewirkt haben:

> Der Nazarener löst sich vom Text und nutzt die ganze Seite, während der Impressionist die Nähe des Wortes sucht. Der symbolhafte Jugendstil fördert den selbständigen Ausdruck von Bild und Schrift, die Realisten dagegen stimmen das kleine Format der bildlichen Darstellung mit den Buchstaben ab.[40]

Zwei Begebenheiten im ersten Jahrzehnt lieferten einen maßgeblichen Beitrag zur Verselbständigung des Bildes sowie zur Befreiung der Künstler aus den alten Formen: Die Erfindung der Lithographie und die wieder entdeckten Randzeichnungen Albrecht Dürers zum Gebetbuch Kaiser Maximilians.[41] Zum einen boten die neu gewonnenen technischen Möglichkeiten der Ausdrucksvielfalt keine Grenzen mehr, zum anderen, wurde die Rand- bzw. Umrißzeichnung von den Romantikern aufgegriffen und daraufhin zur Modeerscheinung innerhalb der romantischen Buchillustration.[42] Gleichzeitig begann mit der romantischen Malerei eine neue Epoche, die sich von den Idealen des Klassizismus loslöste. Landschaft, Natur und Mystik waren gefragt, illustriert wurden daher vorwiegend Märchen und Fabeln.

Illustrierte Lyrik findet sich im frühen 19. Jahrhundert besonders in Almanachen, Kalendern und den diversen Mode- und Frauen-

---

40 Bänfer: Bild und Wort, S. 22.

41 Das von Albrecht Dürer illustrierte Gebetbuch des Kaisers Maximilian war 1809 erstmals von Johann Nepomuk Strixner auf Stein nachgezeichnet und gedruckt worden. Diese erste Kunstreproduktion erregte großes Aufsehen. Goethe verfasste daraufhin einen Aufsatz: „Gott und Welt. Randzeichnungen aus dem Gebetbuche des Kaisers Maximilian. Mit der ausführlichen Besprechung von J. W. v. Goethe." Er erschien im Märzheft der „Jenaischen Literaturzeitung" 1808, abgedruckt in großen Lettern und (!) umrankt von den besprochenen Randzeichnungen Dürers.

42 Vgl. hierzu die 1799 erschienene Abhandlung von August Wilhelm Schlegel: „Über Zeichnungen zu Gedichten und John Flaxmans Umrisse", „in der er das Wesen der Buchillustration im romantischen Sinne definiert und die Umrißzeichnung als besonders zur Illustration geeignet hinstellt." In: Anita Fischer: Die Buchillustration der deutschen Romantik (Germanische Studien, Heft 145) Berlin 1933, S. 18.

journalen, wobei hier noch klassizistische Tendenzen vorherrschen. Zu den meistbeschäftigsten Illustratoren auf diesem Sektor gehört Johann Heinrich Ramberg, der als einer der ersten auch Goethes Gedichte für Almanache illustrierte. Seine Stilentwicklung entspricht dem wechselnden Zeitgeschmack im Verlauf seines Schaffens: Nachdem er klassizistisch begonnen hatte, ging er ins romantisch-volkstümliche über, versuchte sich in Umrißzeichnungen und endete schließlich als Karikaturist.

Als Illustrator weitaus prägender erwies sich jedoch Philipp Otto Runge, der in Anlehnung an Dürer die Umrißzeichnung oder 'Arabeske' auf ihren künstlerischen Höhepunkt brachte. Er gilt als Vertreter der symbolischen Illustration. Obwohl viele seiner Entwürfe nie veröffentlicht wurden, beeinflußte Runge trotz seines frühzeitigen Todes die Entwicklung der Graphik nachhaltig. Seine an die Spätrenaissance erinnernden, fein stilisierten Pflanzenornamente wurden zum Hauptmotiv in der Buchkunst.[43] Maßgeblich für die romantische Buchillustration war dabei eine ihrer Haupteigenschaften: „das Fragmentarische, das immer Wollen und nie Fertigwerden."[44]

Neben einzelnen Illustratoren gewannen auch neue Kunstschulen an Bedeutung, allen voran die Akademien Düsseldorf und München unter der Leitung Adolf Schroedters bzw. Peter Cornelius'. Zu Cornelius' Schülerkreis zählte Eugen N. Neureuther, dessen Umrißzeichnungen zu Goethes Lyrik bekanntlich noch die Aufmerksamkeit und das Wohlwollen des Dichters auf sich zogen. Neureuther illustrierte jedoch nicht nur Gedichte Goethes, sondern auch die weiterer Klassiker, womit er sich von den Buchkünstlern seiner Zeit abhob, die sich vorwiegend romantischer Themen und Dichter annahmen. Lyrikillustration trat ab den 40er Jahren schließlich in den Hintergrund, aufwendig illustriert wurden vielmehr Erzählungen und Romane.[45]

Die Weiterentwicklung der deutschen Buchkunst bis zur Jahrhundertmitte läßt sich namentlich an zwei Vertretern der deutschen

---

43 Runge illustrierte Ludwig Tiecks „Minnelieder aus dem schwäbischen Zeitalter", eine bearbeitete Auswahl aus der „Manessischen Liederhandschrift" wobei er bewies, nicht nur zur Illustration fähig zu sein, „sondern zur Darstellung des Geistes und des wahrhaft inneren Gehalts in Dichtung und Philosophie." Vgl. Fischer: Buchillustration der Romantik, S. 19.

44 Ebd., S. 81.

Spätromantik aufzeigen: Wilhelm Kaulbach und Ludwig Richter. Obwohl sich an der Gattung auch talentiertere Maler[46] mit größerem künstlerischen Erfolg versuchten, waren sie weitaus weniger populär. Kaulbach, dessen Bilder sonst eher schwülstig-theatralisch wirken, legte sich als Illustrator auf keine spezifische Stilrichtung fest. Zu den namhaftesten Schöpfungen jener Zeit gehören seine Illustrationen zu Goethes *Reineke Fuchs*. Die Beliebtheit der 1846 erstmals erschienenen Stahlstiche war derart groß, daß Kaulbachs Motive bis 1874 eine ständige Wiederauflage erlebten, ohne daß sich die Entwürfe anderer Künstler hätten durchsetzen können. Kaulbach hatte sich 1840 auf Auftrag Cottas hin auch an einigen Gedichten Goethes für dessen Gesamtausgabe versucht, ohne jedoch der Thematik gerecht zu werden. [47]

Noch populärer wurde Ludwig Richter, dessen Vorliebe für die bürgerliche Themenwelt den Publikumsgeschmack am besten abzudecken vermochte. Nicht zuletzt erleben seine Illustrationen bis heute ständige Neuauflagen. Trotz ihrer ausgesprochenen Beliebtheit erweisen sich Richters Illustrationen als Gebrauchskunst: ein innovativer Umgang mit der Thematik oder eine anspruchsvolle Textinterpretation sind von ihm nicht zu erwarten gewesen.

Was bei Kaulbach schon zu ahnen war, nimmt mit Richter Gestalt an: Illustration wird zur Auftragsarbeit aus rein materiellen Beweggründen von Seiten des Auftraggebers wie des Künstlers. In Anbetracht des rapiden Niedergangs der deutschen Buchkunst ab der Jahrhundertmitte gehören Richters Bilder hingegen noch zu den akzeptabelsten Produkten seiner Zeit. Anzurechnen ist ihm sein Versuch, sich mit anspruchsvollen Texten auseinanderzusetzen. Dadurch hat er sie dem Publikum gewiß zugänglicher gemacht, wenn auch die Bilder nie die Höhe der Texte erreichen.

Die Gründerjahre schließlich waren geprägt von den sogenannten Prachtausgaben, in denen die Buchkunst wohl ihren absoluten

---

45 Da hier nicht der geeignete Ort ist, sämtliche Künstler und Illustratoren des 19. Jahrhunderts aufzuzählen, sei auf die Arbeiten von Elisabeth Geck, Anita Fischer und Arthur Rümann verwiesen. Vgl. diesbezüglich die Angaben in der Bibliographie.

46 Zu den Malern der romantischen Schule, die sich auch in der Buch- bzw. Lyrikillustration versuchten, gehören: Alfred Rethel, Adolf Menzel, Julius Schnorr von Carolsfeld, Moritz von Schwind, Adolf Schroeter und Otto Speckter.

47 Vgl. hierzu die Ausführungen im Kapitel 5. 3.1. dieser Arbeit.

Tiefpunkt erreicht hatte. „Seit den sechziger Jahren hatte das Technisch-Materielle über das Künstlerisch-Geistige einen scheinbaren Sieg davongetragen.“[48] Arthur Rümann begründet diesen Verfall u.a. mit dem „Überhandnehmen der technischen Reproduktionsverfahren gegenüber den graphischen Originaltechniken.“[49] Von Buch-, geschweige denn Lyrikillustration kann keine Rede mehr sein, vielmehr handelt es sich um aufwendig produzierte Bilderbücher mit Repräsentationswert.

Als man in Deutschland begriff, „daß Reproduktionstechnik und künstlerische Graphik einem Konflikt zusteuerten und voneinander getrennt werden müßten“,[50] kamen durch William Morris neue Impulse aus England. In Verbindung mit der "Doves Press" wurden Bücher erstmals wieder als vollkommene Kunstwerke konzipiert und veröffentlicht.[51] Deutsche Künstler waren zwar von der Idee angetan, das Produkt hingegen nur für einen kleinen Kreis Auserwählter gedacht.

Während Lyrik nach wie vor in Anthologien und Zeitschriften im Stil der Gründerzeit "bebildert“ oder aber speziell den Damen in Gedichtbänden verniedlicht dargeboten wurde,[52] schuf Max Klinger mit seinen 46 Radierungen zu *Amor und Psyche* 1880 das erste anspruchsvolle buchkünstlerische Werk.[53]

Obwohl in der Malerei jener Zeit der Impressionismus als revolutionäre Stilrichtungen für eine künstlerische Neuorientierung sorgte, blieb die Lyrikillustration von dieser Entwicklung nahezu unberührt.

---

48 Arthur Rümann: „Die deutsche Buchillustration. Anmerkungen zu ihrer Geschichte von 1880–1925“, in: Imprimatur, Bd. IX , Weimar 1939, S. 129–144, hier S. 129.

49 Ebd.

50 Koschatzky: Kunst der Graphik, S. 29.

51 Morris war Begründer der Art-and-Crafts-Bewegung, die der Buchkunst europaweit neue Impulse gab.

52 Vgl. Renate Scharffenberg: Der Beitrag des Dichters zum Formenwandel in der äußeren Gestalt des Buches um die Wende des 19. zum 20. Jahrhundert, Diss. Marburg 1953, S. 3.

53 Amor und Psyche. Ein Märchen des Apuleius, illustriert und ornamentiert von Max Klinger, Stroefer, München 1880.

Der Kreis um Stefan George, darunter hauptsächlich Melchior Lechter, knüpfte schließlich in Deutschland an die englischen Impulse an: Nun standen nicht nur Text und Illustration im Mittelpunkt, sondern ebenso Typographie, Ornamentik, Einband und Papier. Die Auflagenzahl konnte für diese Gesamtkunstwerke nur gering sein, dennoch fand sich unter Künstlern und Verlegern schnell ein Interessentenkreis. Der Grundstein zum Malerbuch war gelegt.

2.2.3 20. Jahrhundert

Schon vor der Jahrhundertwende profitierte die Lyrikillustration vom Jugendstil, der sich gerade neu entfaltenden Kunstrichtung. Eberhard Rumer sprach dem Art Nouveau sogar außerordentliche Bedeutung für die Buchkunst zu. Ihm zufolge schenkte er „dem Buchschmuck eine fundamentale Neubelebung und fast sakrale Veredelung.“[54]

Allerdings verlagerte sich das Wirkungsfeld vom Buch fast gänzlich auf Zeitschriften, namentlich auf *Pan* und *Die Insel.* Ganz im Geist der Zeit erschienen zwar buchkünstlerische Gedichtbände, doch hier war man mehr auf Typographie und Ornamentik bedacht, denn auf konkrete Textillustrationen.[55] Folgerichtig wirkt die Illustration im Jugendstil „wenn nicht unter, so doch weiterhin, neben dem Text, und beide unterwerfen sich dem idealen Gesamtkunstwerk 'Buch'.“[56] Nicht selten waren die Buchkünstler alles in einer Person, vom Dichter bis zum Holzschneider. Damit wurden stilistische wie formale Brüche erfolgreich verhindert.

Dem englischen Beispiel folgend kam es in Deutschland zur Gründung mehrerer Privatpressen, die hochwertige Bücher in

---

54 Eberhard Rumer: „Deutsche Buchillustration im 19. Jahrhundert“, in: Regine Timm: Deutsche Buchillustration des 19. Jahrhunderts. Ausstellungskatalog Wolfen-büttel, Weinheim 1986, S. 11–28, hier S. 23.

55 Hans Loubier hat die Buchkunst von 1895 bis 1920 in vier Perioden eingeteilt. Seine Einteilung wurde später auch von Arthur Rümann übernommen:
1895–1900 stand unter dem Zeichen der Ausschmückung
1900–1910 wurde mit neue Gestaltungsformen und Schriften experimentiert
1910–1915 erreichte der Impressionismus reichlich verspätet auch die Buchkünstler, gleichzeitig fiel man wieder auf Biedermeier-Themen zurück
1915–1920 stand unter dem Einfluß der Expressionisten bzw. unter ihrer „rücksichtslosen Eigenwilligkeit“. Vgl. Hans Loubier: Die neue deutsche Buchkunst, Stuttgart 1921, S. 22 f.

56 Vgl. hierzu den Aufsatz von Eberhard Rumer: (s. Anm. 54) S. 23.

Kleinstauflage produzierten. Waren zunächst, beginnend mit Stefan George, die Dichter noch selbst an der kunstvollen Gestaltung ihrer Werke interessiert, wenn nicht gar beteiligt, so blieb die Lyrikillustration fortan nur bedingt unter dem Einfluß der Poeten. Elisabeth Geck bezeichnete als das

> Bewunderungswürdige an der Buchillustration der ersten drei Jahrzehnte ... ihre Vielfalt, die alle Techniken und alle Darstellungsmöglichkeiten zur Debatte stellte.[57]

Bis zum Ersten Weltkrieg findet sich illustrierte Lyrik meist in einer zumindest ansatzweise anspruchsvollen Erscheinungsform. War ein Verlag bemüht, Gedichtbände mit Schmuck zu versehen, so herrschten Zierleisten oder eingestreute Bildnisse des Dichters vor. Auf die Einbandgestaltung wurde auch bei Billigausgaben Wert gelegt, manche erinnern gar noch an den Pomp der Gründerzeit, welcher nach dem Ersten Weltkrieg schließlich überwunden war. Geck beobachtete, daß „die dekorative Illustration und die präraffaelitischen Nachwirkungen des Jugendstils in Deutschland“[58] nun endgültig vorbei sind: „Die sich in den Text einfügenden, kleinformatigen Bilder werden wieder häufiger.“[59]

Zunehmend entpuppt sich die Illustration jedoch als eigenständiges Kunstwerk, das seine dienende Rolle dem Text gegenüber endgültig aufgegeben hat. Buchkunst wird vorwiegend in Frankreich in den sogenannten Malerbüchern[60] betrieben. In den meisten Fällen wählt der Illustrator selbst die Gedichte aus. Die literarische Vorlage dient somit als Basis und Inspirationsquelle für die Graphik oder Malerei, eine Entwicklung, die im Kubismus schließlich zu weitgehender Durchdringung von bildender Kunst und Malerei führte. Ansprüche, dem Text treu zu bleiben, heben sich zunehmend von selbst auf:

---

57 Geck: Geschichte der Buchillustration, S. 117.

58 Ebd., S. 116.

59 Ebd.

60 Dem engagierte Pariser Kunsthändler Ambroise Vollard ist es zu verdanken, daß so viele Malerbücher entstehen konnten. Er erwies sich nicht nur als großzügiger Mäzen für diese Werke, sondern animierte alle Maler, darunter u. a. Pablo Picasso, George Braque und Henri Matisse sich an dieser Form zu versuchen.

> Die Malerbücher haben die Illustration ad absurdum geführt, da letztere sich meist vom Text löst und nur die Impressionen des Malers zum Text wiedergibt.[61]

Einige dieser Malerbücher wurden von Expressionisten angefertigt. Dieter Griesbach bezeichnet ihre Schöpfungen verallgemeinernd als

> subjektiv übersteigerte, formvereinfachende Grafik zur Literatur, in der die psychischen Erregungen und die Weltsicht des Illustrators das Darzustellende verändern [...] Der literarische Gegenstand ist diesen Autoren zumeist ein willkommener Anlaß, die eigene Weltdeutung zur Schau zu stellen.[62]

Besagte 'psychische Erregung' mag wohl hin und wieder mitverarbeitet worden sein, dennoch zählen in der expressionistischen Illustration konkrete Formkriterien. Jürgen Eyssen bezeichnete als wichtigste Übernahme expressionistischer Kunstauffassung in die Illustration „die Beschränkung auf das Wesentliche einer Handlung, das Weglassen unwichtiger Details, wo notwendig auch Abstraktion."[63]

Vielfach erscheint derartig illustrierte Lyrik als Mappenwerk: der Text im sorgfältigen Druck, die Illustrationen getrennt auf Beiblättern, eine Darreichungsform, die für die Rezeption nicht unerheblich war. Dem Leser bzw. Betrachter war es überlassen, die Gedichte unabhängig von den Bildern aufzunehmen.

Die Produktion dieser Werke blieb Liebhabern überlassen, namentlich Verlegern wie Bruno und Paul Cassirer in Berlin, Anton Kippenberg in Leipzig oder Harry Graf Kessler, der 1913 in Weimar die Cranach-Presse gründete.[64]

---

61 Geck: Geschichte der Buchillustration, S. 122.

62 Griesbach: Illustrationen zur Lyrik, S. 148.

63 Jürgen Eyssen: Buchkunst in Deutschland: Vom Jugendstil zum Malerbuch. Buchgestalter, Handpressen, Verleger, Illustratoren, Hannover 1980, S. 166.

64 Weitere bedeutende Privatpressen waren u.a. die Ernst-Ludwig-Presse unter Ch. Kleukens, die Officina Serpentis unter E. W. Tieffenbach, die Officina Bodoni unter H. Mardersteig und die Ratio-Presse unter F. Wilhelm. Nicht alle widmeten sich der Illustration; meist stand die Typographie im Vordergrund.

Alle namhaften Maler jener Zeit beteiligten sich irgendwann an einem Buchprojekt; illustriert wurde die Weltliteratur von Homer über Shakespeare und Goethe bis hin zu den Zeitgenossen. Nie zuvor brachte es die Buchkunst auf ein vergleichbares künstlerisch-geistiges Niveau. Allerdings waren diese Ausgaben nur einigen auserwählten Subskribenten vorbehalten. Eine Auflage bis zu 120 Exemplaren galt als Norm, einige wenige Drucke brachten es auf 250 bzw. 400 Stück. Die beste Illustrationskunst findet sich in den Ausgaben besagter buchkünstlerischer Verleger oder bibliophiler Gesellschaften. Der plötzliche Freitod Paul Cassirers 1925 verhinderte schließlich die Fortführung eines großartigen Projekts, das mit Illustrationen zu Goethes Gedichten begonnen hatte.[65] Für die anderen wurden derartige Vorhaben zunehmend zu einer Kostenfrage. Unter der aufkommenden Ideologie des Dritten Reichs wurden die bis dahin geltenden Schwerpunkte schließlich zugunsten propagandistischer Inhalte verlagert und eine weitere Ausreifung dieses buchkünstlerischen Höhepunkts unterbunden.

2.3 Funktionen der Lyrikillustration im Wandel der Epochen

Im Rahmen der Buchgeschichte werden Illustrationen vorwiegend als schmückendes Element betrachtet. Obwohl sie ohne Zweifel auch zur Verzierung einer Ausgabe beitragen, ist die Bedeutung ihrer jeweiligen Funktion jedoch weitaus höher einzuschätzen.

Illustrationen dienten zunächst religiösen und didaktischen Zwecken, um im weiteren ästhetische, ideologische und ökonomische Funktionen zu erfüllen. Demzufolge unterlag ihre Erscheinungsform nicht nur dem jeweiligen technischen oder stilgeschichtlichen Entwicklungsstand, sondern den buchhändlerischen Interessen, denen sie zu genügen hatten. Namentlich im 18. Jahrhundert erlebte die Illustrationskunst eine erhebliche Aufwertung, zumal die Verleger den leicht zu variierenden Nutzen des Mediums bald erkannt hatten. War der Einsatz von Illustrationen bis dahin hauptsächlich ideeller Natur gewesen, so gaben sie ihre ausschließlich textdienende Funktion allmählich zugunsten ästhetischer Kriterien auf, um im ausgehenden

65 Das Projekt sollte später auf andere klassische Dichter, u.a. auch Schiller, ausgeweitet werden.

18. bzw. beginnenden 19. Jahrhundert erstmals triviale Bedeutung zu erlangen: Die Bildbeigabe sollte den Betrachter zerstreuen oder unterhalten.

Seinen vollständigen Gebrauchswert entfaltete das Medium schließlich im Verlauf des 19. Jahrhunderts. Nun dienten Bildbeigaben allen erdenklichen Zwecken, fungierten jedoch vorwiegend als absatzpolitisches Instrument.

Fortan bestimmten vornehmlich buchhändlerische Faktoren bzw. Verlegerinteressen, ob ein Illustrationsprojekt realisiert werden konnte: Der Verleger hatte es schließlich zu finanzieren. Selbst diejenigen, die aus Liebe zur Kunst oder Sympathie zum Autor manches finanzielle Risiko eingingen, sahen sich stets zur Kalkulation gezwungen, was sich letztlich auf das Erscheinungsbild einer Ausgabe auswirkte. Wirtschaftliche Faktoren mußten jedoch auch von bibliophil veranlagten Unternehmern berücksichtigt werden.[66]

Sofern es sich nicht ohnehin um eine preiswerte Taschenausgabe handelte, versah man die Bücher mit den jeweils gängigen Illustrationstypen. Meistens entschied die Kostenfrage, wie aufwendig ein Band gestaltet werden sollte. Die Herstellung eines Buches mit Kupferstichen z. B. war verständlicherweise weitaus kostspieliger als diejenige herkömmlicher Drucke; die Ausgabe konnte dafür auch teurer verkauft werden. Verleger, die an Illustrationen interessiert waren, sahen sich darüber hinaus Sachzwängen ausgeliefert, die ihnen der epochenspezifische Publikumsgeschmack aufoktroyierte. So wurden beispielsweise im ausgehenden 18. Jahrhundert die im Verhältnis billigen Holzschnitte vom bürgerlichen Lesepublikum abgelehnt. Kupferstiche blieben jedoch mit erheblichen Ausgaben verbunden. Bis die drucktechnischen Möglichkeiten nicht ausgereift waren, verursachte eine Bildbeigabe also zunächst Kosten und bedeutete nicht zwangsläufig eine Gewinnmaximierung.

Bekanntlich wirken sich die Präsentationsform, der Preis und die Auflagenhöhe einer Ausgabe auf die Rezeption beim Publikum aus. Rosemary Hoffmann-Scholl wies wiederholt auf den unmittelbaren Zusammenhang zwischen der Aufmachung eines Buches und seinen Verkaufsmöglichkeiten hin.[67] Diese ab dem Ende des 18. Jahrhunderts

---

66 Vgl. hierzu die Ausführungen von Siegfried Unseld: Goethe und seine Verleger, Frankfurt 1991.

geltende Korrelation bewirkte, daß Illustrationen – unter Vorgabe eines hehren Zwecks – schließlich bald ungeniert als absatzsteigernde Mittel benutzt wurden.

> Das Buch wurde ... zur Massenware; nur waren die Konsumenten in Bezug auf die Literatur noch ungebildet – für sie war die literarische Produktion unübersichtlich. [...] Letzten Endes entschied ... die äußerliche Aufmachung des Buches das Schicksal eines Textes ... ; der Verleger mußte versuchen, den modischen Geschmack der Leser zu treffen, um seine Bücher verkaufen zu können.[68]

Im 19. Jahrhundert verlagert sich das Schwergewicht der Verlegerinteressen zunehmend auf die wirtschaftliche Ebene, was die Illustration schließlich zum ökonomisch wirksamen Medium degradiert. Das Buch entwickelt sich vom geschätzten Privatexemplar zur öffentlichen Gebrauchsware.

Es ist anzunehmen, daß den Verlegern des 19. Jahrhunderts ihr Einfluß auf die Wirkungsweise eines Buches bekannt gewesen sein muß. Dennoch wäre es verfehlt, ihnen eine bewußte Rezeptionsmanipulation zu unterstellen, da ihre Überlegungen primär wirtschaftlicher Natur waren. Als Maßnahme gegen die Konkurrenz oder schlicht zur Besserung des Verlagsrenommes wurden Bilder bald ohne Rücksicht auf inhaltliche Zusammenhänge eingesetzt.

Diese Fixierung auf Umsatz- und Verkaufszahlen blieb bis zum Ende des 19. Jahrhunderts bestehen. Ideelle oder künstlerische Bestrebungen traten zugunsten wirtschaftlicher Interessen eindeutig in

---

67 An dieser Stelle sei darauf hingewiesen, daß zur Aufmachung eines Buches selbstverständlich auch der Bucheinband sowie die Papierqualität gehören. Oftmals wurde der Band aus eben jenen absatzpolitischen Gründen in Leder gebunden, manchmal mit geprägtem, zumindest künstlerisch gestaltetem Einband, bei teureren Ausgaben kam Goldschnitt hinzu. Nicht selten lassen bei diesen Ausgaben Satz und Druck zu wünschen übrig, die Innenausstattung beschränkt sich maximal auf Zierleisten. Ausführlich behandelt wird das Thema bei: Frithjof Lühmann: „Wandlungen der Buchgestaltung am Ende des 18. Jahrhunderts“, in: Raabe: Buchgestaltung in Deutschland, S. 89–104; - Renate Scharffenberg: Der Beitrag des Dichters zum Formenwandel in der äußeren Gestalt des Buches, Diss. Marburg 1953; - Ute Etzold: „Einbandgestaltung im 19. Jahrhundert“, in: Timm: Buchillustration des 19. Jh., S. 141 f.

68 Hoffmann-Scholl, in: Raabe: Buchgestaltung in Deutschland, S. 39 f.

den Hintergrund. Als typische Folge dieser Entwicklung bürgerten sich schließlich die Klischeedrucker ein. Die Bilder waren nach Themenbereichen geordnet, Verleger konnten vorgefertigte Illustrationen mengenweise aufkaufen. Das Verhältnis von Wort und Bild war noch nie so eklatant mißachtet worden als durch die willkürliche Verwendung und häufige Wiederbenutzung dieser Druckplatten.

Reinhard Wittmann erkannte in dieser Ära zurecht den „Beginn einer Kulturindustrie".[69] In seiner Abhandlung über den Buchhandel im 19. Jahrhundert wies er auf die neue Konstellation hin:

> Erstmals seit Gutenberg besaß der Buchhandel nun die Möglichkeit, seine Erzeugnisse, die bisher einer intellektuellen Minderheit vorbehalten waren, relativ billig in großen Auflagen einem potentiell unbegrenzten Publikum zu verkaufen – er trat in seine hochkapitalistische Phase.[70]

In dem Maße, in dem Illustrationen bewußt als absatzsteuernder Faktor eingesetzt wurden, gewannen Bildbeigaben wieder an psychologischem Wert. Einschlägige Einflüsse auf die Leser waren beabsichtigt und verfehlten auch nicht ihre Wirkung. Als Konsequenz daraus sind die vielfältigen Zielgruppen zu verstehen, die sich im ausgehenden 19. Jahrhundert zu bilden begannen und zu einem reichhaltigeren Angebot auf dem Buchmarkt sowie zu einer weitgehenden Differenzierung verschiedener Verlagsprogramme führten.

Nach der Vermarktung und künstlerischen Abwertung des Bildes prägten erst um die Jahrhundertwende Verleger buchkünstlerischer Ausgaben und Kunstdrucke ein neues Bewußtsein: Das Buch wurde Teil eines künstlerischen Programms, die Illustration gewann ihre ästhetische Funktion wieder. In diesem Sinne wollte schon der Engländer William Morris, Vorreiter der Buchkunst in Deutschland, „seine eigene künstlerische Praxis als Gegenentwurf zur entfremdeten Arbeit im kapitalistischen Produktionsprozeß verstanden wissen."[71]

---

69 Reinhard Wittmann: „Literarisches Leben 1848 bis 1880", in: Bucher, Hahl, Jäger (Hrsg.): Realismus und Gründerzeit. Manifeste und Dokumente zur deutschen Literatur 1848–1880, Stuttgart 1976, Bd. 1, S. 161–196, hier S. 163.

70 Ebd.

Der Verleger war inzwischen nicht selten vom kaufmännisch ausgerichteten Händler mit der Ware Buch zum künstlerisch ambitionierten Intellektuellen geworden. Zur selben Zeit begannen die Dichter, dem Vorbild Stefan Georges folgend, sich wieder für Ausstattungsfragen zu interessieren. George vertrat immerhin die Meinung, man dürfe die Herstellung eines Buches „nicht der Willkür eines Verlegers oder Druckers überlassen."[72] Dennoch traten zunehmend Verleger hervor, denen ebenso an der geistigen und ästhetischen Erziehung des Publikums gelegen war, namentlich Harry Graf Kessler, Anton Kippenberg oder Bruno und Paul Cassirer, um nur einige zu nennen.

Eva Caspers hat in ihrer Abhandlung über die Pan-Presse Paul Cassirers das Bestreben der diversen Unternehmungen jener Zeit treffend beschrieben:

> Das Programm einer universellen Durchdringung des Lebens mit Kunst wurde getragen vom Ideal einer ästhetisch zu stiftenden Harmonie und Stimmigkeit aller Lebensbereiche und -äußerungen. [...] Unter den Gebrauchsgegenständen ... zog das Buch als Aufgabe ästhetischen Bemühens besondere Aufmerksamkeit auf sich.[73]

Somit erfuhr das illustrierte Buch eine Aufwertung in idealisierte Ebenen hin, um daraufhin als politisch/weltanschaulich prägendes Instrument in Erscheinung zu treten.

Im 20. Jahrhundert läßt sich zwar wieder ein Anstieg des Niveaus beobachten, die Funktion der Illustration als kaufanreizendes Mittel blieb jedoch erhalten. Selbst den Verlegern der buchkünstlerischen

---

71 Eva Caspers: Paul Cassirer und die Pan-Presse. Ein Beitrag zur deutschen Buchillustration und Graphik im 20. Jahrhundert, Diss. Hamburg 1986, S. 29. Morris verfolgte mit seinem buchkünstlerischen Programm eindeutig sozialrevolutionäre Absichten, die lediglich abgeschwächt auf die deutschen Verleger übergriffen: Sein „Protest richtete sich gegen die Resultate eines ökonomischen Produktionsprozesses, in dem durch den zunehmenden Einsatz von Maschinerie ... die produktive Tätigkeit der beschäftigten Menschen als Qual einer extrem vereinseitigten und inhaltsleeren Arbeit erschien." Ebd.

72 Vgl. Scharffenberg: Beitrag des Dichters zum Formenwandel, S. 62.

73 Eva Caspers: (s. Anm. 71), S. 30.

Luxusausgaben konnte ein finanzieller Gewinn nicht gleichgültig sein, zumal die Herstellungskosten extrem hoch waren und die Künstler mit einem angemessenen Honorar rechneten. Dennoch war kein Verlag mehr auf eine Bildbeigabe angewiesen, um die eigene Existenz zu sichern. Illustrationen waren angesichts der technischen Entwicklung in gewissem Maße zu einer Selbstverständlichkeit geworden, über die man je nach Verlagsprogramm und Konzept verfügen konnte.

2.4 Zum Verhältnis von Wort und Bild

Innerhalb der Lyrikillustration erweisen sich die Ansprüche an das Verhältnis von Wort und Bild als steter Streitpunkt. Um zu erörtern, nach welchen Kriterien sich diese Wechselbeziehung definieren läßt, bedarf es einer grundsätzlichen Erläuterung der Aufgaben und Grenzen von Gedichtillustrationen.

Wie in den vorigen Kapiteln bereits dargestellt wurde, ist die Wirkung einer Bildbeigabe von vielfältigen äußeren Faktoren abhängig, die zu einer komplexen Interaktion zwischen Wort und Bild beitragen. Dieses stets vielschichtige Verhältnis mag ein Grund für die zahlreichen Kontroversen sein, die die Illustration als künstlerisches Medium bisher hervorgerufen hat. Wiewohl sich die kunstwissenschaftliche Forschung um eine einheitliche Definition bemüht hat, wurden keine eindeutigen Positionen bezogen. Zu sehr teilten sich die Meinungen über Sinn und Zweck einer Bildbeigabe zu einem Gedicht. Weitaus radikaler verliefen diesbezüglich die Auseinandersetzungen zwischen Dichtern und bildenden Künstlern. Das Spektrum der Meinungen reicht dabei von der ausdrücklichen Ablehnung jeglicher Form der Illustrierung bis hin zum absoluten Plädoyer für sie. Die Tatsache, daß sich unter Dichtern wie auch Malern jeweils Befürworter sowie Gegner finden lassen, weist nur verstärkt auf das mangelnde Selbstverständnis sowie den schwierigen Stand der Lyrikillustration hin.

Grundsätzlich muß jede Gedichtillustration in ihrem spezifischen Kontext einzeln bewertet werden. Die Frage, inwieweit sie den an sie gestellten Ansprüchen gerecht wird, läßt sich nur anhand von Fallbeispielen beantworten, wobei jegliches Urteil äußerst differenziert zu fällen ist. Abgesehen von der eklatanten Meinungsvielfalt, scheinen sich Befürworter wie Kritiker der Illustration wenigstens in einem Punkt einig zu sein: Sie hat dem Text zu dienen.

Eva-Maria Hanebutt-Benz hat die primäre Aufgabe einer Bildbeigabe sehr treffend formuliert:

> Illustration schafft im Idealfall eine zusätzliche Dimension zur Aussage des Schriftstellers. Wo der Text nur andeutet, hat der Illustrator die Möglichkeit, mit seinen Mitteln in analysierender Vorgehensweise den Inhalt des Schriftwerkes auszuschöpfen und weitergehend, über das Wort hinaus, sichtbar zu machen. ... Das Bild muß die Kraft haben, mehr auszusagen, den Dichter in kongenialem Sinne zu unterstützen.[74]

Gedichtillustrationen erscheinen mir angesichts ihrer potentiellen Fähigkeit, sich günstig auf die Textvorlage auszuwirken, als prinzipiell gerechtfertigt. Die Vollendung eines Kunstwerks mag durchaus abgerundet werden, wenn Text und Bild aufeinander abgestimmt sind und beide höchsten künstlerischen und ästhetischen Anforderungen genügen. Daß dies dennoch selten der Fall ist, sei hier nicht abgestritten.

Wilhelm Plünnecke kam in seiner Untersuchung über die Grundformen der Illustration zu dem Fazit, der bildende Künstler müsse „fähig sein, sich mit geistigen Dingen auseinanderzusetzen."[75] Dem mag hinzugefügt werden, daß es dazu einer dichterischen Vorlage bedarf, die eben jenen geistigen Ansprüchen im Höchstmaß genügt. Nicht selten werden literarische Minderwertigkeiten durch erstrangige Bilder genießbar – nicht alles innerhalb der Lyrik kann tatsächlich einen hohen geistigen Gehalt vorweisen. Die Diskussion, ob Illustrationen grundsätzlich vertretbar sind, erübrigt sich, wenn bereits die Gedichte die an sie gestellten Erwartungen nicht erfüllen können. Zunächst muß daher das Wort einer eingehenden Bestandsaufnahme dieser Werte standhalten, bevor über die Grenzen der Illustration weiterdebattiert werden kann.

Nicht zuletzt sind auch der Sprache Grenzen gesetzt, eine Tatsache, die sich namentlich in der Lyrik des 20. Jahrhunderts niederschlägt.

---

74 Eva-Maria Hanebutt-Benz: Seiten der Zeit. Beispiele deutscher Buchillustration 1908–1930. Ausstellungskatalog Frankfurt 1986, Einleitung.

75 Plünnecke: Grundformen der Illustration, S. 51.

Beginnend mit dem Kubismus setzte eine neue Bewegung ein, die das herkömmliche Wirkungsfeld von Literatur und bildender Kunst zugunsten einer wechselseitigen Durchdringung beider auflöste. Wolfgang Max Faust hat den Wandel vom Wort zum Bild eingehend dargelegt, wobei er eine beginnende Distanzierung des Textes von seiner sprachlichen Form bereits in der Typographie erkennt: „Indem die Literatur das Optische der Schrift einbezieht, überschreitet sie den Bereich des tradierten Schreibens.“[76] In der Hinwendung der Literatur zu bildlichen Elementen, einen Vorgang, den er als „Ikonisierung der Sprache“[77] bezeichnet, „steckt als äußerste Grenzform auch die Möglichkeit eines gänzlichen Beziehungsverlustes zum Verbalen. Werke, die diese Grenze erreichen, können sich nicht mehr durch Sprache als Bestandteil der Literatur legitimieren ... Die Konsequenz, daß Worte Bilder werden, führt damit über die traditionelle Grenze der Gattung Literatur hinaus.“[78]

In den Stilrichtungen des beginnenden 20. Jahrhunderts, also im Kubismus, Futurismus und später im Dadaismus, werden die Grundlagen für eine Annäherung von Literatur und bildender Kunst geschaffen, die letztlich „die Grenzen zwischen Bild und Sprache verwischen“[79] sollten. „Das Medium der Literatur findet Aufnahme in die bildende Kunst. Es wird zu ihrem eigenständigen Bestandteil.“[80] Diese Entwicklung, die von der kubistischen Literatur ausging und schließlich in den 60er Jahren ihren Höhepunkt in der Konzeptuellen Kunst fand, ermöglichte der Literatur schließlich, den Status eines Kunstobjekts einzunehmen.[81]

Die Ursache für die in der Illustrationsgeschichte auffällige Entwicklung, die nach dem Ersten Weltkrieg das Bild *vor* das Wort stellte, ist hierin zu suchen. Gleichzeitig belegt sie jedoch, daß

---

76 Wolfgang Max Faust: Bilder werden Worte. Zum Verhältnis von bildender Kunst und Literatur vom Kubismus bis zur Gegenwart, Köln 1987, S. 8.

77 Ebd., S. 10.

78 Ebd., S. 13.

79 Ebd., S. 29.

80 Ebd., S. 37. George Braque begann im Frühjahr 1911 damit, Worte und Buchstaben als Bestandteile seiner Bilder zu integrieren; Juan Gris fügte schließlich ein ganzes Gedicht in seine Komposition 'Nature morte avec poème' ein.

81 Vgl. ebd., S. 20 ff.

Literatur und bildende Kunst auch bei weitgehender Grenzüberschreitung dazu tendieren, symbiotisch aufzutreten und zum Gesamtkunstwerk zu werden. Sobald sich die Literatur mit Erlangung ihrer eigenen Sprachgrenzen ergänzend des Bildes bedient, wird deutlich, wie sehr sich beide Medien annähern können, um dem Leser/Betrachter eine optimale Rezeption des künstlerischen Inhalts sowie des geistigen Gehalts zu ermöglichen.

Gelungene Illustrationen tragen ohne jeden Zweifel zur Aufwertung eines literarischen Textes bei. Abgesehen von den bereits erörterten buchhändlerischen Faktoren ist der Kaufanreiz, den sie vermitteln, nicht nur in seiner wirtschaftlichen Ausprägung zu beachten. Bilder dienen seit jeher als Lockmittel, wecken die Neugier des Lesers und können das Interesse für einen vorliegenden Text wachrufen, wenn nicht gar fördern. Nicht nur bibliophil Interessierte greifen lieber zu einem illustrierten Band als zu reinen Textausgaben. Vor allem bei anspruchsvollen, schwierigen Texten können Bildbeigaben wesentlich zum Verständnis der literarischen Vorlage beitragen. Darüber hinaus gibt es Fälle, in denen das literarische Werk nur dank seiner Illustrationen überlebt hat. Selbst in 'Bilderbüchern', in denen literarische Nichtigkeiten graphisch geschmückt wurden, lenkte das Bild die Aufmerksamkeit des Lesers auf den Text.

Obwohl die bereichernden Möglichkeiten einer guten Bildbeigabe offensichtlich sind, gibt es bekanntlich nur wenige Gedichte, die kongenial illustriert wurden. Daraus jedoch die vereinfachte Schlußfolgerung zu ziehen, nicht-illustrierte Gedichte seien in jedem Fall illustrierten vorzuziehen, erscheint mir unangemessen.

Die größte Schwierigkeit liegt darin, die dichterische Aussage nicht zu entstellen. Vor allem mehrschichtige Texte laufen Gefahr, ihre komplexe Aussage durch die Reduktion auf eine Dimension zu verlieren. Sofern der Illustrator den Dichter nicht zu interpretieren versteht, kann der Gehalt des Textes neben einer simplifizierenden Darstellung untergehen. Da sich die Illustration zwangsläufig auf eine Ebene des Gedichts zu konzentrieren hat, liegt es an der Fähigkeit des bildenden Künstlers, zu entscheiden, welche er dafür auswählt.

Das jedem Bild innewohnende Potential, die Textrezeption zu manipulieren, stellt ein weiteres kritisches Moment dar. Wird der Leser eines hervorragenden Textes durch schlechte Illustrationen allenfalls mißmutig, sind größere Einbrüche in seine Phantasie dennoch nicht zu befürchten. Nachteile erfahren daraus vielmehr abstrakte Schriften, die ohnehin über keinen einheitlichen Vorstellungswert verfügen, sondern jedem Leser die Chance geben, eigene Assoziationen daran zu knüpfen.

Im Rahmen einer Kontroverse zwischen Dichtern und bildenden Künstlern betonte der Illustrator Wilhelm M. Busch, die Bebilderung von literarischen Texten sei zunächst eine Notwendigkeit für den Verleger, gleichwohl Illustrationen die Ausgabe verteuern würden: „Er muß mit der Buchgestalt verführen, mit dem Bild zum Wort Menschen für das Buch gewinnen".[82] Stellvertretend für die Befürworter der Illustration sei Buschs Schlußfolgerung zitiert, jene Dichter, die sich gegen Illustrationen aussprächen, müßten sich konsequenterweise auch gegen eine spezielle Typographie oder besondere Einbandgestaltung sperren. Dies mag zunächst zwar überspitzt klingen, ist grundsätzlich jedoch nachvollziehbar und richtig, zumal typographische Elemente die Rezeption eines Textes bekanntlich stark beeinflussen.[83]

Mehr noch, als die Aufgaben und Grenzen der Illustration zu definieren, setzen sich Forschung und Künstler vorwiegend mit der Frage auseinander, ob und welche Texte sich überhaupt illustrieren lassen. Wiewohl auch hier die Meinungen weit auseinandergehen, scheint man sich dahingehend einig zu sein, daß sich Lyrik prinzipiell nicht zur Illustrierung eignet. Manfred Hausmann hat aus der Sicht des Literaten in der oben erwähnten Kontroverse die These vertreten:

> Der Schriftsteller und der Illustrator können bedenkenlos Hand in Hand gehen ... nicht aber der Dichter und der Illustrator. [84]

Damit schloß er sich der traditionell herrschenden Meinung an, Gedichte seien zu eigenständige Gebilde, um eine weitere Kunstform neben sich tolerieren zu können. Hausmann ging so weit zu behaupten:

---

82 Wilhelm M. Busch: „Der Illustrator zwischen Autor und Leser", in: Illustration 63, Heft 3, Memmingen 1975, S. 75–78, hier S. 75.

83 Ebd.; Busch führte als Beispiel Arno Schmidt an, der seine Texte in Manuskriptform veröffentlichen ließ. Obwohl ein derartiger Versuch zu respektieren sei, fragt Busch zurecht, wo eine so verstandene Wort- und Texttreue letztlich hinführen würde.

84 Manfred Hausmann: „Die gemeinsame Mitte. Das Bild im Buch", in: Illustration 63, Heft 2, Memmingen 1975, S. 39–42, hier S. 42.

> Der Inhalt, die Substanz, das Wesenhafte des Gedichts kann nicht von der Gestalt absehen, es existiert kein dichterischer Inhalt mehr, wenn die Gestalt aufgelöst ist.[85]

Ihm zufolge hafte jedem Gedicht ein "noli me tangere" an, das es zu respektieren gelte.[86] Dies mag in seltenen Fällen zutreffen, gilt m. E. im Rahmen der Diskussion jedoch nur dann, wenn das Gedicht unzureichend illustriert wurde. Zudem muß eine Illustration keineswegs die Gestalt eines Gedichts auflösen: selbst ein noch so vollendetes Gedicht kann seiner Wirkung nicht beraubt werden, wenn ihm ein bildender Künstler ein graphisch ebenso vollendetes Bild an die Seite stellt.

Busch setzte Hausmann aus der Sicht des Illustrators entgegen, es sei schließlich eine Herausforderung für den Leser, wenn er guten Bildern gegenüber wieder zum Wort des Dichters zurückfinden müsse.[87]

Derart plakative Thesen mögen exemplarisch die Brisanz des Themas belegen. Auffallend an der ganzen Diskussion ist das mangelnde Bemühen beider Seiten, die jeweilige andere Kunstform als gleichwertig zu tolerieren. Selbst wenn die Illustration dem Text gegenüber eine dienende Funktion einnimmt, besagt das nicht, daß sie deswegen minderwertiger als die literarische Vorlage zu sein hat. Sofern sie im Rahmen ihrer immanenten Möglichkeiten den ästhetischen und künstlerischen Anforderungen genügen, ist eine Verschmelzung beider Formen in ein Gesamtkunstwerk durchaus erstrebenswert. Statt sich jedoch dem höheren Zweck zu unterwerfen, argumentieren beide Seiten – und die Forschung steht ihnen hier in nichts nach – nach dem herkömmlichen Konkurrenzprinzip. Maßgeblich scheint also vielmehr die Frage, was wen beherrscht, was wichtiger ist – Wort oder Bild – und was sich wem zu fügen hat, anstatt der Bemühung zu folgen, kongenial zusammenzuwirken. Dieser mitunter philosophische Disput läßt sich bis ins 18. Jahrhundert zurückverfolgen.

---

85 Ebd., S. 39.

86 Ebd.

87 Vgl. Busch: Illustrator zwischen Autor und Leser, S. 75.

Ästhetische Anforderungen

Prägend für das Kunstverständnis im ausgehenden 18. Jahrhundert war Gotthold Ephraim Lessings Schrift *Laokoon*. Lessing forderte, jede Kunstform solle sich der ihr immanenten Möglichkeiten unterwerfen. Demzufolge habe die Poesie nicht mit der Malerei zu wetteifern, da beide verschiedene ästhetische Aufgaben zu erfüllen hätten:

> Die eigentliche Bestimmung einer schönen Kunst kann nur dasjenige sein, was sie ohne Beihilfe einer anderen hervorzubringen im Stande ist.[88]

Lessing verlangte von der Malerei, sich nicht wie die Poesie in Andeutungen zu ergehen:

> Die Malerei kann in ihren koexistierenden Kompositionen nur einen einzigen Augenblick der Handlung nutzen, und muß daher den prägnantesten wählen, aus welchem der vorhergehende und folgende am begreiflichsten wird.[89]

Gerade diese Forderung wirkte sich nachhaltig auf die Illustratoren aus: erst expressionistische Maler wagten es, nicht nur den prägnantesten Handlungsmoment eines Gedichts als Vorlage zu wählen. Sie beschränkten sich vielmehr auf das Wesentliche einer Handlung an sich, womit sie sich einen größeren Darstellungsradius schufen. Obwohl Lessings Standpunkt zunächst vernünftig erscheint, wurde die Illustrationskunst dadurch stark eingeengt. Nicht umsonst finden sich im Bildvergleich stets dieselben Motive wieder, was eine Gegenüberstellung zwar nahelegt, das Illustrationsspektrum jedoch ziemlich beeinträchtigt hat.

Heftige Kritik übte Lessing an der damals modisch gewordenen „Allegoristerei der Maler“, deren Bilder er als „stumme Gedichte“ bezeichnete sowie an der „Schilderungssucht der Dichter“, die seinem Empfinden nach nichts weiter als „redende Gemälde“ schufen.[90]

---

88 Gotthold Ephraim Lessing: Laokoon (20), in: Ders.: Werke Bd. 6, München 1974, Hanser, S. 555–659, hier S. 635.

89 Ebd., S. 566.

90 Ebd., S. 556 ff.

Seine Kritik gipfelte schließlich in der Verurteilung dieser bildhaften Art von Poesie:

> Der Dichter, der einen Gegenstand so schildert, daß ihm der Maler mit dem Pinsel folgen kann, verleugnet die eigentümlichen Vorrechte seiner Kunst, und unterwirft sie Schranken, in welchen sie ihrem Mitbuhlenden unendlich nachsteht.[91]

So sehr Lessings Forderungen an die Malerei fruchteten, so wenig Gehör fand er bei den Literaten. Bezeichnenderweise hat gerade die besonders gegenständliche Sprache Lyrikillustrationen hervorgebracht und bis heute gerechtfertigt. Nicht nur bezüglich Goethescher Gedichte wird stets die These vertreten, daß nur stark bildhafte Lyrik entsprechend illustriert werden kann. Henning Wendland sei diesbezüglich als Sprachrohr der kunstwissenschaftlichen Forschung zitiert. Er vertritt die innerhalb der Forschung noch immer nicht in Frage gestellte Meinung:

> Wo plastische Schilderungen geboten werden und eine bildhafte Sprache gesprochen wird, dort wird ein Illustrator genügend Ansatzpunkte für seine bildliche Ausdeutung finden.[92]

Auch Petra Maisak argumentiert auf derselben Ebene, wenn sie z. B. hinsichtlich der Goethe-Illustration behauptet: „Wesentlich ist sicher die Goethe eigene Bildhaftigkeit und Prägnanz der Sprache, die der Umsetzung in eine künstlerische Darstellung sehr entgegenkommt.“[93] Carl Bänfer wiederum, der sich unter kunstwissenschaftlichen Aspekten ausdrücklich mit der Beziehung zwischen Wort und Bild in verschiedenen illustrierten Werken auseinandergesetzt hat, geht sogar noch einen Schritt weiter. Zwar hält auch er Gedichte für schlecht illustrierbar, da „sich die sprachliche Dichte und formale Vollendung des Verses einer Ausweitung ins Bildliche stärker als die lockere Form der Erzählung“ widersetzt,[94] suggeriert darüber hinaus

91 Ebd., S. 556.

92 Wendland: Buchillustration von Frühdrucken zur Gegenwart, S. 26.

93 Petra Maisak: Goethe in der Kunst des 20. Jahrhunderts, Ausstellungskatalog Frankfurt 1982, S. 9.

aber, bildhafte Texte seien literarisch mittelmäßig und gerade deshalb (!) zur Illustrierung geeignet, wohingegen „Stimmungsdichtung ihre reinste Entsprechung im abstrakten, ungegenständlichen Bildzeichen" fände.[95] Bänfer pauschalisiert schließlich und versteigt sich zu der Behauptung:

> Dichtwerke der höchsten Form, z. B. 'Faust' … entziehen sich einer Umsetzung; ihr Inhalt ist bereits so deutlich vorstellbar, daß eine Verbildlichung die Phantasie des Lesers nur fesseln, aber nicht beflügeln würde.[96]

Dem mag erstens entgegengehalten werden, daß „Dichtwerke der höchsten Form" nicht zwangsläufig über einen vorstellbaren Inhalt verfügen. Was nun die Umsetzung des *Faust* betrifft, so hatte selbst Goethe seine ursprünglich gleichlautende Meinung revidiert, nachdem er die Illustrationen von Eugène Delacroix gesehen hatte. Auffallend ist also die beharrliche Meinung der Forschung, Abstraktes ließe sich nicht darstellen. Wendland konstatiert: „Reflektierende, philosophische oder nur abstrakte Gedanken beinhaltende Texte sind kaum illustrierbar."[97]

Diese Auffassung scheint mir leichtfertig verallgemeinert, nicht stichhaltig und letztlich nur ein Beweis für das mangelnde Vermögen der wissenschaftlich ausgerichteten Rezipienten, sich mit eben jenen geistigen Inhalten auseinanderzusetzen, von denen oben die Rede war. Auch wenn sich ein theoretisches oder philosophisches Traktat nicht so sehr zur Umsetzung ins Bild eignen mag, steht es mit der Lyrik, deren abstrakte Inhalte durchaus ihre Entsprechung im Bildlichen finden anders, sofern der Künstler dem Dichter auf der gleichen Ebene zu begegnen weiß. Hier wird vom Illustrator nicht nur ein geistiges Einfühlungsvermögen verlangt, sondern auch eine treffsichere Wahl des stilistischen Mittels, das die Voraussetzung für eine gelungene Illustration bildet. Welche Technik sich für welchen Text eignet, kann letztlich nur der Illustrator, nicht der Verleger bestimmen. Eigentümlicher-

---

94 Ebd.

95 Bänfer: Bild und Wort, S. 16.

96 Ebd., S. 14.

97 Wendland: Buchillustration von Frühdrucken zur Gegenwart, S. 26.

weise unterscheidet die Forschung nur selten hinsichtlich der Wahl der künstlerischen Mittel. Das breite Spektrum der künstlerischen Techniken sollte jedenfalls eingehender zur Kenntnis genommen werden.

Wilhelm Höck hat das Wirkungsfeld einer Illustration sehr differenziert abgesteckt. Obgleich seine Forderungen an die Illustration durchaus hochgegriffen sind, zeigen sie doch ihre optimalen Möglichkeiten innerhalb ihres eigenen Rahmens auf. Höcks Thesen, denen ich mich anschließe, seien im folgenden zusammenfassend zitiert. Im weiteren Verlauf der Untersuchung wird hierauf Bezug genommen, zumal sich Höck über das Konkurrenzdenken hinaus auf eine übergeordnete Ebene begeben hat, die Poesie wie Illustration einem höheren künstlerischen Prinzip unterordnen. Indem hier unter dem Zeichen der Toleranz und des Respekts ein Zusammenwirken zwischen Wort und Bild angestrebt wird, scheint mir die Aufgabe der Kunst am deutlichsten erfaßt zu sein.

Eine Illustration hat, wenn sie als kongeniale Ergänzung zum Gedicht verstanden werden will, demnach folgende Kriterien zu erfüllen:

* „Sie hat den Text als eigenständiges Gebilde zu respektieren."
* „Sie darf ihren Gegenstand nicht aus der Welt schaffen, ihn nicht zum bloßen, zufälligen Anlaß ihrer selbstherrlichen Aussageweise degradieren."
* „Sie hat das Gleichgewicht zwischen selbstgefälligem Anschein der Unentbehrlichkeit und ebenso selbstgefälligem Anschein des überflüssigen Überlegenseins zu halten."
* „Sie darf nicht festlegen, was der Dichter in Freiheit gesetzt hat, darf nicht das Spiel des Lesers mit dem Gedanken unmöglich machen."
* „Sie muß also genau die Schwebe zwischen Dienst und Freiheit zu halten verstehen."[98]

Inwieweit die Illustrationen zu Goethes Gedichten diesen Anforderungen genügen und in welchem Maße das Verhältnis von Wort und Bild jeweils gewahrt bleibt, wird im weiteren Verlauf der Untersuchung dargelegt werden.

---

98 Wilhelm Höck: „Die Grenzen der Buchillustration. Zur Phänomenologie eines künstlerischen Ausdrucksmittels", in: Illustration 63, Heft 2, Memmingen 1964, o. S.

3. Funktionen der Illustration in Goethe-Gedichtausgaben

3.1 Form und Wirkung: Die Illustration als Medium im Rezeptionsprozeß

Betrachtet man die Illustrationsgeschichte zu Goethes Lyrik hinsichtlich der oben aufgeführten buch- und zeitgeschichtlichen Hintergründe, so zeigt sich, daß sie im Kontext der Lyrikillustration des genannten Zeitraums keine Sonderstellung eingenommen hat. Wesentliche Abweichungen von zeittypischen Erscheinungsformen sind nicht nachzuweisen. Die Besonderheit liegt vielmehr in der kontinuierlichen Präsenz von Goethes Werken auf dem Buchmarkt.

Gleichwohl sind bei den einzelnen illustrierten Gedichtausgaben erhebliche Unterschiede festzustellen: Die Buchaufmachung, die Qualität der Illustrationen, das Verhältnis zwischen Text und Bild und der künstlerische Anspruch an den Leser variierten beständig. Um zu ergründen, welche Wirkung eine illustrierte Goethe-Ausgabe letztlich auf den Leser hatte, bedarf es daher einer differenzierten Betrachtung aller beteiligten Faktoren. Hierzu muß die Illustration nicht nur in ihr drucktechnisches und stilgeschichtliches Umfeld eingeordnet, sondern auch ihre konkrete Funktion innerhalb der verschiedenen Ausgaben berücksichtigt werden, zumal der potentielle Einfluß auf den Leser sehr stark vom jeweiligen Stellenwert der Bildbeigabe abhängt.

Es wurde bereits darauf hingewiesen, daß die verschiedenen Techniken Einfluß auf die Rezeption eines Bildes haben konnten. Dieses Kriterium scheint Verlegern wie Illustratoren jedoch von sekundärer Bedeutung gewesen zu sein. Die Wahl des Stilmittels unterlag nämlich meistens den zeitspezifischen drucktechnischen Gegebenheiten. Deshalb herrschen in den Ausgaben zunächst Kupferstiche vor, die später von Stahlstichen abgelöst werden. Lithographien sind bis auf die Zeichnungen Eugen N. Neureuthers in der Minderzahl, was sich auf den komplizierten Druckvorgang und die daraus resultierenden hohen Druckkosten zurückführen läßt. Dieses Medium wird erst im 20. Jahrhundert im Rahmen der Malerbücher wieder öfters verwendet. Ab der Mitte des 19. Jahrhunderts vermehren sich die Holzschnitte, wobei deren Vielzahl mit dem Niedergang der Illustrationskunst einhergeht. Photomechanische

Verfahren, wie sie in der Gründerzeit schließlich populär wurden, sowie eine wesentlich verbesserte Druckkapazität der einzelnen Verlage ließen eben auch Goethe-Bände zur Massenware entarten, bis die buchkünstlerischen Ausgaben der Jahrhundertwende wieder neue Akzente setzten.

Zumal im Verlauf der Illustrierung Goethescher Gedichte diverse Maltechniken angewendet wurden und dabei sichtbar wird, wie unterschiedlich sie mit dem jeweiligen Gedichtinhalt harmonieren,[1] ist die mangelnde Sorgfalt der Verleger in diesem Punkt zu bedauern. Offensichtlich war die Frage nach dem geeigneten technischen Stilmittel nicht vordergründig, zumindest finden sich keine Belege, die diesbezüglich auf einen maßgeblichen Einfluß der Illustratoren schließen lassen. Erst Paul Cassirer hat die Bedeutung der künstlerischen Technik wieder hervorgehoben. Im Rahmen seines Verlagskonzepts machte er es sich daher ausdrücklich zur Aufgabe, „zur Herstellung von Büchern die größten lebenden Künstler heranzuziehen und ihnen Gelegenheit zu geben, sich in der Technik auszudrücken, die ihrem Talent und Temperament adaequat ist.“ [2]

Anstatt also ein harmonisches Gleichgewicht zwischen Bild und Text anzustreben, wurde dem Leser namentlich in der zweiten Hälfte des 19. Jahrhunderts eine optische Überladenheit aufgedrängt, die gewiß dem Zeitgeschmack entsprach, jedoch oft im Widerspruch zur nuancierten Geisteswelt Goethescher Lyrik steht.

Angesichts der erweiterten drucktechnischen Möglichkeiten läßt sich ab der Mitte des 19. Jahrhunderts ein weiteres Phänomen beobachten: man beginnt, die Seitengestaltung zu variieren. Erstmals stehen Illustrationen nicht nur auf einer eigenen Seite, sondern werden auch in den Text eingestreut. Wendete man dieses Verfahren anfangs noch behutsam an, indem man die Bilder jeweils über den Textanfang stellte, so nimmt in den sogenannten illustrierten Ausgaben die Manier zu, Gedichtstrophen durch Bilder zu trennen. Sofern der Leser dem Inhalt des Gedichts in seiner eigenen Vorstellungswelt gefolgt war, unterbrach die Illustration den Leseverlauf sowie die persönlichen Assoziationen des Rezipienten. War die Illustration darüber hinaus

1 Zu den Auswirkungen der Drucktechnik und Stilmittel vgl. die detaillierte Darstellung der Ausgaben im Kapitel 5.2. ff. dieser Arbeit.

2 Paul Cassirer: Das Moderne Buch des Jahres 1910, S. 63 (zitiert nach Caspers, S. 28).

dominant, so läßt sich vermuten, daß zuerst und womöglich ausschließlich das Bild betrachtet wurde. Die Szenerie war somit vom Illustrator festgelegt, der Leser empfing über das Bild genug Information und konnte sich einem anderen Text zuwenden. Dies mag besonders bei bekannten Liedern und Balladen der Fall gewesen sein, deren Inhalt der Leserschaft ohnehin geläufig war. Gerade hier konnte die Illustration jedoch eine intensivere Auseinandersetzung mit dem Text unterbinden.

Untersuchungen der Wahrnehmungsforschung innerhalb der Werbepsychologie haben erwiesen, daß der Betrachter eines Bildes einem bestimmten Blickverlauf folgt.[3] Besonders bei jenen Bildern, die mit Schriftzeichen kombiniert sind, ist die Wahrscheinlichkeit, den Text zu übersehen, wenn er nicht an einer prägnanten Stelle plaziert ist, sehr hoch. Kombinationen von Text und Bild verleiten den Betrachter zu einer oberflächlichen Fixierung der ganzen Seite. Dabei werden grundsätzlich nur wenige, besonders gestaltfeste Zeichen in Bruchteilen einer Sekunde wahrgenommen. Das Bestreben des Rezipienten, ausdrücklich alle 'Zeichen' einer solchen Vorlage kognitiv aufzunehmen, ist hierbei äußerst gering, zumal eine optisch überfüllte Seite ohnehin einen Gesamteindruck vermittelt und nicht zur Detailbetrachtung einlädt. Im Falle von Illustrationen, die den Gedichttext umrahmen oder gar unterbrechen, ist es deshalb sehr wahrscheinlich, daß die Schrift zugunsten des Bildes nur ungenau wahrgenommen wird. Dieser Vorgang ist besonders bei jenen Gedichten bedenklich, die vielschichtig und abstrakt gehalten sind. Hier würde es für den Leser einen gesonderten Willensakt darstellen, wollte er sich ausdrücklich auf den Text konzentrieren, ohne sich dabei von der Illustration irritieren zu lassen. Ein derartiges Vorgehen der Leser ist jedoch schon deshalb unwahrscheinlich, weil der Reiz einer illustrierten Ausgabe gerade in ihren Bildern liegt, denen man folglich auch aufgeschlossen gegenübertritt. Namentlich jene Ausgaben, die Goethes Gedichte nicht nur ganzseitig illustriert, sondern auch mit Initialen, Vignetten und Zierleisten geschmückt haben, erschweren dem Leser die Konzentration auf den Text.

---

3 Vgl. hierzu die Ergebnisse der Wahrnehmungsforschung v.a. die theoretischen Ansätze von J. S. Bruner und L. Postman, in: dies.:"An approach to social perception", in: W. Dennis (ed.): Current trends in social psychology, Univ. Pittsburgh Press 1951 und W. Kroeber-Riel: Konsumentenverhalten, München 1980.

Empfindet der Betrachter eine Illustration hingegen als stark brüskierend, so wäre es denkbar, daß gerade der hiermit erzeugte Widerspruch den Rezipienten zu einer bewußt konzentrierten Auseinandersetzung mit dem Gedicht verleitet. Gleichwohl darf nicht vergessen werden, daß sich die Wahrnehmungsprozesse im Unterbewußtsein abspielen und keiner aktiven Steuerung unterliegen. Der Einfluß der Illustration auf den gesamten Rezeptionsvorgang darf dieserhalb nicht unterschätzt werden. Die Bilder haben in jedem Fall das Goethe-Bild unterstrichen, das dem Leser vermittelt werden sollte.

Im Rahmen der Wechselwirkung zwischen Goethes Rezeptionsgeschichte und der Illustrierung seiner Lyrik sind schließlich auch die stilgeschichtlichen Aspekte differenziert zu betrachten. Zum einen suchte sich jede Epoche von ihrem eigenen Kunstverständnis her, den adäquaten Zugang zu Goethes Gedichten, zum anderen ist das Phänomen der Stilretardierung besonders ab der Mitte des 19. Jahrhunderts zu beobachten. Vor allem die Neuauflagen illustrierter Bände, wie jener Wilhelm Kaulbachs oder Eugen N. Neureuthers, verzerren dabei das der jeweiligen Epoche entsprechende Bild.[4] Auffallend ist hierbei der Sachverhalt, daß von den zwischen 1800 und 1832 tätigen Künstlern lediglich Neureuther der Nachwelt stets erneut präsentiert wurde; alle anderen Illustrationen, beispielsweise jene aus den Almanachen, wurden nie wieder aufgelegt. Daniel N. Chodowieckies *Werther*-Illustrationen aus dem Jahre 1775 sind im Vergleich dazu nie ganz aus der Mode gekommen, weshalb man dieses Phänomen auch nicht dahingehend erklären kann, daß die Illustrationskunst des ausgehenden 18. bzw. beginnenden 19. Jahrhunderts für die Nachwelt nicht mehr von Belang gewesen sei.

Zumal jede Epoche ihren eigenen Zugang zu Goethe gefunden hat, zeigt sich, daß sein Werk auch unter stilgeschichtlichen Gesichtspunkten immer neuen Interpretationsansätzen offen stand. Während Neureuthers Illustrationen auf die romantischen Züge in Goethes Lyrik hinweisen, war er den Impressionisten ein „Verbündeter im Kampf gegen die Philister",[5] die Expressionisten wiederum identifizierten sich mit dem jungen Stürmer und Dränger.

---

4 Vgl. Kap. 5.2. und 5.3. ff.

5 Wolfgang Leppmann: Goethe und die Deutschen, Bern 1982, S. 124.

Die Wirkungsgeschichte der einzelnen Illustrationen hing jedoch nicht nur von drucktechnischen und stilistischen Faktoren ab. Eine weitaus größere Bedeutung innerhalb des Rezeptionsprozesses kam ihrer jeweiligen Erscheinungsform zu. Diese war meist epochenspezifisch bedingt und entsprach in der Regel den Erwartungen der Käuferschaft.

Innerhalb der illustrierten Werkausgaben Goethes sind sämtliche Illustrationstypen vertreten. Es finden sich Titelkupfer, im Text eingebundene Stiche, eingestreute Bilder, Ornamente und ganzseitige Zeichnungen in Prachtausgaben, sogenannter Buchschmuck in Künstlerbüchern, graphische Zyklen und schließlich Malerbücher.

Die einzelnen Kupferbeigaben in Werkausgaben und Einzelbänden, die zu Beginn des 19. Jahrhunderts erschienen, sind im Kontext ihrer Zeit zu verstehen. Titelkupfer hatten sich eingebürgert; ein Verleger, der etwas auf sich hielt, fügte schon der Form halber zumindest einen Stich bei. Der Grund für die sorgfältige Gestaltung der Bücher, angefangen vom Einband über typographische Elemente bis hin zu den Vignetten und Illustrationen, ist im Geist des Rokoko und seiner Liebe zum Detail zu suchen. Das Buch war seinem Besitzer ein geschätzter Gegenstand, dementsprechend sollte es auch präsentiert werden. Freilich legte man dabei das Hauptaugenmerk auf die Werke, die ohnehin gefragt waren. Goethes Gedichte zählten nicht dazu:

> Während man ihn im Drama ... und im Roman ... als kühnen Neuerer empfand, löste die Lyrik weniger Erstaunen aus. (Sie hätte es ausgelöst, wenn er seine Sturm-und-Drang-Gedichte in den Frühformen bald nach ihrem Entstehen gedruckt hätte.)[6]

Die wenigen Gedichtillustrationen dieses Zeitraums erfüllten in diesem Rahmen die Funktion eines schmückenden Elements, das den Wert des Buches erhöhen sollte. Handelt es sich um ein Titelkupfer, so sollte die dargestellte Szene die Neugier des Lesers wecken und gleichsam als Einstimmung in den Text dienen. Obwohl Titelkupfer nicht alle notwendigen Voraussetzungen erfüllen, um als tatsächliche

---

6 Vgl. Nachwort von Erich Trunz in: Goethes Werke. Hamburger Ausgabe Bd. I, München 1981, S. 422.

Gedichtillustration gewertet zu werden, zumal sie vom Gedicht getrennt neben dem Titelblatt zu finden sind und gleichsam als Illustration zum ganzen Band in Erscheinung treten, sind sie in unserem Kontext dennoch von rezeptionsgeschichtlicher Bedeutung, da sie durch ihre Themenwahl Aufschluß über die Vorlieben einer Epoche geben. Die in Titelkupfern wiederholte Darstellung ein und derselben Szene aus Goethes Gedicht „*Die Braut von Korinth*"[7] z. B. dürfte in diesem Fall auf die Beliebtheit des Gedichts sowie auf sein klassisches Ambiente zurückzuführen sein. Als Bildvorlage wären durchaus auch andere Szenen aus Goethes Balladen denkbar gewesen.

Inwieweit derartige Darstellungen auf den ersten Seiten eines Buches allerdings das Leseerlebnis beeinflußt und die Rezeption eines Gedichts entscheidend geprägt haben, ist fraglich. Angesichts dessen, daß jeglicher optische Eindruck auf den Leser manipulierend wirken kann, ist den Titelkupfern in Goethes Werkausgaben ihre Rolle gewiß nicht abzusprechen. Ihnen jedoch eine herausragende psychologische Wirkung zuzuschreiben, wäre übertrieben.

Anders verhält es sich mit den Kupfer- bzw. Stahlstichen im Text. Neben ihrer Funktion als Kaufanreiz erfüllten sie die Aufgabe eines textbegleitenden Mediums, das in Interaktion mit den Gedichten treten konnte. Der Leser verhielt sich gegenüber den Bildern auch erwartungsvoll, zumal das Werk des Illustrators als zusätzlicher wertsteigender Faktor galt. Darüber hinaus erweisen sich die Stiche als wohlgefällige optische Abwechslung inmitten der meist sehr eintönig gedruckten Gedichte, denn auf die Gestaltung des Schriftbildes wurde kein sonderlicher Wert gelegt. Die herausgehobene Stellung der Illustration in diesen Ausgaben verleitet daher zu eingehender Betrachtung während des Lesens. Die Stiche finden sich zwar unmittelbar im Anschluß an das Gedicht, drängen sich jedoch nicht auf, da sie gesondert eingebunden und zu ihrem Schutz mit undurchsichtigem Pergament abgedeckt sind. Der Leser kann ihnen gewissermaßen distanziert gegenübertreten, ohne dabei in seiner eigenen Phantasie maßgebliche Einbrüche zu erfahren. Zumal die Kupfer- wie auch Stahlstiche eher Gemälden entsprechen, die in ihrem Inhaltsreichtum auf einen Blick nicht zu erfassen sind, darf davon ausgegangen werden, daß sich der Betrachter in die Illustration vertiefte und

---

7 Vgl. Kap. 5. 2.1.

den Bildinhalt aufnahm, um anschließend dem Gedicht sensibilisiert gegenüberzutreten. In diesem Falle konnte sich die Qualität eines Stiches folglich unmittelbar auf die Textrezeption auswirken.

Den Kupferbeigaben in Almanachen kommt dabei wohl eine noch größere Bedeutung zu. Wie Hannelore Schlaffer dargelegt hat, waren Almanache der Hauptaustragungsort der Bildungserziehung.[8] Immerhin erschienen die sogenannten Taschenbücher und Journale auch der bedeutenden Verlage nur einmal jährlich – für die Befriedigung des bildungshungrigen Bürgers wollte also gesorgt sein. Mit Illustrationen zu Goethes Gedichten verlieh man dem ob seiner literarisch minderen Qualität in Verruf geratenen Almanach den Rang eines ernstzunehmenden Erzeugnisses. Außerdem konnte für das Werk des Dichters geworben werden. Sofern sich also die Begegnung mit Goethe nicht ohnehin auf den Almanach beschränkte, stand es der Leserin offen, weitere Werke des Dichters zu erwerben.

Gedichtillustrationen wie Johann Heinrich Rambergs 24teiliger Zyklus *Gallerie zu Goethe's Werken* im Taschenbuch *Minerva*[9] der Jahre 1821–23 prägten daher schon wegen ihrer Sonderstellung das Empfinden des Rezipienten. Illustrationszyklen dieses Umfangs waren sonst eher ungewöhnlich. Wie alle Erbauungsbücher war der Almanach nicht nur zur einmaligen Lektüre bestimmt. Die Illustrationen boten sich auch unabhängig von einer Lektüre zur Betrachtung an. Ein Almanach konnte also entweder als Text- und/oder Bilderbuch wiederholt zur Hand genommen werden, weshalb man dem Einfluß der Illustrationen in diesem Medium generell größere Bedeutung beimessen darf, als jenem in den Werkausgaben.[10]

In dem Maße, in dem die Bildbeigaben nicht mehr auf den Text abgestimmt wurden, sondern buchhändlerischen Interessen genügen mußten, verselbständigten sie sich zu ungunsten rezeptionsästhetischer Faktoren. So zeigt sich, daß all jene Goethe-Gedichtillustrationen der zweiten Hälfte des 19. Jahrhunderts, die als Auftragsarbeit angefertigt

---

8 Vgl. Hannelore Schlaffer: Klassik und Romantik 1770–1830, Stuttgart 1986.

9 Vgl. Kap. 5. 2.3.

10 Obwohl es genügend Forschungsliteratur zur Bedeutung des Almanachs im 19. Jahrhundert gibt, fehlen immer noch einschlägige rezeptionsgeschichtliche Untersuchungen zu der Frage, inwieweit der Almanach tatsächlich im Stande war, das Bedürfnis nach Erbauung oder Zerstreuung bzw. auch Bildung zu befriedigen.

wurden, größtenteils an Qualität eingebüßt haben. Hier zeichnet sich die Tendenz ab, die Illustration in das tragende Element einer Ausgabe zu verwandeln, wobei einer massiven Minderung des Gedichtgehalts der Weg geebnet wird. Nicht zu unterschätzen sind darüber hinaus die den Text betreffenden Auswahlkriterien der Verleger. Die Frage, welche Gedichte man welchem Leserkreis zudachte, gewinnt in der Gründerzeit an Bedeutung, wobei diese Präselektion schließlich in der Illustrierung kulminierte.

Illustrationen in Prachtausgaben[11] kam die Aufgabe zu, Goethes Lyrik prunkvoll zu umrahmen. Der Goethe-Band sollte in erster Linie Repräsentationszwecke erfüllen; nicht selten liest man im Vorwort der Ausgaben einschlägige Hinweise. Absatzpolitische Kriterien schlugen sich in der Buchgestaltung und folglich in der Präsentation des Inhalts aber meist zu ungunsten der Dichtung nieder. Die willkürliche Einstreuung von Bildern, Initialen, Zierleisten, ganz-, halb- und viertelseitigen Illustrationen ließen den ursprünglich zarten Gedichtband zum pompösen Bilderbuch entarten, wobei die Bedeutung der Illustrationen um ein Vielfaches erhöht wurde. Dies ist gerade angesichts ihres oft unausgewogenen Wort/Bild-Verhältnisses zu bedauern. Die Bilder dominieren die Gedichte, der Leser kann sich ihnen nicht entziehen. Gerade hier sind die Illustrationen kritisch zu untersuchen, denn ihre Erscheinungsform war nicht nur Ausdruck eines epochalen Lebensgefühls, sondern verfestigte die im letzten Jahrhundertdrittel sich etablierende Form der Goethe-Rezeption.[12] Dabei handelt es sich um eine Mischung aus Pathos, Kitsch und Nationalstolz, wobei der Name Goethe allein schon für eine ganze Reihe von Assoziationen steht, die weniger mit seiner Dichtung als mit weltanschaulichen Vorstellungen zu tun haben. Es galt, in Goethe den deutschen Geist schlechthin verkörpert zu sehen. Der Dichter erscheint zunehmend als unantastbares Kulturgut; die einzelnen Ausgaben verstärken mittels ihrer Bebilderung diesen Eindruck.[13] Auffallend erscheint dabei die Tendenz, Goethe zu glorifizieren und seine Lyrik jeglicher politischen Dimension zu entheben.

---

11 Vgl. Kap. 5.4.1.

12 Vgl. hierzu die Ausführungen von Karl Robert Mandelkow: Goethe in Deutschland. Rezeptionsgeschichte eines Klassikers, München 1980, Bd. I und ders.: Goethe im Urteil seiner Kritiker, München 1979, Bd. III.

13 Vgl. Kapitel 5.4. ff.

Diese ideologische Vermarktung fällt vor allem bei der Auswahl der Portraits auf, die den Ausgaben oftmals vorangestellt waren. Goethe erscheint hier entweder als stattlicher Greis oder jugendlicher Titan, oft in antike Gewänder gekleidet bzw. mit Lorbeer bekränzt und einer Lyra in der Hand, was wiederum Assoziationen an griechische Götterbildnisse hervorruft. Nicht selten sieht man ihn auf einem Thron sitzen, umgeben von Figuren, die ihm ihre Ehrerbietung erweisen. Diese stilisierte Gestalt eines gewaltigen Olympiers, der als Herrscher über den dichterischen Kosmos gebietet, flößt dabei weniger Zuneigung als Ehrfurcht und Respekt ein. Ganz in diesem Tenor steht hinsichtlich verschiedener Neuausgaben Goethescher Werke in einem 1867 erschienenen Aufsatz im „Börsenblatt für den deutschen Buchhandel" zu lesen:

> Näher gerückt werden die geistigen Größen der Nation jedem einzelnen, erweitert die Kreise, denen der Zutritt in ihre segenspendende Nähe gestattet ist.[14]

Dieser zunächst sekundär erscheinende Aspekt der Lyrik-Präsentation ist im Rahmen der Rezeptionsgeschichte nicht zu unterschätzen. Zwar mögen die jeweiligen Bildnisse nur subtil auf den Leser gewirkt haben, dennoch hielt man damit starr an dem überlieferten Dichterbild fest. Allerdings konfrontiert besonders die Gründerzeit die heutige Forschung mit der Problematik, keine genaue Unterscheidung zwischen den rezeptionsrelevanten Faktoren mehr vornehmen zu können. Zum einen nahmen die bildenden Künstler das bekannte Goethebild als Ausgangspunkt für ihre Illustrationen, zum anderen wurde es durch diese stets erneut bestätigt.

Einen wieder anderen Stellenwert nahmen die Illustration in den frühen Künstlerbüchern[15] ein. Die Bilder sollten ausschließlich den anspruchsvollen Goethe-Kenner und -Liebhaber ansprechen. Bereits die Ausgaben ausgewählter Lyrik in der Zeit des Jugendstils bot ein harmonischeres Goethebild, wenn versucht wurde, den Text und die Gestaltung gleich zu gewichten und aufeinander abzustimmen. Nun

---

14 Rudolf Gottschall: „Die Classiker als Nationaleigenthum", zitiert nach: Bucher, Hahl, Jäger (Hrsg.): Realismus und Gründerzeit. Manifeste und Dokumente zur deutschen Literatur, Stuttgart 1976, Bd. II, S. 654.

15 Vgl. Kap. 5.5.1.

finden sich auch Tendenzen, das bis dahin existente Goetheverständnis in Frage zu stellen und subtilere Aspekte dieser Dichtung wieder zur Geltung zu bringen. Nach dem Ersten Weltkrieg verlagern sich die Akzente ohnehin, Goethe wird in der Illustrierung vom nationalen Allgemeingut wieder zum persönlichen geistigen Besitz, der sich folglich vielfältigen Interpretationen und ideologischen Ansätzen anbietet.[16] In den Künstlerbüchern fungiert die Illustration erstmals wieder als Pendant zum Text, wobei das Augenmerk auf der ästhetischen Vollkommenheit der Präsentation liegt.

Die graphischen Zyklen hingegen, wie Eugen N. Neureuthers *Randzeichnungen* oder Oscar Grafs *Totentanz*,[17] zählen strenggenommen nicht zu den illustrierten Goethe-Gedichtausgaben, sondern stellen eigenständige Werke dar. Da die Illustratoren keine Leserinteressen zu berücksichtigen brauchten, konnten sie unvoreingenommen an die Auswahl der Gedichte gehen und ebenso frei dieselben illustrieren. Dabei wird dieser ohnehin schon sehr subjektive Zugang noch durch die stilistischen Mittel verstärkt: Der Leser bzw. Betrachter sieht sich Werken gegenüber, bei denen eine Trennung zwischen der Aussage Goethes und deren Umsetzung durch den Illustrator nahezu unmöglich ist, zumal die Schrift bei beiden als Bildelement miteinbezogen wurde. Die Rezeption eines graphischen Zyklus' ist nur als in sich abgeschlossene Einheit möglich. Dennoch darf die rezeptionsgeschichtliche Bedeutung namentlich Neureuthers, dessen Illustrationen 1855 komplett, dann in Auszügen 1918 wiederaufgelegt wurden, nicht unterschätzt werden.[18] Wiewohl sich der Leser ganz und gar Neureuthers Interpretationsmodus zu unterwerfen hatte, gehört sie mit zu den beliebtesten illustrierten Gedichtausgaben aller Zeiten, ein Faktor, der nicht nur Leserkreise späterer Epochen, sondern auch nachfolgende Illustratoren geprägt hat.

---

16 Ein Ausblick sei hier auf die Zeit nach 1933 gegeben. Goethes Gedichte wurden in manchen illustrierten Ausgaben gekürzt abgedruckt, Versfolgen willkürlich verschoben, dem Ganzen jedoch der vollständige Gedichttitel als Überschrift gegeben. Großzügiger ging man mit den Bildern um: Einigen aus ihrem Kontext gerissenen Versen wurden wuchtige Illustrationen beigegeben. Unkundige mußten annehmen, die Strichfassung der Gedichte entspreche dem Original. Aus buchhändlerischer Sicht waren diese Ausgaben rentabel, wenn auch vom textkritischen Standpunkt aus nicht mehr vertretbar.

17 Vgl. Kap. 4.3.3.

18 Ernst W. Bredt (Hrsg.): Das Neureuther Album, München 1918.

Im Gegensatz zu Neureuthers populärer Graphik waren die ab 1918 erscheinenden Malerbücher schließlich vorrangig für Kunstkenner und Sammler bestimmt, was sich bereits an den extrem niedrigen und allesamt durchnumerierten Auflagen ablesen läßt. Indem die Illustrationen – meist auf Beiblättern – als Mappe zum ebenso tadellos gestalteten Textband geliefert wurden, konnte man Bild und Text gemeinsam oder getrennt voneinander aufnehmen.

Dem Bild wird hier eine gleichwertige Stellung zum Text Goethes beigemessen. In der Forschung werden Malerbücher bisweilen nicht direkt zu den illustrierten Gedichtausgaben gezählt. Ihre Bedeutung ist unter ästhetischen und wirkungsgeschichtlichen Gesichtspunkten dennoch von Interesse. Allerdings steht hier zunächst die Frage im Vordergrund, welche Wirkung Goethe auf Künstler des 20. Jahrhunderts ausgeübt hat, um erst danach zu untersuchen, wie die Malerbücher vom Leser rezipiert wurden. Man kann davon ausgehen, daß diese Illustrationen bereits zu eigenständig waren, um Goethes Text tatsächlich zu gefährden. Der Betrachter kommt nicht umhin, über den Interpretationsansatz des bildenden Künstlers zu reflektieren, bevor er selbst die Rolle des Rezipienten eines illustrierten Gedichts einnimmt. Der Leser kann den Text und die Illustration zunächst unabhängig voneinander interpretieren, zumal die Distanz zwischen Text und Bild und dem Rezipienten gewährleistet ist. Man ist also nicht, wie etwa bei Neureuther, gezwungen, die Sichtweise des Malers zu übernehmen, wenn man sich mit dem Werk auseinandersetzen will. In ihrer Wirkung auf bildende Künstler dürften Goethes Gedichte hier allerdings die höchste Bedeutung erlangt haben.

Betrachtet man die einzelnen Gedichtillustrationen vor diesen Hintergründen im Kontext der Goetheschen Rezeptionsgeschichte, so darf resümiert werden, daß sie zwar sehr wohl als Medium im jeweiligen Rezeptionsprozeß gewirkt, diesen aber weitgehend unterstützt und nicht etwa eigenständig geprägt haben. Neureuther mag als Illustrator zwar eigene Maßstäbe innerhalb der Goethe-Interpretation gesetzt haben, sein Goethe-Bild steht jedoch nicht im Gegensatz zu jenem der Goethe-Verehrer seiner Zeit. Sieht man von der eigenwilligen künstlerischen Umsetzung Goethescher Lyrik in den Malerbüchern ab, findet sich in der Zeit zwischen 1800 und 1933 keine illustrierte Ausgabe, die mittels ihrer Bilder der Goethe-Rezeption eine neue Wendung gegeben hätte. Illustrationen wurden vielmehr zu Trägern bestimmter Interpretationsansätze, wobei deren geistige Heimat bei den jeweiligen Herausgebern der Ausgaben und in deren Verlagsprogrammen zu suchen ist.

Obwohl man davon ausgehen darf, daß erst die kunst- und literaturwissenschaftliche Forschung ein Licht auf die umfassende Bedeutung der Lyrikillustration geworfen hat, scheint Goethe ihr eigentliches Ausmaß erkannt zu haben. Inwieweit er selbst Illustrationen zu seiner Lyrik befürwortete, sei im folgenden dargestellt.

3.2 Goethes Verhältnis zur Illustration

Angesichts der herausragenden Stellung Goethes sowie seiner geistigen Dominanz über ein ganzes Zeitalter muß die Frage aufgeworfen werden, inwieweit er den Entstehungsprozeß von Illustrationen zu seiner Dichtung begünstigt oder vereitelt haben mag. Zumal sich Goethe schon zu Lebzeiten zum Begründer seiner eigenen Wirkungsgeschichte entwickelt hatte, liegt die Vermutung nahe, daß ihm eine schöpferische Auseinandersetzung mit seinen Werken willkommen gewesen sein muß. Namentlich sein Roman *Werther* und das Epos *Hermann und Dorothea* hatten eine Vielzahl von Illustratoren inspiriert. Goethe brachte dem regen künstlerischen Echo, das seine Dichtung evozierte, jedenfalls stets viel Aufmerksamkeit entgegen und setzte sich bis ins hohe Alter mit den Illustrationen zu seiner Dichtung kritisch auseinander, entwarf in seltenen Fällen sogar selbst Vignetten.[19]

Bei eingehender Betrachtung erweist sich Goethes Position gegenüber der Illustration jedoch als durchaus kontrovers, wobei sein

---

19 Zur Erstausgabe seines 'West-östlichen Divan' 1819 bei Cotta entwarf Goethe mehrere Vignetten und Titelbilder, an denen ihm sehr viel lag. An den Berliner Holzschneider Prof. Friedrich W. Gubitz schrieb er am 10. Dezember 1816: „Der Gedanke, meinen 'West-östlichen Divan' herauszugeben beschäftigt mich gegenwärtig. Zu solchem Zweck sind kleine Druckerstöcke wünschenswert ... Z.B. würde an der Stelle des * eine Vignette wie die beikommende einen bedeutenden und angenehmen Eindruck machen. Vielleicht könnten Sie gleich dieses anmutige Bild benutzen und durch Ihre kunstreiche Hand dem Gedicht seine wahre Bedeutung geben." Vgl. hierzu den Aufsatz von E. F. Koßmann: „Drei Vignetten Goethes zu 'Divan'-Gedichten", in: GJB 1928, S. 147-151.

Verhältnis hierzu eher von persönlichen Motiven als einer konsequenten Kunstanschauung abhängig war.

Goethe legte schon in jungen Jahren größten Wert auf eine ästhetische Präsentation seiner Werke. Bekanntlich achtete der Dichter auf tadellose Reinschriften seiner Arbeiten, die er entweder selbst anfertigte oder in späteren Jahren von seinen Schreibern ausführen ließ. Es wurde bereits darauf hingewiesen, daß die Textrezeption vom Schriftbild entscheidend geprägt wird. Goethes Hochschätzung der Handschrift bezeugt, daß er sich unabhängig von ästhetischen Kriterien ihrer immanenten Wirkungsform durchaus bewußt war. Seine Wißbegierde hinsichtlich der verschiedenen typographischen Gestaltungsmöglichkeiten hielt sich allerdings in Grenzen.

Goethes gelegentlich zitiertes Interesse an typographischen Belangen[20] dürfte jedoch eher auf seine Neigungen als Zeichner, denn auf ein tatsächliches druckgraphisches Verständnis zurückzuführen sein. In der Tat kam es ihm bei jeder Veröffentlichung auf eine harmonische Gesamtgestaltung an; wie diese zu erlangen war, überließ er den Verlegern. Dabei waren seine Vorstellungen von einem „schönen" Buch durchaus einfach und kontrastierten nicht selten mit den Erwartungen der Leser und Verleger:

> Immer wieder sprach er von der 'Würde des gedruckten Buches' und wünschte sich einen schönen Satzspiegel und viel Rand 'als die wahre Zierde jedes Buches'.[21]

Gut lesbare Lettern, eine saubere Textgestaltung und ein ordentliches Erscheinungsbild, zu dem auch Vignetten zählten, erschienen ihm weitaus wichtiger als konkrete Illustrationen.

---

20 Ganz im Sinne einer neuen Goethe-Verklärung hat die Germanistik nach dem Zweiten Weltkrieg Goethe auch auf drucktechnischem Gebiet eine oberste Autorität zugesprochen. Albert Kolb ging in einem Aufsatz sogar so weit zu behaupten, Goethe „hat am Druck seiner Schriften lebhaften Anteil genommen, und zu Fragen technischer Ausstattung hat er sich in bewußtem Verständnis geäußert. [...] oft und gerne hat er denn auch zur Illustrierung seiner Werke an die graphischen Künste appelliert." Vgl. Alfred Kolb: „Goethes Stellung zum Buch", in: Gutenberg Jahrbuch 1951, S. 205–210, hier S. 207 f. Inzwischen ist sich die Forschung einig, daß Goethes Interesse und Anteilnahme an typographischen Fragen nur äußerst mäßig war.

21 Unseld: Goethe und Verleger, S. 130.

Stellvertretend für seine Erwartung hinsichtlich der Erscheinungsform seiner Dichtung mag eine Bitte an Cotta erwähnt sein. Als er 1805 mit ihm über den Druck seines *Wilhelm Meister* verhandelte, lautete sein zentrales Anliegen:

> Ich wünsche, daß das Ganze heiter aussehen möge. Doch ist mir daran nicht so viel gelegen, als an der Correctheit des Druckes, als worum ich inständigst bitte. (sic!)[22]

Die Auslegung, welche konkreten Wünsche der Begriff „heiter"nun impliziert hat, mag Cotta selbst überlassen worden sein. Dafür konnte Goethes Kritik an allen Beteiligten eines Herstellungsprozesses sehr heftig ausfallen, wenn ihm das Ergebnis nicht zusagte. Ob der Käufer bzw. die Kritiker das Exemplar billigten, war dabei nicht von Belang. Im Falle der illustrierten Luxusausgabe des *Römischen Carneval* z. B. zeigte sich Goethe „mit dem Ergebnis der Buchherstellung nicht nur unzufrieden, er war gereizt und zornig",[23] obwohl die Ausgabe dank der ungewöhnlich hohen Nachfrage schnell vergriffen war. Sein Unmut war in diesem Fall auf Druckfehler im Text zurückzuführen. Angesichts der damaligen Satztechnik, die mehrere Zwischenkorrekturen unumgänglich machte, wobei jede Neufassung wiederum neue Fehler nach sich ziehen konnte, ist Goethes mangelnde Kooperation mit den Verlegern in diesem Punkt unverständlich. Den Autoren war nämlich durchaus die Möglichkeit gegeben, die Korrekturphasen zu begleiten.

Angesichts seiner vehementen Verurteilung auch jener Verleger, die sich um einen korrekten Druck und eine schöne Gestaltung der Bände bemühten, stellt sich die Frage, wieso der Dichter die Druckvorgänge nicht aktiver begleitet hat. Nach Siegfried Unseld, liegt der Grund für Goethes mangelnde Beteiligung am Herstellungsprozeß an seinem schwierigen Verhältnis zu den Verlegern. Obwohl er dank seiner literarischen Größe und gesellschaftlichen Stellung mit weitaus weniger Schwierigkeiten zu kämpfen hatte als andere Autoren, hegte Goethe für seine Verleger keine sonderliche Sympathie; sie waren ihm

22 Goethe in einem Brief an Cotta vom 30. September 1805. Vgl. Dorothea Kuhn (Hrsg.): Goethe und Cotta, Briefwechsel 1797–1832, Stuttgart 1979, Bd. I, S. 127.

23 Unseld: Goethe und Verleger, S. 158.

vielmehr suspekt. Auch in hohem Alter revidierte er diese Meinung nicht. Wie Unseld konstatiert, war ihm „der Verleger ... derjenige, der die Rechtlosigkeit des Autors ausnutzt und aus dem Fehlen des Schutzes geistigen Eigentums seinen Gewinn erzielt.“[24] Statt sich dieserhalb jedoch betont kritisch mit dem Verlagswesen auseinanderzusetzen, zog er es vor, den Kontakt auf das Notwendigste zu reduzieren. Mit seiner mangelnden Kooperation hat Goethe den Verlauf der Illustrationsgeschichte zu seiner Lyrik dabei nicht unwesentlich mitgestaltet.

Schon bei der ersten rechtmäßigen Ausgabe der *Schriften*, hätte der Dichter auf die Ausstattung durchaus Einfluß nehmen können. Stattdessen legte er mit Göschen vertraglich fest, er überlasse den Druck „und die Verschönerung des Werks ganz dem Hrn. Verleger“[25] und dies, obwohl Göschen die Ausstattung ohnehin nicht zu vernachlässigen suchte und sich bereit zeigte auch Sonderwünsche zu erfüllen.

Bezüglich der Illustrierung seiner Werke sind verhältnismäßig wenige Aussagen Goethes überliefert. In seinem 35 Jahre andauernden Briefwechsel mit Cotta taucht das Thema 'Illustration‘ äußerst selten auf, obwohl auch Cotta dem Dichter mehrmals einschlägige Angebote hinsichtlich der Illustrierung einzelner Ausgaben machte. So wollte der Verleger 1805 die Ausgabe der *Werke* großzügig ausstatten. Statt jedoch Cottas Angebot anzunehmen, forderte der Dichter:

> und zwar sollte von keiner vollendeten Prachtausgabe, vielmehr von einer saubern und geschmackvollen Handausgabe mit deutschen Lettern die Rede seyn. (sic!)[26]

Auch innerhalb des Gedichtbandes war Goethe einzig der Satzspiegel wichtig. Statt um Zierleisten, kunstvolle Initialen, Vignetten oder gar Illustrationen zu bitten, reduzierten sich seine Bestimmungen bezüglich der Gestaltung lediglich auf den Satz:

---

24 Ebd., S. 66.

25 Zitiert nach Unseld: Goethe und Verleger, S. 121.

26 Goethe an Cotta, 14. Juni 1805. Vgl. Kuhn: Goethe und Cotta, Bd. I, S. 119.

> Es versteht sich von selbst, daß jedes Gedicht auf einer neuen Seite anfängt.[27]

Cottas Vorschlag, wenigstens Illustrationen zum *Faust* liefern zu lassen, lehnte er wiederum mit dem Hinweis ab:

> Es ist so schwer, daß etwas geleistet werde, was dem Sinne und dem Tone nach zu einem Gedicht paßt. Kupfer und Poesie parodieren sich gewöhnlich wechselweise.[28]

Wiewohl es sich in diesem Fall um kein einzelnes Gedicht handelt, dürfte diese Aussage Goethes letztendliche Einstellung zur Illustration am besten darlegen.

Selbst Cottas begeisterte Mitteilung im November 1807: „Rapp und ich beschäftigen uns mit Steindrukerei, (sic!) und wir sind auf Ideen gekommen, deren Ausführung ... große Dinge verspricht",[29] stieß bei Goethe auf äußerst geringe Anteilnahme; er hielt die Probedrucke lediglich für „sehr merkwürdig."[30] Dabei hatte es Cotta nicht versäumt, Goethe auf den drucktechnischen Nutzen dieser Erfindung hinzuweisen, ein Faktum, von dem auch Goethes Werkausgaben hätten profitieren können:

> Wir radiren nun wie in Kupfer, und bei einem sehr detaillierten Grundriß haben wir gefunden, daß der 2000ste Abdruk so gut als der erste ausfällt, und füglich 50 000 Abdruke gemacht werden können. (sic!)[31]

Auch bei den Vorbereitungen zur zweiten Werkausgabe bei Cotta, neun Jahre später, legt Goethe auf eine Bebilderung seiner Schriften keinen Wert und dies, obwohl er davon ausgeht, „daß es vielleicht das

---

27 Goethe an Cotta, 24. Februar 1806. Ebd., S. 134 f.

28 Goethe an Cotta, 25. November 1805. Ebd., S. 133.

29 Cotta an Goethe, 11. November 1807. Ebd., S. 166 f.

30 Goethe an Cotta, 24. Januar 1808. Ebd., S. 170. Goethe 'entdeckte' die Lithographie erst, nachdem er den Neudruck von 'Dürers Randzeichnungen zum Gebetbuch Kaiser Maximilians' gesehen hatte. Vgl. hierzu den Aufsatz von Alfred Götze: „Die Frühzeit der Lithographie in Goethes Sicht 1806–1821", in GJB 1967, S. 233–260.

31 Cotta an Goethe, 7. Dezember 1807. Ebd., S. 167.

letzte mal seyn möchte, daß mir persönlich der Genuß aus den Arbeiten und Bemühungen meines ganzen Lebens zu Theil wird". (sic!)[32] Diesmal rät er Cotta aus angeblich buchhändlerischen Gründen von Illustrationen sogar ab und legt lediglich auf die Papierqualität großen Wert:

> Wobei ich bemerke, daß sowohl Buchhändler als Privatpersonen nicht sowohl nach einer Prachtausgabe, als nach Abdrücken auf Velinpapier verlangen.[33]

Cotta brachte die Werk-Ausgaben meistens in zwei Formaten, dem preiswerten Taschenformat und dem kostspieligeren Großoktavformat, mit jeweils zwei bis drei unterschiedlichen Papierqualitäten heraus: Billigem weißem Druckpapier, Schweizerpapier und Velinpapier. Letzteres war pergamentähnlich und von daher am teuersten. Goethe hätte bei dieser Ausgabe jedoch stärker auf die Ausstattung achten sollen, zumal die Kritiker bereits jene der Ausgabe von 1805 getadelt hatten. Cottas Bücher waren darüber hinaus für ihre schlechte Papierqualität bekannt. Inwieweit der allgemeine Leserkreis nun wirklich auf Ausgaben mit Velinpapier erpicht war, sei dahingestellt. Von der Werkausgabe von 1827 im Taschenformat beispielsweise, wurden ganze 360 Exemplare auf Velin, gegenüber 8526 Exemplaren auf Druckpapier bestellt.[34]

Eine der wenigen Äußerungen Goethes Illustrationen in Almanachen betreffend, findet sich in einem Brief an Cotta aus dem Jahre 1808. Dieser ersuchte Goethe bekanntlich mehrmals um Beiträge für seine diversen Taschenkalender, wobei sich Goethe namentlich wegen der übertriebenen Illustrationsmode zu einer Mitarbeit an Cottas sog. *DamenCalender*, also dem *Taschenbuch für Damen*, nur schwer überreden ließ. In diesem Brief an den Verleger heißt es unmißverständlich:

> erlauben Sie mir eine Apprehension zu äußern, die ich gegen dieses Büchelchen hege. Es ist die Einrichtung, daß Kupfer, die nicht zum Text

32 Goethe an Cotta, 21. Dezember 1814, Ebd., S. 265.

33 Vgl. Cotta an Goethe, 6. Juli 1827; Ebd., Bd. II, S. 213

34 Vgl. Unseld: Goethe und Verleger, S. 362 ff.

> gehören, eingeschaltet werden. Es kann seyn, daß andre nicht so empfindlich sind, aber ich läugne nicht, schon bey fremden Arbeiten macht mir's ein peinlich Gefühl, wenn ich mit willigem Antheil einen artigen kleinen Roman lese und auf einmal ein ganz heterogenes Muttergottesbild, oder eine Scene aus Wallensteins Lager mir der Quere kommt. (sic!)[35]

Dorothea Kuhn entschuldigt dieses Vorgehen mit dem unzureichenden Hinweis:

> Der Verleger muß planen, koordinieren, bitten, schließlich drängen – und dann doch das nehmen, was gerade fertig geworden ist. Bei dieser Art der Vorbereitung und Veröffentlichung konnte das Zusammenspiel von Text und Illustration oft genug nicht berücksichtigt werden.[36]

Gerade bei einem Verleger wie Cotta hätte man sich jedoch einen bewußteren Umgang mit Text und Bild erwartet. Einschränkend mag hinzugefügt werden, daß Cottas willkürliche Plazierungen von Illustrationen noch vergleichsweise harmlos waren und sich nur auf die Almanache beschränkten. Wie Kuhn nachgewiesen hat, „verzichtete Cotta von vornherein bei der Mehrzahl der in seinem Verlag erscheinenden Bücher aus dem Bereich der schönen Literatur auf bildlichen Schmuck“, sofern „Text und Illustration nicht in gehöriger Zeit miteinander abgestimmt werden konnten.“[37]

Cotta kannte also Goethes Einstellung zur Illustrierbarkeit von Gedichten. Wahrscheinlich sind Gedichtillustrationen in seinen Ausgaben daher nur selten zu finden, wiewohl er der Verbindung von bildender Kunst und Literatur durchaus nicht abgeneigt war und sie auf anderem Gebiet vorbehaltlos förderte.[38]

---

35 Goethe an Cotta, 24. Januar 1808, Ebd., S. 170.

36 Dorothea Kuhn: „Johann Friedrich und Georg von Cottas Bemühungen um die Buchillustration“, in: Raabe : Buchgestaltung in Deutschland, S. 105–123, hier S. 107.

37 Ebd., S. 108.

38 Cotta richtete in München die 'Literarisch-Artistische Anstalt' ein, in der vorwiegend Lithographien für buchillustratorische Zwecke angefertigt wurden.

Zu fragen bliebe, ob Goethe Gedichtillustrationen zunächst nur aus Prinzip oder mangels guter Illustratoren ablehnte. Wie sich später zeigen sollte, konnte er von wenigen Ausnahmen, wie etwa von Eugène Delacroix's Bildern zum *Faust,* durchaus überzeugt werden. Als Kunsttheoretiker und -ästhetiker befürwortete er jedoch eine Trennung zwischen Literatur und bildender Kunst, besonders wenn es um die Illustrierung von Gedichten ging.

Da jede Illustration in den Bereich der Malerei bzw. Graphik fällt, sind Goethes kunsttheoretische Äußerungen diesbezüglich äußerst aufschlußreich. Ohne an dieser Stelle auf das umfangreiche Gebiet eingehen zu können, das er in seiner Eigenschaft als Kunsttheoretiker der Forschung bietet, seien dennoch einige zentrale Aussagen aus seinen Schriften angeführt, die seine ablehnende Haltung plausibel erscheinen lassen.

In seiner Rezension *Über die Bildende Nachahmung des Schönen von Carl Philipp Moritz* bemerkt er hinsichtlich des Schönen in der Kunst:

> Wir nennen eine unvollkommene Sache nur dann schädlich, wenn eine vollkommnere darunter leidet.[39]

Nun wirkt jede Illustration gegenüber dem Gedicht zwangsläufig unvollkommen, da sie nur eine Ebene des Gedichts darstellen kann. Um einen wahren Kunstgenuß zu gewährleisten, muß jedoch nach Goethes Auffassung, jedes Kunstwerk in sich vollendet sein. Zudem wäre es „ein großer Vorteil für ein Kunstwerk, wenn es selbständig, wenn es geschlossen ist."[40] Jede Kunstrichtung hat folglich alle ihrem Wesen zur Verfügung stehenden Ausdrucksmittel richtig einzusetzen. In diesem Sinn fordert der Dichter an anderer Stelle: „Der bildende Künstler soll dichten, aber nicht poetisiren"[41] (sic!), um danach den unsachgemäßen Umgang der bildenden Künstler mit ihrer Ausdrucksform zu verurteilen: Nichts sei so tadelnswert als der Versuch der neuesten Zeit, „die höchsten Abstractionen in sinnlicher Dar-

39 Vgl. Johann Wolfgang Goethe: Schriften zur Kunst, in: Goethes Werke. WA, Bd. 47, S. 88.

40 Ders.: „Über Laokoon", in: Goethes Werke, WA, Bd. 47, S. 105.

41 Ders.: „Über die Gegenstände der bildenden Kunst", in: WA, Bd. 47, S. 95.

stellung wieder zu verkörpern."[42] Gerade hier läuft die Illustration Gefahr, sich gegen Goethes Kunstverständnis zu richten. Gedichte verfügen bei aller Bildhaftigkeit über eine abstrakte Komponente, die im Gehalt der Worte zu suchen ist. Sofern der Illustrator nur das bildhafte Element darstellt, ohne auf den geistigen Gehalt einzugehen, versinnbildlicht er zwangsläufig den Inhalt.

In dem Maße, in dem Goethe der Malerei eine andere Bestimmung zugesprochen hat als der Poesie, müssen begleitende, vielmehr noch interpretierende Bilder zum Text als Störfaktoren im wahren Kunstgenuß empfunden werden. In seinen *Schriften zur Kunst*[43] legt er wiederholt dar, daß Form und Inhalt eines Kunstwerks eine Einheit bilden bzw. sich gegenseitig durchdringen müssen, wobei Goethe die Meinung vertritt, daß jedem Stoff die ihm gemäße Form bereits inneliege. Das Talent eines Künstlers erwiese sich namentlich dann, wenn er den Stoff in diese einzig richtige Form kleidete. Gerade hier muß es bei der Illustrierung zu Diskrepanzen kommen, zumal wenn ein Stoff die ihm gemäße Form im Gedicht bereits gefunden hat und sich in seiner Art für keine andere mehr eignet. Indem jedoch die Illustration den Inhalt in eine andere Form zwängt, muß es zu einem Bruch im Empfinden kommen, was letztlich weder dem Gedicht noch dem Bild zugute kommt. Daher hielt Goethe in diesem Kontext die Wahl des richtigen Gegenstandes für überaus wichtig:

> es ist also von der größten Bedeutung, was der Künstler für Gegenstände wählt und welche er zu behandeln geneigt ist.[44]

Gerade den rechten Gegenstand sah Goethe in Gedichten jedoch nicht gegeben, nicht einmal in seinen eigenen. Vielmehr schien ihm, als hätten die bildenden Künstler ihr Talent in der Illustrierung mißbraucht. Hinsichtlich einer Illustration zum „*Fischer*" meinte er 1823 gegenüber Eckermann:

---

42 Ebd.

43 Schriften zur Kunst, WA, Bd. 47–49.

44 (s. Anm. 41), S. 91.

> Alles Talent ist verschwendet, wenn der Gegenstand nichts taugt. Und eben weil dem neuern Künstler die würdigen Gegenstände fehlen, so hapert es auch so mit aller Kunst der neueren Zeit.[45]

Bis zum Jahr 1823 hatte lediglich Johann Heinrich Ramberg den „*Fischer*" illustriert, ein Künstler, den er sonst durchaus schätzte, den er sogar als „ein höchst erfreuliches Talent" bezeichnete und dessen sonstige rasche Auffassung und Umsetzung eines ihm gestellten Gegenstandes er überaus lobte.[46]

Wiewohl sich Goethes kunsttheoretische Ansichten im Laufe seines Lebens weiterentwickelten und mancher Standpunkt modifziert wurde, hielt er an der Forderung fest, die bildene Kunst habe sich mit der Literatur nicht zu vermengen. Noch in hohem Alter vertrat er die Meinung,

> der Maler [solle] Kenntnis in Unterscheidung der Gegenstände haben; denn es gehört zu seinem Fache, daß er wisse, was er zu malen habe und was nicht.[47]

Diese grundlegende Überzeugung veranlaßte ihn folglich nicht dazu, eigenständig besondere Initiativen zur Illustrierung seiner Werke zu ergreifen.

Um so mehr kontrastieren hierzu seine Äußerungen über seines Erachtens gut gelungene Illustrationen. Aus den letzten Lebensjahren des Dichters sind diesbezüglich einige Aussagen erhalten, die allerdings nicht auf einen plötzlichen Sinneswandel zurückzuführen sind. Bei eingehender Untersuchung bestätigt sich vielmehr die Vermutung, daß Goethe immer dann, wenn er sich besonders geschmeichelt fühlte, dazu tendierte, seine eigenen Theorien hintan-

---

45 Johann Peter Eckermann: Gespräche mit Goethe. Erster Teil, 3. November 1823, MA, Bd. 19, S. 60.

46 Ebd., 28. Februar 1824, S. 90.Goethe spricht bezüglich des 'Fischers' hier zwar nicht ausdrücklich von Ramberg, die Illustration, die 1821 im Taschenbuch 'Minerva' erschienen war, mußte ihm jedoch bekannt gewesen sein.

47 Ebd., 20. April 1825, S. 143.

zustellen und nicht mehr analytisch urteilte, sondern einzig seinen persönlichen Empfindungen Ausdruck verlieh.

Erste lobende Worte gelten den *Faust*- Illustrationen des Franzosen Eugène Delacroix. Offensichtlich setzte dieser als Erster die einzelnen Szenen zu Goethes Zufriedenheit um.[48] Angesichts jener Begabung scheint der Dichter sogar seine Meinung zu revidieren, Illustrationen würden einen Text „parodieren". Eckermann vertraut er 1826 an:

> Wenn ich nun gestehen muß, daß Herr Delacroix meine eigenen Vorstellungen bei Szenen übertroffen hat, die ich selber gemacht habe, um wie viel (sic!) mehr werden die Leser alles lebendig und über ihre Imagination hinausgehend finden![49]

Spricht hier noch die zur Einsicht gekommene künstlerische Autorität, so rufen die Zeichnungen des Bildhauers Konrad Eberhard zu Goethes Gedicht *„Der Sänger"*, die allerdings in keiner Ausgabe als Illustrationen erschienen sind, ganz andere Empfindungen in ihm wach. In einem Brief an Sulpiz Boisserée vom 7. April 1828 heißt es, entgegen aller früheren Skepsis, überschwenglich:

> Mir war höchst eindringlich, wohl darf ich sagen rührend, zu sehen, wie ein so frühes, gewissermaßen altes Gedicht sich immer wieder auf neue Weise in guten und schönen Geistern reproduziere, ausweite, vermannigfaltige, vervollständige und so zuletzt dem Unermeßlichen sich nähere.[50]

Auf der Zeichnung erscheint der Sänger mit den Gesichtszügen Goethes, was zwar auf eine persönliche Ovation, nicht jedoch auf eine künstlerisch ausgereifte Interpretation des Illustrators schließen läßt.

Eugen N. Neureuther schien den Geschmack, aber auch die Eitelkeit Goethes mit seinen *Randzeichnungen* schließlich vollends getroffen zu haben. Herrschte gegenüber Delacroix noch die Hoch-

---

48 Erinnert sei hier an die Versuche Peter Cornelius' am 'Faust', die Goethe lediglich zu dem Rat veranlaßten, der Maler solle sich anderen Sujets zuwenden.

49 An Eckermann, 29. November 1826, MA Bd. 19, S. 168.

50 Quelle aus: Goethe's Gedichte. Mit zeitgenössischen Illustrationen. Leipzig 1925, S. 183.

achtung vor dem Künstler und seinem Genre vor, werden die Illustrationen des jungen Neureuther als „unschätzbar in einem minderen Genre, aber innerhalb dieses Kreises auf das liebenswürdigste gelungen“ [51] bezeichnet. Angesichts der Illustrationen gibt sich Goethe dann schwelgerischen Kommentaren hin, die hauptsächlich seine persönliche Befriedigung unter Beweis stellen. Neureuthers Talent sei hier nicht angezweifelt, nur muten Goethes begeisterte Lobpreisungen doch etwas befremdend an, wenn man sich seine früheren Kommentare bezüglich jeglicher Form der Illustrierung ins Gedächtnis ruft. In einem Brief aus dem Jahre 1828 ermuntert Goethe den jungen Illustrator:

> fahren Sie in diesen unerschöpflichen Mannichfaltigkeiten fort mit dem Dichter zu wetteifern, … und ihn durch eine so treue Theilnahme zu erfreuen und zu belohnen. (sic!)[52]

um ihm zwei Jahre später zu gestehen, daß :

> Ihre Randzeichnungen mit unter diejenigen Ereignisse gehören, die mir eigentlich das Schicksal erfreulich machen, so hohe Jahre erreicht zu haben.[53]

Neureuthers „geniale Vollkommmenheit“[54] veranlaßte Goethe schließlich dazu, bei Cotta zugunsten des Illustrators zu vermitteln. Zumal Goethe in hohem Alter ohnehin mehr Milde walten ließ, dürfen die Äußerungen gegenüber Neureuther als Dokument eines gerührten Dichters zu werten sein, der das Talent des ihm „in tiefster Ehrfurcht unterthänigst ergebenen“[55] jungen Künstlers durchaus erkannt hatte.

Maßgeblich für die Entwicklung der Illustrationsgeschichte ist dennoch sein kunsttheoretischer Standpunkt, den er zeitlebens beibehalten hat. Wäre Goethe an einer produktiven Zusammenarbeit mit

51 An Zelter, WA IV 46, S. 286.

52 An Neureuther, 23. September 1828. WA III 44, S. 319 f.

53 An Neureuther, 26. September 1830. WA IV 47, S. 246 f.

54 An Cornelius, 26. September 1828. WA IV 44, S. 321.

55 Gängige Grußformel Neureuthers in seinen Briefen an Goethe.

bildenden Künstlern interessiert gewesen, hätte er dazu gewiß Gelegenheit gefunden. Darüber hinaus konnte er zeitlebens auf Verleger zählen, die ihm ohnehin in fast allen seinen Wünschen entgegenkamen. In diesem Sinne hat Goethe die Entstehung von Illustrationen zu seiner Lyrik eher unterbunden. Eine weitaus entscheidendere Rolle nahmen auf diesem Gebiet dagegen seine Verleger ein.

3.3 Verlegerinteressen

Ein Verleger ist innerhalb der Illustrationsgeschichte prinzipiell als zentrales, wenn auch im Hintergrund stehendes Organ zu bewerten. Seiner Entscheidung obliegt es, ob und wie ein Autor dem Lesepublikum präsentiert werden soll. Zumal Goethe zu seinen Lebzeiten keinen gesteigerten Wert auf eine intensive Zusammenarbeit mit seinen Verlegern legte, schuf er auch keine maßgeblichen Richtlinien, an die sich die Herausgeber seiner Werke nach seinem Ableben hätten halten können. So blieb es jedem selbst überlassen, eine Goethe-Edition in Übereinstimmung mit dem gerade modischen Goethe-Bild auf den Markt zu bringen oder aber diesem Bild durch eine andere Akzentuierung eine weitere Dimension zu verleihen.

Wiewohl der verlegerische Einfluß auf die Rezeptionsgeschichte eines Dichters nicht vordergründig sichtbar ist, sind seine potentiellen Möglichkeiten diese zu prägen nicht zu unterschätzen. Hierbei muß allerdings zwischen den Motivationen der einzelnen Persönlichkeiten unterschieden werden. Einen jeden veranlaßten andere Beweggründe, eine Ausgabe illustrieren zu lassen. Sofern man sich nicht epochenspezifischen formalen Traditionen fügte, konnten auch ideelle Faktoren, z. B. bildungspolitische Ambitionen des Herausgebers, eine Rolle spielen. Zudem sind Goethes Verleger in ihren jeweiligen historischen Kontext eingebunden gewesen, der wiederum ihr editorisches Wirken geprägt hat.

Die Entscheidung, welche Erscheinungsform für Goethes Gedichte in Frage kam, unterlag grundsätzlich verlagspolitischen Überlegungen. Illustratoren mögen hin und wieder sinnvolle Anstöße dazu gegeben haben, wirtschaftliche Erwägungen wie z.B. die zu erwartende Druckkostenhöhe und Verkaufschancen, entschieden jedoch letztlich darüber, ob ein Band mit Bildbeigaben versehen werden sollte oder nicht. Sofern der Verleger am Verkauf der Ware Buch interessiert war und sich nicht bibliophilen Unternehmungen verschrieben hatte, wie etwa die Herausgeber der buchkünstlerischen Ausgaben und der Malerbücher, mußte er seinen Profit einkalkulieren.

Zwangsläufig galt es daher, den Teil der Lyrik Goethes herauszubringen, der unter Garantie Gefallen beim Publikum finden würde sowie Illustratoren zu verpflichten, deren Name oder Stil einen gesicherten Absatz gewährleisteten. Auf Experimente sollte verzichtet werden und die Aufgabe, das Publikum zu erziehen, überließ man ohnehin den Dichtern. Indem nun die zu illustrierenden Gedichte Goethes vorab ausgewählt, ganz bestimmte Illustratoren verpflichtet, Stilmittel und Drucktechnik festgelegt und die Funktion der Ausgabe im Hinblick auf ihre Zielgruppe umrissen war, hatte der Verleger die Goethesche Rezeptionsgeschichte bereits, wenn auch unbewußt, manipuliert. Auch jene illustrierten Ausgaben, denen gemäß ihres verlagspolitischen Programms explizit ästhetische Konzepte zugrunde lagen, formten das Goethe-Bild schließlich auf ihre Weise mit.

Untersucht man die illustrierten Goethe-Gedichtausgaben auf diese Faktoren, so lassen sich bei nahezu allen absatzpolitische Komponenten aufzeigen. Damit sei nicht behauptet, die wirtschaftlichen Interessen wären in jedem Falle vorrangig gewesen. Dennoch resultieren Gedichtillustrationen, die aus heutiger Sicht vermeintlich zur Ehrung des Autors bzw. Erhöhung des inhaltlichen Wertes einer Ausgabe entstanden, nicht selten aus rein buchhändlerischen Überlegungen.

Im Verlauf des 19. Jahrhunderts ist auch bei Goethes Verlegern eine Entwicklung von einer ästhetisch/inhaltlich orientierten Grundhaltung zum wirtschaftlich motivierten Verlagswesen zu beobachten. Stand ehemals das Produkt Buch im Mittelpunkt des Interesses, so konzentrierte man sich nun auf den damit zu erzielenden Gewinn. Letzterer war aber auch dann nicht gewährleistet, wenn man die Werke eines so bekannten Schriftstellers wie Goethe verlegte.[56]

Hinsichtlich der Buchgestaltung zeigt sich, daß Goethes frühe Verleger zunächst neben ihren ökonomischen Interessen durchaus auch ästhetische Konzepte im Auge behielten, wozu Schriftbild, Satz, Gestaltung, Druck, Papierqualität, Einband und schließlich Illustra-

56 Aus Unselds Ausführungen geht beispielsweise hervor, daß Johann Friedrich Vieweg in Berlin als einziger Verleger zu Goethes Lebzeiten mit einem Werk, nämlich 'Hermann und Dorothea', Gewinn erzielte.

tionen zählten. Die Hochschätzung des Buches, das als Erbauungsgegenstand und weniger als geldbringende Ware angesehen wurde, garantierte einen respektvollen Umgang mit Goethes Gedichten. Diese Grundhaltung läßt sich ebenso aus den Verlagsankündigungen ersehen.[57] Obwohl auch hier die Ausstattung einer neuen Goethe-Ausgabe angepriesen wurde, versuchte man den Tenor auf die Würde des Buches zu legen. Der Autor und sein Werk standen im Mittelpunkt der Werbung, den Illustrationen wurde eine textdienende Funktion bescheinigt: Sie sollten dazu beitragen, den Inhalt richtig zur Geltung zu bringen. Nach einer derartigen Einstimmung mußte es die potentiellen Käufer peinlich berühren, wenn sie in einem Nebensatz darauf hingewiesen wurden, daß dieselbe Ausgabe auch ohne Bilder bzw. billiger zu haben war.

Mit dem „Klassikerjahr" 1867, also der verlagsrechtlichen Freigabe der Werke all jener Autoren die vor dem 9. November 1837 verstorben waren, drängten plötzlich unzählige Verlage danach, ihre eigenen Goethe-Editionen herauszugeben. Der Cotta-Verlag konnte diesem Konkurrenzdruck nicht standhalten, sein fast 70 Jahre währendes Monopol über Goethes Werk war gebrochen.

Nachdem sich das Verlagswesen in der zweiten Hälfte des 19. Jahrhunderts ohnehin vergrößert und auch drucktechnische Neuerungen zu höheren Auflagen und einem reichhaltigeren Angebot auf dem Buchmarkt geführt hatten, spalteten sich Goethes Verleger in zwei Gruppen: Zum einen nahmen die wirtschaftlich orientierten Editionen überhand, zum anderen begann man sich wieder für buchkünstlerisch ausgerichtete Werkausgaben zu interessieren. Die unterschiedlichen Motivationen sind dabei nicht nur an der Aufmachung der Ausgaben zu erkennen, sondern auch an der Werbestrategie. Illustrationen waren an sich keine ausdrückliche Besonderheit mehr, nun betonte man vielmehr ihren quantitativen Aspekt. In den diversen Vorworten finden sich einschlägige Hinweise zur mutmaßlichen Qualität der Ausgabe, wobei man hier alle Register der Verkaufspsychologie zog, indem man den Leser vor allem auf seinen sozialen Stand hin ansprach. In sehr teuren Prachtausgaben beglückwünschte man ihn zu seinem guten Geschmack, in billigen Volksausgaben freute man sich mit ihm über die einzigartige Möglich-

---

57 Vgl. hierzu die Vorankündigungen in den Originalausgaben.

keit, Goethes Werk nun auch für wenig Geld erwerben zu können.[58] Der Käufer wurde in jedem Fall in seiner Entscheidung dieses Buch gewählt zu haben bestätigt.[59] Für den Inhalt selbst warb man nur in den seltensten Fällen, es sollte vielmehr über die Vorzüge einer konkreten Ausgabenform informiert werden.

Zumal Illustrationen als Absatzmaßnahme ihre Wirkung erfüllten, stellt sich die Frage, inwieweit die verschiedenen Verlegerinteressen das endgültige Erscheinungsbild illustrierter Goethe-Gedichtausgaben geprägt haben. Da sich die formale Qualität der Ausgaben in den jeweiligen Epochen stark unterscheidet, die Wirkungsgeschichte von Goethes Lyrik aber einschlägig beeinflußt wurde, sind die verschiedenen Intentionen von Goethes wichtigsten Verlegern kritisch zu beurteilen. Innerhalb der Illustrationsgeschichte kommen ihnen dabei unterschiedliche Positionen zu.

Den ersten rechtmäßigen Verlegern Goethes,[60] Georg Joachim Göschen und Johann Friedrich Unger, darf eine wegbereitende Funktion innerhalb des professionellen Druck- und Verlagsgewerbes bescheinigt werden. Doch obwohl beide mit Illustrationen arbeiteten und Titel- und Textkupfer in ihre Goethe-Ausgaben einflochten, Göschen dazu sogar namhafte Künstler seiner Zeit verpflichtete, sind ihre Leistungen auf typographischem Gebiet noch weitaus höher zu bewerten.

Unger gelang es, die „bei den bürgerlichen Lesern verpönte"[61] Holzschneidekunst wieder beliebt zu machen, wodurch er einer kostengünstigeren Illustrierung allmählich den Weg ebnete, denn „eine akzeptable billige Möglichkeit, Illustrationen herzustellen, gab es nicht."[62] Typographisch sehr interessiert, entwickelte er 1794 sogar eine neue Schrift, die 'Unger-Fraktur'. Während Goethe die gotisch

---

58 Vgl. hierzu z.B. die Werbung für die Bände des Ph. Reclam Verlags.

59 Die Beglückwünschung des Käufers zu seiner getroffenen Wahl wird noch heute in sämtlichen Begleitschreiben zu einem Produkt durchgeführt. Einschlägige Theorien der Verkaufspsychologie hierzu gibt es allerdings erst seit den 50er Jahren.

60 'Goethens Schriften' (1779) wurden bereits von dem nicht autorisierten Verleger Christian Friedrich Himburg illustriert, wobei auf den Gedichtband nur eine Titelvignette entfiel.

61 Hoffmann-Scholl: „Buchillustration im 18. Jh.", in: Raabe: Buchgestaltung in Deutschland, S. 47.

62 Ebd.

anmutenden neuen Lettern als Offenbarung des deutschen Gemüts empfand,[63] sagten sie dem Publikum wegen ihrer schlechten Lesbarkeit anfangs weniger zu.

Göschen bemühte sich seinerseits um die Verbesserung des Schriftbildes sowie der Papier- und dadurch Druckqualität.[64] Maßgeblich für die Geschichte des Verlagswesens wurden jedoch seine frühen Bemühungen, die damals gängigen Raubdrucke zu unterbinden, was ihm bis zu einem gewissen Grad auch gelang.

Rosemary Hoffmann-Scholl hat darauf hingewiesen, daß die Lage für einen an Illustrationen interessierten Verleger im ausgehenden 18. Jahrhundert nahezu hoffnungslos war:

> Zu den hohen Herstellungskosten von Kupferillustrationen kamen die Probleme des Nachdrucks. Je schöner die Illustrationen, um so größer war die Nachdruckgefahr. So blieb der Verleger in einer paradoxen und ausweglosen Situation.[65]

Dies galt auch für *Goethe's Schriften* bei Göschen bzw. *Göthe's neue Schriften* bei Unger. Göschen hatte sich mit seinem Illustrationsprojekt weitaus mehr Mühe gegeben als Unger. Obwohl die Ausgabe nur mäßigen Absatz fand und zudem Nachdrucker ihr Unwesen trieben, ließ er sich von finanziellen Mißerfolgen nicht einschüchtern. Göschen besaß immerhin den „Ehrgeiz, Einmaliges schaffen zu wollen."[66] Darüber hinaus scheint er schon früh die Abhängigkeit zwischen der Aufmachung eines Buches und seiner Attraktivität für den Käufer erkannt zu haben. Zur Herausgabe von *Goethe's Schriften* gab er 1786 in einer Anzeige bekannt:

---

63 Vgl. hierzu die Ausführungen von Georg Kurt Schauer: „Schrift und Typographie", in: Hauswedell/Voigt: Buchkunst und Literatur, Bd. 1, S. 7–57, hier S. 48.

64 Göschen führte 1793 neue lateinische, nach Didot benannte Lettern aus Frankreich ein, die bis dahin nur Unger in Berlin verwendet hatte. Vier Jahre später ging er dazu über, Papier maschinell für den Druck zu glätten. Vgl. Unseld: Goethe und Verleger, S. 143 ff.

65 Hoffmann-Scholl: (s. Anm. 61), S. 47.

66 Unseld: Goethe und Verleger, S. 145.

> Ich werde alles Mögliche thun, daß diese vortreflichen Werke auch ein ihrem innern Werthe entsprechendes Aeussere erhalten. (sic!)[67]

Der Ankündigung folgt das Versprechen an die zukünftigen Subskribenten, nicht nur ein angemessenes Format sowie neue Lettern zu benutzen, sondern die Ausgabe mit acht Kupfern von Daniel N. Chodowiecki und acht Vignetten von Johann Meil zu versehen.

Göschens Projekt zog sich über Jahre hin, denn Goethe erwies sich alles andere als kooperativ. Seine Nachlässigkeit in der Fertigstellung seiner Manuskripte war für die Drucklegung äußerst hinderlich. Göschen konnte sein Versprechen dennoch halten: Den Gedichtband (Bd. 8) zierten eine Titelvignette[68] sowie ein Titelkupfer, beide verschiedene Musen darstellend. Die Gedichte selbst wurden nicht illustriert. Die Kritik nahm Göschens Ausgabe äußerst wohlwollend auf, vor allem die Kupferstiche wurden gelobt.

Im Rahmen der Goetheschen Illustrationsgeschichte sind Göschen und Unger als die Innovateure unter den Verlegern des ausgehenden 18. Jahrhunderts zu bezeichnen, deren verlegerische Motivation hauptsächlich in dem Wunsch zu suchen ist, das Druck- und Verlagswesen grundlegend zu erneuern und auszubauen. Zweifelsohne wirkte sich jedoch die große Verehrung, die Göschen seinem Autor entgegenbrachte positiv auf die Erscheinungsform von Goethes Werkausgaben aus.

Im Gegensatz zu Göschen legte der Leipziger Verleger Gerhard Fleischer weitaus mehr kaufmännisches Kalkül zutage. Die *Gallerie zu Goethe's Werken* für das Taschenbuch *Minerva*[69] ist vorwiegend als absatzsteigernde Maßnahme zu verstehen. Auch für ihn stellte der Almanach eine verläßliche Einkommensquelle dar, ohne die er anspruchsvollere Projekte nicht hätte realisieren können. Fleischer konnte immerhin drei Lieferungen von insgesamt 24 Kupferstichen Rambergs zu Goethes Gedichten ankündigen, die Titelkupfer nicht mitgerechnet, womit er sich auf drei Jahre hin Käufer sicherte. Obwohl das absatzpolitische Moment hier deutlich hervortritt, haben die

---

67 Quelle übernommen aus Unseld, S. 124.

68 Laut Hagen stammt diese von Heinrich Lips, nicht, wie angekündigt, von Meil.

69 Vgl. Kap. 5.2.3.

Ausgaben keinen Nachteil davongetragen. Lediglich die Einteilung der Lieferungen ist auffallend und verrät Fleischers buchhändlerische Absichten: Sozusagen als Kaufanreiz beinhaltet die 1. Lieferung des Jahres 1821 Goethes bekannteste Balladen; 1822 folgen weitere Bilder zu Gedichten aus dieser Abteilung und erst 1823 wird es weniger populär.

Angesichts der zentralen Stellung die der Cotta Verlag unter Goethes Editoren einnahm, ist es zu bedauern, daß hier auf die Buchgestaltung und somit auch auf Illustrationen wenig Wert gelegt wurde. Das erste größere Illustrationsprojekt, die *Kupfersammlung zu Goethe's sämmtlichen Werken,*[70] die Gerhard Fleischer und sein Neffe Friedrich Fleischer in Zusammenarbeit mit Johann Friedrich Cotta publizierten, ist als verlegerische Maßnahme zu verstehen, den Absatz der *Vollständigen Ausgabe letzter Hand* anzukurbeln. Bezeichnenderweise finden sich in Cottas Korrespondenz mit Goethe keine weiteren Mitteilungen darüber. Die Leipziger Verleger ergriffen ohne Zweifel die Gunst der Stunde, indem sie die Sammlung anregten. Cotta wiederum hatte sich inzwischen den Ruf eingehandelt, überteuerte Bücher mit niedrigem Ausstattungsniveau zu vertreiben. Unabhängig von seinem persönlichen Kunstinteresse, war es ihm nicht gelungen, den bei ihm verlegten Büchern ein anspruchsvolles Äußeres zu verleihen. Selbst nach seinem Umzug von Tübingen nach Stuttgart 1810 und der damit verbundenen größeren Kapazität seines Unternehmens, blieb „die Pflege der Illustration und der Typographie … auch dann noch ein Stiefkind des Verlages."[71] Wie Dorothea Kuhn aufgrund der Kalkulationen aufzeigte, waren die Kosten für Bildbeigaben offensichtlich besonders hoch.[72]

Die Vermutung, daß eben buchhändlerische Interessen die Qualität dieser Sammlung stark beeinträchtigt hatten, bestätigt sich hier in besonderem Maße. Von einer Abstimmung zwischen Bild und Text war nicht die Rede, Aufträge wurden einzeln an Künstler vergeben, die endgültige Bandzahl entschied, wieviele Illustrationen entstehen sollten. Willkürlich entfielen davon eben fünf der 55 Stiche auf

70 Vgl. Kap. 5.2.2.

71 Dorothea Kuhn: Goethe und Cotta. Briefwechsel 1792–1832, Stuttgart 1983, Bd. 3.1, S. 20.

72 Ebd.

Gedichte Goethes. Das Bestreben, jedem Band eine gewisse Anzahl von Bildern beizuordnen, überwog schließlich jegliche logische Einteilung. Den Inhalt der Bände 51–55 – in der Hauptsache Goethes naturwissenschaftliche Schriften und die Farbenlehre – hielt Friedrich Fleischer für nicht illustrierbar, deshalb lieferte er zwei Illustrationen zu Gedichten,[73] zwei zum 'Faust' und eine zur 'Iphigenie'. Diese willkürliche Plazierung der Kupferstiche entschuldigte er folgendermaßen:

> Die Schwierigkeiten einen bildlichen Stoff aus dem wissenschaftlichen Inhalt dieser Bände zu finden, gab die Veranlassung, an diese Stelle lieber aus dem reichen Schatze der Frühern zu wählen.[74]

Cotta scheint dem nicht entgegengewirkt zu haben. Trotz seines sentimentalischen Verhältnisses zur Kunst,[75] entwickelte er als Goethes Verleger nicht gerade gestalterische Ambitionen:

> Wenn er Versuche solcher Art machte, trieben ihn Wettbewerbsrücksichten – Motive, die sogleich fallen gelassen wurden, wenn ihre geschäftliche Wichtigkeit zurückging.[76]

Eine Ausnahme bilden in diesem Rahmen die *Randzeichnungen*[77] Neureuthers. Hier erwies sich der Verleger als verständiger Mäzen. Anzunehmen ist auch, daß er Goethe den Wunsch erfüllen wollte, Neureuther unter Vertrag zu nehmen. Bei den *Randzeichnungen* hätte die Konstellation nicht günstiger sein können: Neureuthers Stil entsprach dem Empfinden des Publikums, traf damit also genau den Geschmack der Zeit.

---

73 Zu „Der Müllerin Reue" und „Der neue Amor" aus den Abteilungen 'Balladen' und 'Antike Gedichte'.

74 Vgl. Nachwort in: 'Kupferstiche zu Goethes Werken 1827–1834', Zürich 1987, S. VIII.

75 Vgl. Kuhn: „Johann Friedrich und Georg Cottas Bemühungen um die Buchillustration", in: Raabe: Buchgestaltung in Deutschland, S. 114.

76 Schauer: „Schrift und Typographie", S. 39 (s. Anm. 63).

77 Vgl. Kap. 5.2.4.

Johann Georg von Cotta, der den Verlag 1832 nach dem Tod seines Vaters übernommen hatte, führte ihn in einer vorwiegend wirtschaftlichen Tradition fort. Der Verlag hatte sich als finanziell rentables Großunternehmen etabliert, das weniger künstlerischen Ansprüchen als praktisch/ökonomischen Kriterien gerecht wurde.

Dem verlegerischen Programm des 19. Jahrhunderts zufolge, dem, wie Renate Scharffenberg richtig erkannt hat, das Bestreben zugrunde lag, „möglichst viele Bücher möglichst billig zu drucken, ihnen aber durch äußerliche Zutaten ein glänzendes Aussehen zu verleihen“,[78] kam die Illustration als absatzpolitisches Instrument sehr gelegen. In dem Maße, in dem sich die Drucktechnik verbesserte, machte man davon auch regen Gebrauch.

Allerdings erwiesen sich nicht nur die Verleger als wirtschaftlich denkende Unternehmer, auch Illustratoren versuchten über Ausstattungskonzepte den Verkauf anzukurbeln. So gelang es Ludwig Richter, seinen Verleger Georg Wigand zu überreden, das geplante *Goethe Album*[79] als Prachtausgabe herauszugeben, obwohl die Holzschnitte ursprünglich eine einfache Taschenausgabe schmücken sollten. Wigand lehnte wiederholt ab, der Kostenaufwand erschien ihm zu hoch. Richter wünschte sich jedoch beharrlich einen anderen Rahmen, wobei er ganz im Sinne des Verlegers argumentierte:

> Es sieht die Viergroschen-Ausgabe doch gar zu lumpig aus, und Sie verderben dem Publikum selbst den Appetit gleich von vorneherein, wenn es nicht des Dichters würdig auftritt.[80]

Immerhin gab man vor, mit den Illustrationen die „Würde des Dichters“ bewahren zu wollen. Es sei nicht angezweifelt, daß manche Illustratoren diesen hehren Zweck theoretisch auch wirklich verfolgten, praktisch zählten für die Verlage jedoch Verkaufszahlen.[81]

---

78 Scharffenberg: Beitrag des Dichters zum Formenwandel, S. 2.

79 Vgl. Kap. 5.3.2.

80 Ludwig Richter in einem Brief an Georg Wigand, in: Fritz Breucker: Ludwig Richter und Goethe, Leipzig 1926, S. 19.

81 In den Börsenblättern des ausgehenden 19. Jahrhunderts sowie in einschlägigen Veröffentlichungen finden sich keine ausdrücklichen Lobesworte über einen derartigen Umgang mit dem Medium Bild. Die Rezensenten kritisierten vielmehr die Illustrationswut der Verleger und bedauerten den zunehmenden Verfall des Buches.

Die schließlich weitgehend mangelnde künstlerische Qualität der verschiedenen 'illustrierten Ausgaben' bzw. der sich anschließenden Prachtausgaben stellt dar, daß sich die zunehmend ökonomischen Interessen der Verleger mit keinem inhaltlichen Qualitätskriterium mehr vereinbaren ließen. Wie Kurt Winkler dargelegt hat, entwickelten sich die Bücher zu „Schaustücken der Salonausstattung ... Der Schauwert des Buches, seine äußere Gestalt ... entschied über seine Verkaufschancen."[82] Dieses Phänomen ist bei den einschlägigen Goethe-Ausgaben genauso festzustellen.

Scharffenberg beobachtet denselben Sachverhalt, der in der Forschung immer wieder konstatiert wurde: „Die Drucke aus der Zeit von 1860 bis nahe an die Jahrhundertwende tragen Kennzeichen einer erschreckenden Verwahrlosung."[83] Bemerkenswert ist dabei ihr Kommentar: „Das kaufende Publikum wehrte sich nicht."[84]

Die Ursache hierfür darf hauptsächlich im allgemeinen Verfall der Buchkunst gesucht werden. Nachdem sich die Verlagsprogramme in ihrem Anspruch geteilt hatten, weisen nur die ausdrücklich ästhetisch konzipierten Gedichtbände ein Erscheinungsbild auf, das den Text durch Bildbeigaben oder ein auf die Gedichte abgestimmtes Schriftbild wieder zur Geltung bringt.

Im ersten Drittel des 20. Jahrhunderts ist schließlich eine kontinuierliche Aufhebung der Einheit von Form und Inhalt zugunsten verlegerischer Interessen zu beobachten, sofern die Ausgaben nicht in buchkünstlerischen Verlagen oder Pressen herausgegeben wurden.

Ein Verleger agiert jedoch bestenfalls nicht nur als Mäzen, sondern ist als kreatives Potential ebenso denkbar. Die Ausgaben Paul Cassirers zeigen schließlich, daß es ohne einer einschlägigen Motivation von seiten des Verlegers nie zu dieser Interaktion zwischen bildender Kunst und Dichtung gekommen wäre. Cassirer verband einen Hang zum Mäzenatentum mit treffsicherem Geschmack, verfügte zudem über die Kontakte zu den besten Künstlern seiner Zeit und war noch dazu in der Lage, diese für seine Projekte zu gewinnen, obwohl sie die Öffentlichkeit und seine Konkurrenz als utopisch

---

82 Kurt Winkler:„Prachtwerke. Die illustrierten Prunkbücher des Historismus", in: Timm: Deutsche Buchillustration des 19. Jh., S. 177–186, hier S. 177.

83 Scharffenberg: Beitrag des Dichters zum Formenwandel, S. 41 f.

84 Ebd.

betrachteten. Die literarische Vorlage durften die Illustratoren in der Regel selbst aussuchen, so auch die zu illustrierenden Gedichte Goethes. Sofern Cassirer jedoch an der Textauswahl beteiligt war, „scheint das Bemühen des Verlegers vor allem darin bestanden zu haben, eine dem künstlerischen Themen- und Vorstellungsbereich des jeweiligen Illustrators entsprechende literarische Vorlage zu finden."[85] Dabei galt Cassirer bekanntlich als realistisch rechnender Unternehmer, der sich vom Verkauf der Luxusausgaben auch einen dementsprechenden Gewinn erwartete.[86] Im Katalog der Pan-Presse aus dem Jahre 1912 rechtfertigte er seine damals noch revolutionären buchkünstlerischen Ambitionen folgendermaßen:

> So berechtigt es ist, die Künstelei aus allen Dingen zu entfernen, so notwendig scheint es uns, der Kunst kein Mittel ... zu nehmen, das ihr gelegen ist. Solch ein Mittel bietet das illustrierte Buch. Wir wollen weder jene glücklich verbannten Familienbücher, in denen das banale Bild den Text wiederholte, zurückrufen, noch uns von der ... Teilnahme an der Errungenschaft des neuen deutschen Buchgewerbes ausschließen. Wir möchten nur bei den Bibliophilen Deutschlands für Duldung eines Kompromisses plädieren, der darauf fußt, daß keine Forderung der Überlieferung und des Geschmacks so feste Gültigkeit besitzt, daß sie nicht von einem höheren Standpunkt Umänderungen vertrüge.[87]

Diese ausdrückliche Absage Cassirers an das herkömmlich illustrierte Buch der Gründerzeit[88] blieb in ihrem Ansatz auch für die Mappenwerke *Goethe. Gedichte*[89] der 20er Jahre gültig. Obwohl sie nur in

---

85 Eva Caspers: Paul Cassirer und die Pan-Presse, S. 39.

86 Vgl. hierzu die detaillierten Ausführungen von Eva Caspers, S. 38 f. Cassirer brachte nicht nur Luxusausgaben, sondern nach dem Ersten Weltkrieg auch preiswerte illustrierte „Volksausgaben" mancher der bei ihm verlegten Werke heraus. Diese Ausgaben waren formal zwar anspruchsvoll, erfüllten jedoch primär einen kunstpädagogischen Zweck und erwiesen sich im Gegensatz zu den kostspieligen Luxusausgaben als nicht rentabel.

87 Katalog der Pan-Presse 1912, S. 5 f.

88 Vgl. Caspers: Paul Cassirer und die Pan-Presse, S. 28.

kleiner Auflage gedruckt und für ein auserwähltes Publikum bestimmt waren, reihen sie sich als Höhepunkte in die illustrierten Goethe-Gedichtausgaben ein. Kritiker mögen auf eine Verlagerung des inhaltlichen Schwerpunkts zugunsten des Bildes nicht zu Unrecht hinweisen. Ohne Zweifel wird anhand der Cassirer-Ausgabe jedoch deutlich, daß wirtschaftliche Interessen und absatzpolitische Maßnahmen nicht immer zum Nachteil eines Bandes gereichen mußten. Höchste künstlerische Ansprüche und buchhändlerische Vertretbarkeit schließen sich folglich keineswegs aus.

3.4 Zielgruppenorientierte Editionen

Anhand der zu dieser Untersuchung herangezogenen illustrierten Goethe-Gedichtausgaben, lassen sich auch zielgruppenspezifische Unterschiede aufweisen. Dieser Aspekt ist deshalb von Bedeutung, weil sich die Goethe-Rezeption mit der Aufspaltung in diverse Leserkreise verselbständigte. Die Verleger beabsichtigten, jedem Interessenten „seinen" Goethe in der ihm gemäßen Form anbieten zu können, wobei im Verlauf des 19. Jahrhunderts mit Goethes lyrischem Werk zunehmend willkürlich verfahren wurde. Die Illustrationen verschärften diese Aufsplitterungen und trugen ihrerseits zur Betonung des jeweiligen verlegerischen Konzepts bei. Gedichte wurden aus ihrem Kontext gerissen, willkürlich ausgewählt und mit Bildern versehen. Die vorgenommenen Textmanipulationen waren meistens nicht mehr nachvollziehbar und mußten sich auf die Textrezeption eines nicht-kritischen Lesepublikums auswirken. Zwar hält sich eine universale Dichtung, wie die Goethes, verschiedenen Zugangsweisen offen, und es wäre verfehlt, in der Vielzahl der Formen ein einheitliches Goethebild zu vermissen. Dennoch wurde der Gesamtgehalt von Goethes Dichtung gemindert, indem man sein Werk auf alle erdenklichen Ansprüche der verschiedenen Zielgruppen zurechtstutzte.

War die ursprünglich homogene Käuferschaft im 18. Jahrhundert noch unter den Gelehrten bzw. dem aufgeklärten und gebildeten Bürgertum zu suchen, so führte die im letzten Jahrzehnt sich steigernde „Lesewut" erstmals zur Aufsplitterung des Publikums.[90] Während drucktechnische Neuerungen das ihrige zu einer zunehmen-

89 Vgl. Kap. 5.5.2.

den Kommerzialisierung der Ware Buch beitrugen, stieg beim Publikum weiterhin das Bedürfnis, seinen „Bild- und Bildungshunger"[91] zu stillen. Neu im Verhalten der Leser war der Wandel von 'intensiver' zu 'extensiver' Lektüre: Ein Buch wurde nicht mehr öfters gelesen, man verlangte stattdessen nach neuer Literatur.[92] Die Verleger versuchten, dieser erhöhten Nachfrage mittels buchhändlerisch wirksamer Strategien nachzukommen, zumal sich auch die Zusammensetzung des Lesepublikums verändert hatte. Zunächst ging man dazu über, mehrere Ausgaben eines Werkes auf den Markt zu bringen.[93] Dieses Vorgehen ist nicht nur als taktische Maßnahme gegenüber der Konkurrenz zu verstehen, sondern beweist, wie rührige Verleger schon früh ihre eigenen potentiellen Zielgruppen prägten. Die Ausgaben variierten nicht nur in der Ausstattung, sondern auch in Buchformat, Preis und Bezugsbedingungen. Nachdem Bildung kein Privileg der gesellschaftlich höher stehenden Schichten mehr war, mußten neben exklusiv ausgestatteten Goethe-Bänden auch preiswerte Ausgaben erhältlich sein. Letztere, sogenannte Taschenausgaben, waren in der Regel ohne Bebilderung, auf schlechterem Papier gedruckt, kleiner im Format und mit einem einfachen Einband versehen.

Als dritte Gruppe sind die Geschenkausgaben anzusehen, die vorwiegend das weibliche Publikum ansprechen sollten. Ein typisches Beispiel dafür ist der Band *Goethe's Gedichte* des Cotta Verlages. Nachdem die Ausgabe nach Goethes Tod erstmals 1838, dann 1842 wiederaufgelegt worden war, erschienen 1845 gleich zwei Editionen:

---

90 Vgl. dazu auch Herbert Göpfert, Marlies Prüsener: „Lesegesellschaften", in: Hauswedell/ Voigt (Hrsg.): Buchkunst und Literatur, S. 285–303. Herbert Göpfert hat in seinen aufschlußreichen Abhandlungen über die Leserschaft (vgl. Bibliographie im Anhang) dargelegt, wie sehr sich das Verhalten des Lesepublikums auf die Rezeption der Texte auswirkte. Die im letzten Drittel des 18. Jahrhunderts in Mode gekommenen Lesegesellschaften verzeichneten bis 1820 immerhin sechshundert Gründungen. Man las hauptsächlich Neuerscheinungen. Göpfert wies nach, daß nicht wenige dieser Zirkel ihre Bücher versteigerten, sobald sie an Aktualität verloren hatten.

91 Edda Ziegler: „Buchgestaltung in Deutschland 1820 bis 1850", in: Raabe: Buchgestaltung in Deutschland S. 124–145, hier S. 131.

92 Vgl. hierzu den Aufsatz von Frithjof Lühmann: „Wandlungen der Buchgestaltung am Ende des 18. Jahrhunderts", in: Raabe: Buchgestaltung in Deutschland, S. 89–104.

93 In diesem Rahmen würde sich eine Untersuchung des gesamten Goetheschen Werks anbieten, zumal die Gedichte nur einen Aspekt in der Zielgruppenuntersuchung abdecken. Der Vergleich, welche Werke Goethes in welcher Form auf den Markt kamen, wäre äußerst aufschlußreich.

Eine Neuauflage des früheren Bandes sowie eine *Neue Miniaturausgabe mit 2 Stahlstichen.*[94]

Sonderausgaben der zeitgenössischen literarischen Produktion, bei denen das Schwergewicht auf dem äußeren Erscheinungsbild lag, waren speziell für Frauen konzipiert. In der Regel erschienen sie im Miniaturformat, manchmal mit Goldschnitt, zumindest jedoch mit einem besonders gestalteten Einband und Illustrationen. Offensichtlich empfanden die Verleger ihre sonst gediegenen, aber etwas eintönigen Ausgaben für Frauen als unzumutbar. Goethes Gedichte allein stellten jedenfalls keinen nennenswerten Kaufanreiz dar, die Leserin wurde mit zusätzlichen Extras geködert. Hierzu gehörten Illustrationen aber auch Utensilien des täglichen Gebrauchs.[95] Dem Berliner Almanach *'Hortensia. Ein Taschenbuch für Damen auf das Jahr 1811'* wurde beispielsweise nicht nur ein Kupferstich zu einem Gedicht Goethes beigefügt, sondern er enthielt darüber hinaus einen Schreibstift sowie einen auf der Innenseite des Ledereinbands eingebundenen Spiegel. Diese Beigaben wurden in den Ankündigungen selbstverständlich als Sonderservice des Verlags an die Damenwelt hervorgehoben. Zum Kauf der Erstausgabe von *Hermann und Dorothea* wiederum, bekamen die Kundinnen Nähutensilien geschenkt. Diese Zugabe von praktischen Haushaltswaren, wie kleinen Messern oder Scheren, mag bei den Leserinnen zwar Gefallen gefunden haben, vergrämte jedoch die Dichter. Friedrich Schiller meinte lakonisch, mit Goethes Epos und dem Nähzeug würden allem Anschein nach „die höchsten und gemeinsten Bedürfnisse der Sterblichkeit zugleich befriedigt".[96] Bücher, die auf die weibliche Zielgruppe ausgerichtet waren, dienten eben „primär der Unterhaltung – entsprechend der Rolle, die der ... angesprochenen Lesergruppe, den Frauen, im sozialen und kulturellen Prozeß zudiktiert war."[97]

---

94 Heute in keiner Bibliothek mehr nachzuweisen.

95 Zu untersuchen wäre in diesem Zusammenhang auch die Frage, ob sich Frauen diese Ausgaben selbst kauften oder ob sie vorwiegend als Geschenke erworben wurden. In letzterem Fall ließe sich die kostbare Aufmachung eines Gedichtbandes oder zusätzliche Extras mit einer symbolischen Wertsteigerung des Geschenkes erklären.

96 Schiller kommentierte diesen Vorfall in einem Brief an Böttiger vom 18. Oktober 1797. SNA Bd. 29, S. 146.

97 Ziegler: „Buchgestaltung in Deutschland", in: Raabe, S. 134.

Angesichts dieser Präsentationsformen von Goethes Lyrik drängt sich die Vermutung auf, daß die Gedichte in diesem Kontext anders gewirkt haben als in den herkömmlichen Taschenausgaben. Illustrationen fungierten hier nicht als Huldigung an den Dichter, sondern an die Leserin. Beigaben wie Spiegel und Stifte mögen sie auf den ersten Blick zwar vom Inhalt des Bandes abgelenkt haben, verlieh diesem jedoch nachdrücklich einen besonderen Stellenwert. Ein Gedichtband mit Goldschnitt und Buchschmuck weckt letztlich die Neugier und zieht eben doch größeres Interesse auf sich als eintönige Textausgaben.

Wiewohl Goethes Verleger die Gedichte den einzelnen Zielgruppen gemäß edierten, lassen sich bis 1846 keine Eingriffe in die Textzusammenstellung nachweisen. Die Gedichtbände unterscheiden sich in ihrer Herstellungsqualität und Aufmachung, nicht jedoch im Inhalt. Die von Goethe angeordnete Reihenfolge innerhalb der Abteilungen wurde beibehalten, Auszüge aus einzelnen Zyklen oder lediglich vereinzelte Gedichte aus verschiedenen Abteilungen sind nicht vorzufinden.

Der Cotta-Verlag schuf sich 1846 mit *Goethes Gedichte in Auswahl für Schule und Haus* schließlich als erster einen neuen Käuferstamm.[98] Indem man den Leserkreis auf dem Titelblatt eingrenzte und benannte, war es möglich, beliebige Zielgruppen neu zu schaffen. Zugehörige zu den einzelnen Käufergruppen konnten sich fortan schon im Titel der Ausgaben angesprochen fühlen, als da wären: *Goethes Gedichte ... für deutsche Frauen, Goethes Gedichte ... für Schulgebrauch und Selbstunterricht, Goethes Gedichte in Miniatur-Ausgabe, Lyrische Gedichte ... für das Privatstudium, Goethe-Brevier, Goethe für Jungens* u.v.a.m.[99] Noch speziellere Bedürfnisse befriedigte der Wiener Bermann und Altmann Verlag im Jahre 1887: Goethes *Ausgewählte Gedichte* wurden *in stenographischer Korrespondenzschrift* ediert.

Im Kaiserreich nahm das Interesse an Goethes Person und Leben wieder zu. Nun wollte der Leser vor allem die biographischen Umstände erfahren, die zur Entstehung eines Gedichts beigetragen

---

98 Goethes Gedichte. Auswahl für Schule und Haus. Hrsg. von Joh. W. Schaefer. Stuttgart und Tübingen, J. G. Cotta'scher Verlag. 1846. 2 Bde.

99 Vgl. Karl Goedeke: Grundriß zur Geschichte der deutschen Dichtung, Dresden 1912, Bd. 4.3, S. 46 ff.

hatten. Folglich erschienen Ausgaben, welche die Gedichte in einen zeitlichen und geographischen Kontext einordneten bzw. den verschiedenen Personen zuschrieb, für die sie vermutlich verfaßt worden waren. Nicht selten waren Portaits der Damen beigefügt, die Goethe zu seiner Liebeslyrik inspiriert hatten. Dieser Versuch einer persönlichen Annäherung an den Dichter weckte das Bedürfnis seiner Anhänger, die Gedichte gleichsam "aus erster Hand" zu lesen. Unter dem Titel *Aus Goethes Archiv* brachte die Goethe-Gesellschaft 1908 schließlich eine Faksimile-Ausgabe der ersten Weimarer Gedichtsammlung in Goethes Handschrift heraus.

Die Vorauswahl der Gedichte erwies sich jedenfalls als absatzfördernd. Die Verleger konnten für nahezu jeden Geschmack Gedichtsammlungen zusammenstellen, wobei die Illustrationen den Tenor der Ausgabe – seien es nun z. B. ausgewählte 'Lieder', 'Liebeslyrik' oder 'Lyrische Gedichte' gewesen – unterstrichen. Ungeklärt blieb innerhalb der Rezeptionsgeschichte bis jetzt die Frage, nach welchen Kriterien diese Ausgaben ediert wurden. Es ist anzunehmen, daß sich die Wirkungsgeschichte der populären Gedichte Goethes in der Kaiserzeit bereits verselbständigt hatte. Immerhin erschien 1895 in der Reihe *Haus- und Herzbücher* ein Band mit dem apodiktischen Titel *Die schönsten Gedichte Goethes und Schillers*. Offensichtlich muß es einen Konsens darüber gegeben haben, welche Gedichte zu den schönsten zählten.

Es wäre zu hoch gegriffen, wollte man den Buchhändlern bzw. Verlegern eine bewußte Manipulation ihrer Leserkreise unterstellen. Ihnen ging es darum, neue Märkte zu erschließen und der Konkurrenz zuvorzukommen, wobei alle erdenklichen Mittel willkommen waren; dennoch wirkten sich ihre Maßnahmen auf die Rezeption der Gedichte aus. Indem nämlich der unvoreingenommene Leser z. B. Gedichte aus dem *Faust* und *Egmont* aus ihrem inhaltlichen Kontext gerissen inmitten mancher 'LIEDER UND BALLADEN' eingestreut fand, mußte zwangsläufig ein anderer Gesamteindruck entstehen. Sofern die Gedichte darüber hinaus illustriert waren, lenkte das Bild den Leser zunächst vom Text ab. Dabei kommt die Hervorhebung einzelner Gedichte durch ein Bild einem zusätzlichen wertenden Eingriff gleich. Die editorischen Maßnahmen der Herausgeber prägten jedenfalls das gesamte Goetheverständnis im ausgehenden 19. Jahrhundert.

Auffallend ist die Tatsache, daß mit zunehmender Buchproduktion stets weniger Rücksicht auf inhaltliche Kriterien genommen wurde. Illustrationen gewannen über ihre werbewirksame und absatzfördernde Funktion hinaus an Bedeutung, dienten sie doch dazu, das Lesepublikum auf die Ausgabe einzustimmen. Namentlich anhand der Zusammenstellung von Texten und Bildern in den illustrierten Ausgaben und Prachtwerken der Gründerzeit läßt sich erkennen, nach welchen Kriterien man die Auswahl der Gedichte vornahm und wie der Inhalt den Erwartungen der jeweiligen Zielgruppe angepaßt wurde.

Kurt Winkler hat in seinem Aufsatz über die Prachtwerke des Historismus[100] die These vertreten, die Verleger jener exklusiv illustrierten Ausgaben hätten nicht nur wirtschaftliche, sondern hauptsächlich ideologische Beweggründe gehegt. Eben weil das Buch zur Massenware verkommen sei, habe ein Bedarf nach ausgesuchten teuren Ausgaben für das gehobene Bürgertum bestanden. Luxusbände für *den* Leserkreis also, der sich nicht unbedingt durch den Bildungsgrad, sondern durch seine soziale Stellung von anderen abhob. Wiewohl Winkler zu weit geht, wenn er den Prachtwerken eine ausdrücklich politische Dimension zuweist, sind die Ausgaben werbepsychologisch durchdacht und nach allen Regeln der Verkaufspsychologie auf die Zielgruppen zugeschnitten. Das Vorwort diente auch hier ausdrücklich dazu, die Käufer in ihrem Selbstverständnis zu bestätigen.

So schmeichelt der Herausgeber einer illustrierten Ausgabe 1897 seinem Publikum, es hielte mit besagtem Band „Goethes Gedichte endlich einmal in würdig vornehmen und kostbaren Gewand“[101] in Händen. Dem folgt eine Huldigung des sozialen Standes seiner Leser:

> Nicht als wenn sie [die Gedichte] dessen bedürften, sie sind für reich und arm geschrieben. Nachdem aber selbst für die Ärmsten in löblicher Weise gesorgt worden ist, weshalb soll nicht auch denen ihr Recht werden, die sich lieber die Früchte in

---

100 Kurt Winkler: „Prachtwerke. Die illustrierten Prunkbücher des Historismus“, in: Timm: Deutsche Buchillustration des 19. Jh., S. 177–186.

101 Dr. Karl Heinemann im Vorwort zu 'Goethes Gedichte. Ausgewählt von Karl Heinemann mit Bildern und Zeichnungen von Frank Kirchbach.' Leipzig, Titze 1897.

> silbernen Schalen darreichen lassen, die das Äußere dem kostbaren Inhalt angepaßt sehen möchten?[102]

Das Pathos des Vorworts läßt sich als verzweifelter Versuch verstehen, der Prachtausgabe den Glanz ihrer ehemaligen Blütezeit zu verleihen, zumal derartige Werke zu jener Zeit in gebildeten Kreisen bereits außer Mode waren. Die Bemerkung, Goethes Gedichte „endlich einmal" in dieser Ausstattung zu präsentieren, ist darüber hinaus irreführend, zumal der besagte Band einer der letzten seiner Sorte war. Seit Mitte der 60er Jahre des 19. Jahrhunderts war eine beachtliche Reihe von illustrierten Goethe-Gedichtausgaben auf den Buchmarkt gekommen.

Der Herausgeber der *Neuen Prachtausgabe*[103] aus dem Jahre 1901 versuchte ebenfalls diesen bereits überholten Ausgabetypus aufzuwerten. Seine Ausführungen im Vorwort gleichen eher einem Werbespot als einer Einführung in Goethes Gedichte:

> Die Verehrer Goethes werden es daher der Verlagshandlung Dank wissen, daß sie diesen Dichterschatz in einer neuen Prachtausgabe, reich illustriert von ersten Künstlern, hat erscheinen lassen.[104]

Dennoch: Prachtausgaben waren verhältnismäßig teuer und der Bedarf nach ihnen bald gesättigt. Bibliophil Interessierte und Leser mit ausgesprochen ästhetischen Ansprüchen hatten im Gegensatz dazu keine große Auswahl an Gedichteditionen. Dieser lange Zeit vernachlässigte Leserkreis spaltete sich schließlich um die Jahrhundertwende von der herkömmlichen Käuferschaft ab, wobei die buchkünstlerischen Neuerungen ihrerseits zur Entstehung dieser neuen Zielgruppe beitrugen. Die Verlage erfüllten nun die Aufgabe eines Forums, das bildenden Künstlern die Auseinandersetzung mit Literatur ermöglichte und das Bedürfnis kunstinteressierter Leser und Bibliophiler nach ästhetisch hochwertigen Büchern befriedigte. Hier stand

---

102 Ebd.

103 Vgl. Kap. 5.4.1.

104 Vorwort zu 'Goethes Werke. Neue Prachtausgabe in 2 Bdn.', Leipzig 1901, Otto Maier Verlag.

der Text zwangsläufig wieder im Mittelpunkt, gab er doch Anlaß zu den diversen künstlerischen Bemühungen, die sich nicht nur in Illustrationen, sondern in der gesamten Buchgestaltung widerspiegelten.

Eva Caspers hat darauf hingewiesen, daß zum Kundenstamm bibliophiler Verlage, wie der Pan-Presse, bald eine Untergruppe von Lesern zählte, die sich „von bibliophilen Publikationen eher unbeschwerte Unterhaltung, Lesevergnügen und 'Augenschmaus' als die Infragestellung gewohnter Weltbilder versprach.[105] Der Verlag ging auf diese Bedürfnisse offensichtlich ein, wie den Prospekttexten der Vorkriegszeit zu entnehmen ist. Hier „fällt die Dominanz von Formulierungen auf, die einen unmittelbaren und unproblematischen Kunstgenuß in Aussicht stellen."[106] Inwieweit dies auch für die Leser illustrierter Goethe-Gedichtausgaben gilt, mag allerdings dahingestellt sein, zumal sich die Bedürfnisse der Leser nach dem Ersten Weltkrieg erneut stark differenzierten.

Während der eine Teil in leichter Unterhaltung die Schrecken des Ersten Weltkriegs und den damit verbundenen geistigen Umbruch zu verdrängen suchte, setzte sich der andere Teil um so intensiver mit anspruchsvollen Werken auseinander. Bezüglich der Goethe-Ausgaben war für beide Leserkreise gesorgt. Man konnte je nach Geschmack Bildbändchen mit den bekannten Illustrationen Ludwig Richters zu heiteren Gedichten Goethes kaufen oder unter dem Titel *Frech und froh* ausgewählte Gedichte mit Scherenschnitten erwerben. Auf der anderen Seite gab es die Balladensammlung mit Radierungen Sepp Franks, der Goethes Gedichte ausdrücklich mit der Tragik des Ersten Weltkrieges in Bezug setzte. Neben buchkünstlerischen Editionen diverser Kleinverlage, kamen im Cassirer Verlag schließlich die *Goethe. Gedichte* Mappen heraus. Da namentlich Paul Cassirer für ein Verlagsprogramm bekannt war, dessen Schwerpunkt in der Herausgabe von Dokumenten „einer aufgeklärt-kosmopolitischen, allen nationalistischen Ressentiments gegenüber radikal kritischen Geisteshaltung" lag,[107] ist nicht anzunehmen, daß das Illustrationsprojekt zu Goethes Gedichten ausschließlich für den „Feinschmecker graphischer Kunst"[108] gedacht war.

105 Caspers: Paul Cassirer und die Pan-Presse, S. 44.

106 Ebd.

107 Ebd.

War die Illustration also zunächst ein Mittel, um überhaupt Käufer zu gewinnen, entwickelte sie sich unter dem gezielten Einsatz der Editoren schließlich zum zielgruppenorientierten Medium. Indem sich die Verleger jedoch ihre eigenen Leserkreise und somit Käuferschichten heranbildeten, trugen sie zur Entstehung jenes Interessentenkreises bei, der, die Kommerzialisierung des illustrierten Buches ablehnend, den Weg zu buchkünstlerischen Goethe-Ausgaben und Malerbüchern erst ebnete. Die Illustration deckte fortan alle Bedürfnisse ab: Einerseits fungierte sie als Verzierung, die das Buch verschönern und verteuerte sollte; andererseits präsentierte sie sich als eigenständiges Kunstwerk und forderte zu einer tiefgehenden geistigen Auseinandersetzung auf.

---

108 Zitat aus dem 11. Verlagsprospekt der Pan-Presse.

4. Die Illustrationen zu J. W. Goethes Lyrik

Goethes Dichtung inspirierte – im Gegensatz zu den Werken seiner Zeitgenossen – Illustratoren sämtlicher Epochen und Kunstrichtungen in besonderem Maße. Diese Wechselwirkung glaubte man meist pauschalisierend mit einem Wesenszug Goethes oder seiner Dichtung erklären zu können. Innerhalb der spärlichen Forschungsbeiträge hierzu, hat man die von Goethe ausgehende Inspirationskraft unterschiedlich gedeutet, wobei hauptsächlich Allgemeinplätze konstatiert wurden, die in ihrer Undifferenziertheit weder Goethes Person noch seinem Werk gerecht werden. Den nachhaltigen Einfluß, den Goethes Dichtung auf bildende Künstler ausübte, glaubte man vorderhand auf rein formale Kriterien zurückführen zu können.

In Anlehnung an die traditionelle Kunstwissenschaft ging die literaturwissenschaftliche Forschung davon aus, daß primär geeignete Sprachstile und bestimmte Gattungen wie die Erzählung, das Epos oder die Ballade, die Entstehung von Illustrationen begünstigen. Ohne inhaltliche Aspekte einer Dichtung gebührend zu bewerten, übernahm man vorschnell die These, daß sowohl eine bildhafte, prägnante Sprache als auch eine abgeschlossene Handlung die ideale formale Vorlage für Illustrationen bieten würde. Die Frage, inwieweit wirkungsgeschichtliche Vorgänge die ständige Auseinandersetzung mit Goethes Werk verursacht haben, blieb in diesem Kontext bisher weitgehend unbeachtet.

Die Literaturwissenschaft hielt überraschenderweise bis heute an der stark simplifizierenden These fest, daß Goethes ausgeprägte Fähigkeit, gegenständlich zu denken und zu schreiben, maßgeblich auf die bildenden Künstler gewirkt habe. Elisabeth Clösges befand diesbezüglich in ihrer Untersuchung:

> Das Wort von Goethes Dichtung entwickelte aus seinen bildhaften Ursprüngen aus Leben und bildender Kunst die Kraft zur Veranschaulichung in der Illustration,[1]

1 Elisabeth Clösges: Die Illustration von Goethes Dichtung in seiner Zeit, Diss. Bonn 1943, S. 399.

um später verallgemeinernd „das Romantische an Goethe“ als einen „der stärksten Auftriebe zur Illustration seiner Werke“[2] zu bestimmen. Indem Clösges abschließend Goethes „naturselige Liedhaftigkeit“[3] für die Entstehung romantischer Gedichtillustrationen verantwortlich macht, wird dem dichterischen Inhalt und Gehalt weitgehend die Relevanz genommen.

Ohne auf die komplexen Zusammenhänge einzugehen, führt der Kunstwissenschaftler Arthur Rümann nicht minder pauschal besagte künstlerische Impulse auf „Goethes Vielseitigkeit“[4] zurück: Sie erweise „sich für die Illustration [als] äußerst fruchtbar“, denn in „seinem Werk vereinigen sich alle Voraussetzungen zu lebhafter Anregung der Künstler“.[5] Etwas differenzierter betrachtet lediglich Petra Maisak den Sachverhalt, indem sie auf den Gehalt von Goethes Dichtung eingeht und daran erinnert, „daß in seinem Werk Aussagen getroffen werden, deren existentielle Gültigkeit sie zeitlos macht.“[6]

All diese Vermutungen sind zutreffend, sprechen jedoch nur Teilaspekte an. Wie in den vorigen Kapiteln aufgezeigt wurde, muß die Illustrationsgeschichte zu Goethes Lyrik im Kontext der erörterten Rahmenbedingungen betrachtet werden. Das heißt, daß z. B. Goethes bildhafte Sprache bzw. Form und Inhalt seiner Gedichte Illustrationen begünstigt, nicht aber verursacht haben. Die an der Entstehung einer Illustration beteiligten Faktoren sind letztlich viel zu zahlreich, als daß man die Illustrationsgeschichte auf einen einzigen Nenner bringen sollte. Die Forschung hat sich jedoch bisher stets bemüht, genau dies zu tun. Unbeachtet blieb dabei auch die Tatsache, daß Goethes Werk auf dem Buchmarkt stets gegenwärtig war. Während das Werk anderer Dichter zeitweise erst wiederentdeckt werden mußte, sofern es nicht völlig in Vergessenheit geraten war, ist Goethes Dichtung bis heute konstant präsent geblieben. Insofern stellte es für Illustratoren stets eine potentielle Vorlage dar.

---

2 Ebd., S. 412.

3 Ebd., S. 421.

4 Arthur Rümann: Das deutsche illustrierte Buch des XVIII. Jahrhunderts, Straßburg 1931, S. 11.

5 Ebd.

6 Petra Maisak: Goethe in der Kunst des 20. Jahrhunderts, Frankfurt a. M. 1982, S. 9.

Die Frage, warum man Goethes Lyrik illustriert hat, darf aus oben genannten Gründen in dieser Einfachheit nicht mehr gestellt werden. Die Antwort darauf ist nur differenziert zu geben. Dafür läßt sich sehr wohl aufzeigen, wann welche Gedichte illustriert wurden. Wie in den vorangegangenen Kapiteln dargestellt wurde, prägte die jeweilige Aufmachung des Buches sowie der Stellenwert, den darin das Bild einnahm, den Rezeptionsprozeß Goethescher Lyrik. Die Illustrationen sind in diesem Rahmen als Indikatoren für bereits existente epochenspezifische Rezeptionstendenzen zu verstehen. Nun gilt es der Frage nachzugehen, welche Abteilungen und Gedichte bevorzugt illustriert wurden, zumal diesbezügliche Präferenzen ihrerseits Zeugnisse der Wirkungsgeschichte sind. Während es also zum einen bedeutsam erscheint, wann bzw. wie oft ein bestimmtes Gedicht illustriert worden ist, läßt sich zum anderen aus der Bevorzugung gewisser Gedichtabteilungen ablesen, 'welchem Goethe' der Publi-kumsgeschmack galt. Diesbezüglich liefert eine Analyse aller jemals illustrierten Gedichte bzw. Gedichtabteilungen aussagekräftige Ergebnisse.

4.1 Illustrierte Gedichtabteilungen

Die Auswahl der zu illustrierenden Abteilungen war ebenso wie die Erscheinungsform der Ausgaben von den oben erörterten äußeren Rahmenbedingungen abhängig, wobei die Verleger maßgeblich die Gedicht-Selektion beeinflußt haben. Der von Goethe geprägte, etwas diffuse Begriff 'Gedichtabteilung' wird im folgenden übernommen, zumal der Dichter sein lyrisches Werk dergestalt eingeteilt hat und dies nicht der Ort ist, die Gattungsdiskussion wieder aufzunehmen.[7] Im übrigen darf davon ausgegangen werden, daß den Lesern des 19. Jahrhunderts die einzelnen Abteilungen geläufiger waren, als dies heute der Fall ist. Sämtliche Goethe-Ausgaben behielten die Einteilung in ihrer ursprünglichen Form bei.

---

7 Der Inhalt der Abteilungen wurde erst in den nach 1945 erschienenen Ausgaben neu zusammengestellt. Je nach dem Konzept des Herausgebers finden sich die Gedichte an verschiedenen Stellen wieder. „Johanna Sebus“ z. B. wird in der Artemis Ausgabe als Kantate geführt, während es in der Hamburger Ausgabe als Ballade bezeichnet wird. „Heidenröslein“ erscheint mal als Lied, dann wieder als Ballade. Namentlich die Abteilung 'Vermischte Gedichte' weist keine einheitliche Stilform auf. Die Frage, was man unter der Abteilung 'Lyrisches' zu verstehen habe, dürfte ebenfalls zu Kontroversen gereizt haben, dementsprechend uneinheitlich wurde sie zusammengestellt.

Im Rahmen der Illustrationsgeschichte fallen zwei Gedichtgruppen auf: jene, die überaus häufig illustriert wurden und andere, die nur selten oder niemals eine Bildbeigabe erhielten. Nun läßt sich die Frage, welche Abteilungen bevorzugt illustriert wurden, nicht erörtern, ohne die komplexe Druckgeschichte der einzelnen Gedichte zu berücksichtigen. Immerhin blieb ca. ein Drittel von Goethes Lyrik seinen Zeitgenossen unbekannt. Goethe selbst verwirrte manchen Leser, indem er bei den von ihm betreuten Neuausgaben Gedichte umgruppierte, andere einschob und Gedichte teilweise erst über 40 Jahre nach ihrer Entstehung veröffentlichte,[8] die verschiedenen Abteilungen aber gleich benannte und somit eine zeitliche Ordnung seines Werkes äußerst erschwerte.[9]

Schon Eckermann, von Goethe zum Herausgeber seines literarischen Nachlasses ernannt, war überfordert. Goethes Vorstellung: „es bleibt jetzt weiter nichts, als daß Sie ... diese einzelnen Sachen dahin stellen, wohin sie gehören",[10] erwies sich als undurch-führbar. Hinzu kam, daß im Laufe des 19. Jahrhunderts einige weitere Gedichte auftauchten, so daß erst nach der Freigabe des Goetheschen Nachlasses die *Weimarer Ausgabe* (1887–1912)[11] sämtliche, darunter einige bis dahin unbekannte Gedichte Goethes veröffentlichen konnte. Den Künstlern bot sich folglich erst ab dann eine komplette Auswahl.

---

8 „Wandrers Sturmlied" entstand z. B. 1772, „Vor Gericht" 1776, „Ein Gleiches" 1780. Alle drei wurden erst 1815 veröffentlicht.

9 Goethe betreute insgesamt fünf Werkausgaben:
1789: 'Schriften' in 8 Bd. bei Göschen
1800: 'Neue Schriften' in 7 Bd. bei Unger
1806: 'Werke' in 13 Bd. bei Cotta
1815: 'Werke' bei Cotta (Neuauflage)
1827: 'Vollständige Ausgabe letzter Hand' in 27 Bd. bei Cotta.
Hier erschienen die Gedichte in den ersten fünf Bänden. Für Bd. 1 und 2 übernahm er die Einteilung von 1815, für Bd. 3 und 4 kamen neue Abteilungen hinzu, denen er die gleiche Bezeichnung gab: 'Kunst', 'Epigrammatisch', 'Parabolisch'.

10 Goethe an Eckermann am 15. Mai 1831. Vgl. Johann Peter Eckermann: Gespräche mit Goethe in den letzten Jahren seines Lebens, MA, Bd. 19, S. 435.

11 Goethes Werke. Hrsg. im Auftrage der Großherzogin Sophie von Sachsen. Weimar, Hermann Böhlau. 1887/1912.

Aus heutiger Sicht läßt sich feststellen, daß Gedichte aller Epochen und Gattungen, von der 'Anakreontik' bis hin zur 'Späten Lyrik' illustriert worden sind, nicht jedoch alle Abteilungen. Nach Goethes Gattungsbegriff wären die Gedichte aus den Abteilungen:

'AN PERSONEN', 'GOTT, GEMÜT UND WELT', 'SPRICHWÖRTLICH', 'LOGE', 'KUNST ABTL. II', 'INSCHRIFTEN, DENK- UND SENDEBLÄTTER', 'RHEIN UND MAIN'

sowie aus dem Nachlaß

'ANTIKER FORM SICH NÄHERND', 'KUNSTGEDICHTE UND GEDICHTE ZU BILDERN', 'LOGE', 'VERMISCHTE GEDICHTE', 'AN PERSONEN', 'ZAHME XENIEN', 'INVECTIVEN' und 'XENIEN'

nicht illustriert worden. Zu den Gedichten 'AN PERSONEN' gab man manchmal Portraits des jeweiligen Adressaten nicht jedoch Illustrationen hinzu.

Der Großteil des gesamten lyrischen Oeuvres Goethes hat bis 1933 keine Umsetzung ins Bild gefunden. Es finden sich zwar zahlreiche Illustrationen, doch die Auswahl beschränkte sich stets auf die gleichen Gedichte. Die spärlichen Illustrationen zu Goethes Alterswerk stehen damit in keinem Verhältnis zu der Vielzahl illustrierter Gedichte aus seinen jüngeren Jahren; die Gedichte aus dem Nachlaß regten bis auf wenige Ausnahmen (vgl. Tab. 3) die Illustratoren offensichtlich ebensowenig zu einer künstlerischen Auseinandersetzung an.

Im folgenden mögen drei Aufstellungen den Sachverhalt verdeutlichen. Zumal es bisher keine Daten zu dem Thema gab, mußte zunächst eine prinzipielle Auszählung aller gefundenen illustrierten Gedichte erfolgen, um ihre Häufigkeit ermitteln zu können.[12] Dabei veranschaulichen die Ergebnisse der Tabellen,

* wie oft die Abteilungen in den diversen Epochen illustriert wurden (Tab. 1)
* wieviele Gedichte einer Abteilung tatsächlich illustriert wurden (Tab. 2)
* wann und wie oft die einzelnen Gedichte illustriert wurden (Tab. 3).

Aus dem Vergleich geht wiederum hervor, auf 'welchem' Goethe der jeweilige Schwerpunkt lag. Da dem breiten Lesepublikum über einen langen Zeitraum hinweg permanent dieselbe Gedichtauswahl vorgelegt wurde, kann man folgern, daß Goethes Lyrik im 19. Jahrhundert äußerst selektiv rezipiert wurde, sofern man sich nicht intensiv mit dem Werk des Dichters befaßte. Demzufolge machte der populäre bzw. illustrierte Teil seiner Lyrik einen vollkommen anderen Rezeptionsprozeß durch als jener, der nur Kennern vorbehalten war. Zumal jedoch die Wirkungsgeschichte des Dichters als Einheit empfunden wird, gilt es, die überlieferten Goethebilder diesbezüglich in Frage zu stellen.

---

12 Für diese Untersuchung wurden aufgrund der angegebenen Bibliographien 152 Gedichtausgaben, Einzeldrucke sowie Gedichtbände gesammelter Werkausgaben gesichtet, die zwischen 1770 und 1932 erschienen sind. 47 davon sind illustriert und wurden abzüglich der Nachdrucke in die Auswertung aufgenommen. Folgende Statistik erhebt zwar nicht den Anspruch auf empirische Genauigkeit, gibt aber dennoch ein repräsentatives Bild wieder, zumal a l l e gefundenen Illustrationen erfaßt wurden.
Problematisch erwies sich die Zeit zwischen 1869 und 1914/18. Zum einen sind viele Bücher verschollen, zum anderen dürfte es noch weitere Illustrationen in hier nicht untersuchten Prachtausgaben gegeben haben. Sofern eine Auswertung derselben möglich gewesen wäre, hätte sie m. E. das Ergebnis jedoch nicht wesentlich verändert.
Für weitere Forschungsarbeiten auf diesem Gebiet sind grundsätzliche Auswertungen unumgänglich. Die hier aufgeführten Auszählungsergebnisse in den vorliegenden Tabellen verstehen sich folglich als jederzeit erweiterungsfähige Basisdaten.

Tabelle 1: Häufigkeit illustrierter Gedichtabteilungen in den einzelnen Epochen

Abteilungen	**1800-1832**	**1832-1871**	**1871-1918**	**1918-1933**	**Gesamt**
Lieder	2	3	8	4	17
Gesellige Lieder	1	1	6	1	9
Balladen	6	5	10	6	27
Römische Elegien		2	5	3	10
Elegien	1	1	3		5
Episteln			1		1
Epigramme Venedig			5	2	7
Weissagungen des Bakis			1		1
Vier Jahreszeiten			3		3
Sonette			4	1	5
Kantaten			3		3
Vermischte Gedichte	2		7	2	11
Antiker Form sich nähernd	2		2		4
Kunst	1	1	6	2	10
Parabolisch	1	1			2
Epigrammatisch			5		5
Lyrisches	1	1	4	2	8
Gott und Welt			1		1
Aus dem Nachlass					
Vermischte Gedichte			2	1	3
Parabolisch und Epigrammatisch			1		1
Das Tagebuch 1810				2	2

Betrachtet man die Häufigkeit, mit welcher bestimmte Abteilungen in den verschiedenen Epochen illustriert wurden, so sind Goethes 'LIEDER' einschließlich der 'GESELLIGEN LIEDER' und 'BALLADEN' überrepräsentiert, gefolgt von den Abteilungen 'VERMISCHTE GEDICHTE' und 'KUNST' (vgl. Tab 1). Vor allem die ersteren Abteilungen beinhalten Gedichte, die rasche Verbreitung und eine hohe Popularität erlangten. Manche Stoffe entsprachen dabei ohnehin der Volksdichtung. Bereits Beliebtes zu illustrieren wird deshalb auch unter buchhändlerischen Gesichtspunkten naheliegender gewesen sein, als unbekannte Gedichte als Vorlage zu wählen, zumal man mit einer hohen Nachfrage rechnete.

Während das schwungvolle Element der 'LIEDER' dem Publikumsgeschmack am meisten entgegenkam, zeichnen sich die 'BALLADEN' durch starke szenische Momente, Dramatik und eine in sich abgeschlossene Handlung aus, welche eine Umsetzung ins Bild begünstigen. Hier scheinen die Kriterien für eine Illustrierung mehr in der inhaltlichen Aussage der Gedichte als in ihrem geistigen Gehalt zu suchen zu sein. Bis 1933 läßt sich eine kontinuierliche Illustrierung dieser Gedichtabteilungen nachweisen. Bis zum Aufkommen der Prachtausgaben widmeten sich die Illustratoren jedenfalls fast ausschließlich diesen beiden Abteilungen.

Lediglich Johann Heinrich Ramberg wagte sich noch zu Goethes Lebzeiten an weniger bildhafte Abteilungen, nämlich 'ANTIKER FORM SICH NÄHERND', 'KUNST' und 'PARABOLISCH'. Die ersten beiden illustrierte er nicht szenisch, sondern allegorisch. Dies veranlaßte Kritiker, ihn als im 18. Jahrhundert verhaftet zu sehen.[13] Unbeachtet blieb bisher, daß bis 1869 kein weiterer Illustrator Gedichte aus diesem Themenkreis als Vorlage gewählt hat. Vergleicht man die Motivwahl seiner Nachfolger bis hin zu den Prachtausgaben, war Ramberg mit seinem Anspruch, abstrakte Inhalte ebenso umzusetzen wie konkrete, seiner Zeit allenfalls voraus.

Offensichtliche Gründe für die Vernachlässigung der oben genannten und der restlichen Abteilungen sind nicht zu finden. Sie lassen sich lediglich in der mangelnden Bildhaftigkeit der Gedichte und nicht zuletzt in ihrer nahezu fehlenden Popularität vermuten. Darüber hinaus standen ohnehin andere Dichtungen Goethes weitaus mehr im öffentlichen Interesse, ein Faktum, das letztlich ebenso zur Entstehung einer Illustration beitrug.

Beachtung verdienen ferner wirtschaftliche Gesichtspunkte: Sofern eine Goetheausgabe mit Bildbeigaben in der Form eines Titelkupfers oder diverser Stahlstiche herausgegeben werden sollte, behalf man sich mit der Reproduktion von bereits vorhandenen Illustrationen. Dies führte zwangsläufig dazu, daß der illustrierte Gedichtkreis nicht

---

13 Ramberg findet sich in der kunstwissenschaftlichen Forschung durchgehend unter den Illustratoren des 18. Jh., wiewohl er bis 1840 tätig war. Auch die Sekundärliteratur zu Goethes Illustrationen hat ihn bisher weitgehend ignoriert.

erweitert wurde. So greift der Cotta-Verlag 34 Jahre lang auf die Gedichtillustrationen Kaulbachs zurück, die für die 40bändige Ausgabe von *Goethes sämmtlichen Werken* erstmals 1840 erschienen sind. Lediglich einmal, 1860, wird die Illustrationspalette um ein Bild erweitert, dem „*Rattenfänger*" von Adolf Schroeter, einer Illustration, die ihrerseits auch mehrere Wiederaufnahmen in anderen Ausgaben erlebte.[14] Neureuthers Hefte werden als zusammengefaßte Gesamtausgabe 1855 bei Cotta ebenfalls neu aufgelegt.

Das Spektrum erweitert sich erst ab 1869 mit den Vorläufern der Prachtausgaben, die schließlich von 1882 bis 1910 den Markt beherrschen. Erstmals werden noch niemals vorher illustrierte Gedichte bebildert. Der Grund dafür liegt weniger im Bestreben, Goethes Gedichten auf diesem Sektor der bildenden Kunst gerecht zu werden bzw. bis dahin Versäumtes nachzuholen, als vielmehr in dem Anspruch der Ausgaben, auf jeder Seite möglichst viele Bilder zu plazieren. Letzteres führte zwangsläufig zu einer Erweiterung der Bandbreite illustrierter Gedichte. Illustriert werden demzufolge Gedichte aus den Abteilungen 'EPISTELN', 'EPIGRAMME', 'WEISSAGUNGEN DES BAKIS', 'SONETTE', 'CANTATEN', 'VERMISCHTE GEDICHTE', 'EPIGRAMMATISCH', 'LYRISCHES', 'GOTT UND WELT', 'GEDICHTE AUS DEM NACHLAß' sowie weitere aus der Abteilung 'KUNST'.

Nachdem die Prachtausgaben zumindest thematisch große Lücken gefüllt hatten, war bis auf die Abteilung 'CHINESISCH-DEUTSCHE JAHRES- UND TAGESZEITEN' das uns bekannte Illustrationsspektrum von Goethes Lyrik bereits um 1900 gedeckt, ohne fortan wesentlich erweitert zu werden.

Der Umstand, daß sich nach 1918 nur Hans Meid im Rahmen der Cassirer-Ausgabe an bisher Unbearbeitetes wagte, nämlich an Gedichte eben jener 'CHINESISCH-DEUTSCHEN JAHRES- UND TAGESZEITEN', die anderen Buchkünstler hingegen vorwiegend Goethes 'LIEDER' und 'BALLADEN' als Vorlage wählten, verweist schließlich auf die Prädestination dieser Gedichte, eine Umsetzung ins Bild zu finden. Bei den Malerbüchern zeigt sich, daß jeder Künstler diejenigen Gedichte auswählte, die ihm persönlich am meisten zusagten. Erstaunlicherweise griffen die modernen Künstler dabei auf den

---

14 Erstdruck in: Goethes sämmtliche Werke in 6 Bdn., Stuttgart, Cotta 1860, Bd. 1.

„traditionellen" Goethe zurück. Sogesehen stand weniger die Illustrierung von Goethes Lyrik im Mittelpunkt, als die Möglichkeit, anhand dieser das eigene Kunstverständnis auszudrücken.

Untersucht man wiederum die Häufigkeit, mit der einzelne Gedichte innerhalb der verschiedenen Abteilungen illustriert wurden, so ergibt sich ein überraschendes Bild. Angesichts der Fülle von Illustrationen beispielsweise zu den 'LIEDERN', könnte der Eindruck entstehen, daß jeweils *alle* Gedichte der bevorzugten Abteilungen illustriert worden seien. Tatsächlich war der jeweilige Anteil jedoch nur begrenzt hoch. Eine Auszählung aller illustrierten Gedichte ergab folgendes Ergebnis (vgl. Tab. 2):

Tabelle 2: Häufigkeit der illustrierten Gedichte pro Abteilung

Abteilung	**Gedichte insgesamt**	**Davon illustriert**	**Anteil**
Balladen	27	27	100%
Römische Elegien	20	20	100%
Kunst	12	8	65%
Lieder	105	59	56%
Vermischte Gedichte	30	13	45%
Sonette	17	5	30%
Lyrisches	30	9	30%
Antiker Form sich nähernd	25	4	16%

Bei dieser Bevorzugung mancher Abteilungen, zeigt sich, daß der Leser letztlich nur mit einem Bruchteil aller Gedichte einer Abteilung optisch konfrontiert wurde, z.B. nur mit 16% aller Gedichte aus der Abteilung 'ANTIKER FORM SICH NÄHERND' oder nur mit ca. 55% der 'LIEDER'. Zumal jedoch vorwiegend die illustrierten Gedichte den Rezeptionsprozeß geprägt haben, stellt sich die Frage, inwieweit man vor allem in den reich ausgestatteten Ausgaben des ausgehenden 19. Jahrhunderts die restlichen nicht-illustrierten Gedichte bewußt rezipierte, sofern sie überhaupt abgedruckt waren. Es ist jedenfalls nicht anzunehmen, daß sich die nicht-illustrierten Gedichte dem Leser in diesem Kontext ebenso eingeprägt haben wie jene, denen schon durch die Bildbeigabe eine höhere Aufmerksamkeit zuteil wurde.

4.2 Die illustrierten Gedichte

Die Herausgeber und Illustratoren von Goethes Lyrik bevorzugten in ihren Editionen nicht nur bestimmte Gedicht-Abteilungen, sondern hegten auch eine ausgeprägte Vorliebe für gewisse Gedichte. Wie die Auszählung aller innerhalb dieser Untersuchung gefundenen Illustrationen darlegt (vgl. Tab. 3), nahmen einige Gedichte eindeutige Sonderstellungen ein. Hierzu gehören die meisten 'LIEDER' und 'BALLADEN'. Vor allem mit letzteren hat sich jede Epoche intensiv auseinandergesetzt, wiewohl sich auch hier thematische Vorlieben festmachen lassen. Während allerdings die vielen Illustrationen zu den Balladen *„Erlkönig"*, *„Der Fischer"*, *„Der Rattenfänger"* oder *„Der getreue Eckart"* noch nachvollziehbar erscheinen, da ihre märchenhafte Handlung zu einer bildlichen Darstellung angeregt haben mag, erstaunt es doch, daß sich beispielsweise die Ballade *„Der Gott und die Bajadere"* mit ihrem weitaus weniger volkstümlichen Inhalt ebenso großer Beliebtheit erfreute. Die Ballade *„Das Veilchen"* wurde im Gegensatz dazu nur ein einziges Mal illustriert.

Es gehört überhaupt zu den Phänomenen innerhalb der Goetheschen Lyrikillustration, daß manche Gedichte überaus häufig illustriert und andere vollkommen vernachlässigt wurden, obwohl ihnen dieselben Eigenschaften wie z. B. ausgeprägte Bildhaftigkeit, spannende Handlung und Popularität zugrunde lagen. Die letztlichen Gründe dafür müßten bei den jeweiligen Illustratoren und Verlegern gesucht werden, zumal anzunehmen ist, daß das Lesepublikum hierauf wenig Einfluß hatte.

Bei den 'LIEDERN' präsentiert sich das Bild ein wenig anders. Offensichtlich überwanden erst die Illustratoren der Prachtausgaben ihre Berührungsängste vor den Gedichten aus dieser Abteilung, denn bis dahin konzentrierte man sich vorwiegend auf das *„Heidenröslein"*, *„Die Bekehrte"*, *„Mailied"* und *„Schäfers Klagelied"*, während z. B. außerordentlich bekannte Gedichte wie *„An den Mond"* oder aber die romantisch beschaulichen Liebeslieder erst nach 1871 illustriert wurden. Johann Heinrich Ramberg hatte 1821 *„Wer kauft Liebesgötter"* gewählt, Wilhelm Kaulbach sollte das Motiv 1840 zum letzten Mal übernehmen. Auch *„Jägers Abendlied"* wurde im 19. Jahrhundert ganze zweimal *„Auf dem See"* sogar nur einmal illustriert. *„Am Flusse"* fand schließlich erst 1925 in Hans Meid einen interessierten Illustrator.

Ausgaben (siehe chronologisches Werkverzeichnis)

Tabelle 3: Illustrierte Gedichte 1800–1933

Gedichte	Ausgaben 18..													
	00	01	21	22	23	27	29	30	32	39	40	44	56	60
Lieder														
Stirbt der Fuchs...													■	
Heidenröslein							■				■		■	
Blinde Kuh											■			
Die Spröde													■	
Die Bekehrte				■									■	
Rettung										■				
Der Musensohn														
Gefunden														
Gleich und gleich														
Wechsellied zum Tanze														
Kriegserklärung														
Der Goldschmiedsgesell								■						
Wer kauft Liebesgötter?			■								■			
Die schöne Nacht														
Brautnacht														
Unschuld														
Novemberlied														
An die Erwählte														
Nähe des Geliebten														
Am Flusse														
Meeres Stille														
Glückliche Fahrt														
Willkommen und Abschied														
Neue Liebe, neues Leben														
An Belinden														
Mailied ("Wie herrlich")							■						■	
Mit einem gemalten Band														
Mit einem gold. Halskettchen														
Auf dem See													■	

Ausgaben 18..							Ausgaben 19..												
69	69_a	70	82	83	91	97	00	01	03	09	10	19	20	22	23	24	25	26	27
			■																
			■	■		■		■	■	■								■	
																		■	
			■			■												■	
			■			■												■	
					■	■											■		
					■	■													
			■	■							■						■		
			■					■											
	■			■															
			■																
			■	■															
			■														■		
			■															■	
					■														
			■																
					■	■					■							■	
			■															■	
																	■		
			■					■			■								
			■																
			■														■		
						■													
						■											■		
			■			■													
						■													
			■																

Tabelle 3: Illustrierte Gedichte 1800–1933

Gedichte	Ausgaben 18..													
	00	01	21	22	23	27	29	30	32	39	40	44	56	60
Vom Berge														
Blumengruß														
Mailied ("Zw. Weizen...")														
Frühzeitiger Frühling														
Herbstgefühl														
Rastlose Liebe														
Schäfers Klagelied							■						■	
Nachtgesang														
Sehnsucht														
Bergschloß										■				
Geistesgruß														
Wonne der Wehmut														
Wandrers Nachtlied														
Ein gleiches														
Jägers Abendlied													■	
An den Mond														
An Lina														
Gesellige Lieder														
Zum neuen Jahr														
Frühlingsorakel													■	
Die glücklichen Gatten														
Tischlied														
Vanitas!								■						
Kriegsglück														
Ergo bibamus!														
Epiphaniasfest														
Schweizerlied														
Zigeunerlied														

Ausgaben 18..							Ausgaben 19..												
69	69_a	70	82	83	91	97	00	01	03	09	10	19	20	22	23	24	25	26	27
						■													
			■	■	■														
	■																		
			■						■										
			■																
																■			
			■	■		■		■			■					■			
						■													
			■						■								■		
■			■	■		■													
						■										■			
						■													
						■												■	
						■												■	
						■													
			■			■			■	■	■					■			
			■				■											■	
			■																
				■															
			■	■															
			■					■											
			■								■								
			■	■															
			■	■															
	■		■																
			■	■							■							■	
			■			■		■											

Tabelle 3: Illustrierte Gedichte 1800–1933

Gedichte	Ausgaben 18..													
	00	01	21	22	23	27	29	30	32	39	40	44	56	60
Balladen														
Mignon							■							
Der Sänger							■							
Das Veilchen														
Der untreue Knabe							■							
Erlkönig			■			■	■							
Der Fischer			■				■				■	■		
Der König in Thule							■							
Das Blümlein Wunderschön							■							
Ritter Kurts Brautfahrt			■										■	
Hochzeitlied					■		■						■	
Der Schatzgräber				■				■					■	
Der Rattenfänger					■								■	■
Die Spinnerin			■					■					■	
Vor Gericht				■			■							
Der Edelknabe u. d. Müllerin													■	
Junggesell u. d. Mühlbach							■						■	
Der Müllerin Verrat				■									■	
Der Müllerin Reue				■		■							■	
Wandrer und Pächterin			■											
Wirkung in die Ferne							■							
Die wandelnde Glocke							■						■	
Der getreue Eckart							■						■	
Der Totentanz							■							
Der Zauberlehrling								■						
Die Braut von Korinth	■	■		■					■		■			
Der Gott und die Bajadere				■			■						■	
Elegien														
Römische Elegien														
I- XX														
IV														

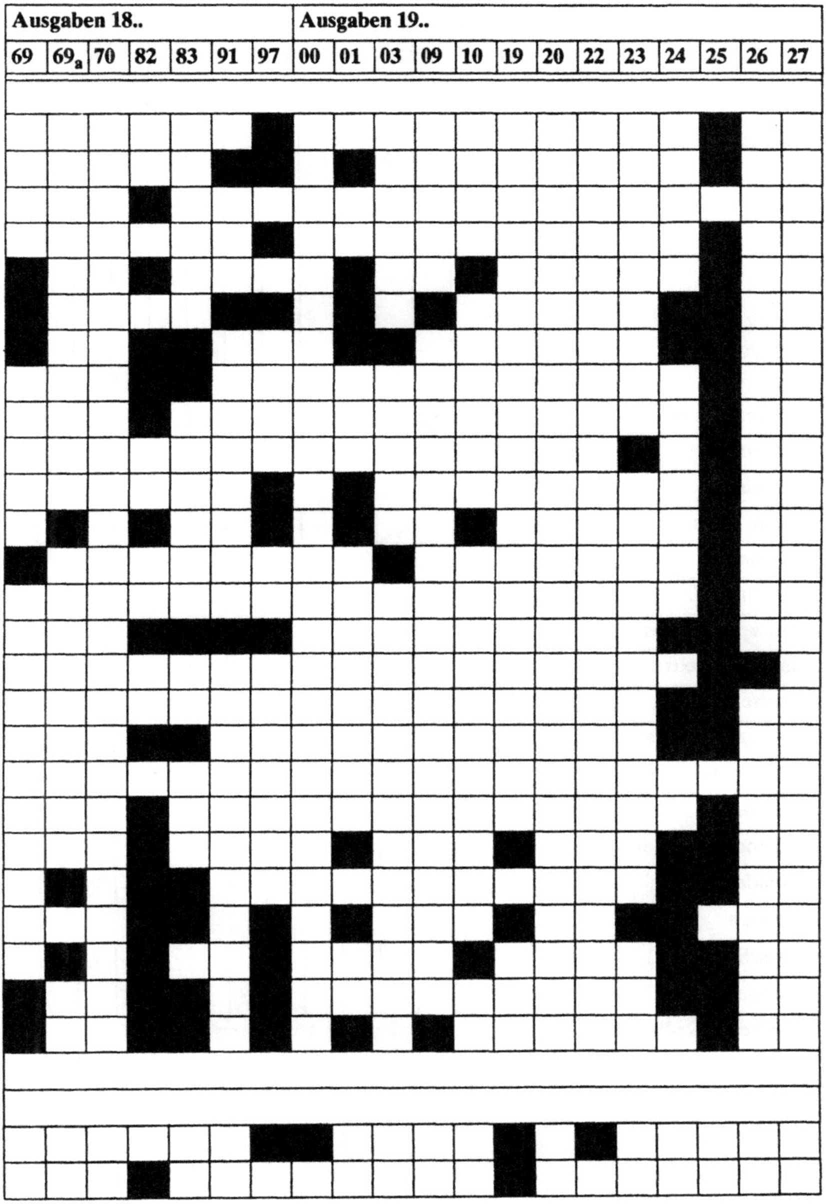
Ausgaben 18..
Ausgaben 19..
69
69a
70
82
83
91
97
00
01
03
09
10
19
20
22
23
24
25
26
27

Tabelle 3: Illustrierte Gedichte 1800–1933

Gedichte	**Ausgaben 18..**													
	00	**01**	**21**	**22**	**23**	**27**	**29**	**30**	**32**	**39**	**40**	**44**	**56**	**60**
V											■			
VIII														
IX														
XII														
XIV														
XV														
XVI														
XIX														
XX														
Der neue Pausias...			■											
Euphrosyne														
Episteln														
Zweite Epistel														
Epigramme														
Venedig 1790														
Weissagungen des Bakis														
Vier Jahreszeiten														
Sonette														
Mächtiges Überraschen														
Freundliches Begegnen														
Abschied														
Sie kann nicht enden														
Charade														
Kantaten														
Deutscher Parnaß														
Johanna Sebus														
Vermischte Gedichte														
Klagegesang...														
Gesang der Geister...														
Harzreise im Winter														
Wandrers Sturmlied														

Ausgaben 18..							Ausgaben 19..												
69	**69a**	**70**	**82**	**83**	**91**	**97**	**00**	**01**	**03**	**09**	**10**	**19**	**20**	**22**	**23**	**24**	**25**	**26**	**27**
■							■												
												■		■					
			■																
							■												
							■							■					
				■															
			■	■			■												
							■							■					
							■												
■				■															
			■	■							■								
			■																
	■		■	■		■		■				■							■
			■																
			■			■		■											
			■																
				■														■	
			■			■													
	■																		
			■																
			■								■								
			■					■											
			■			■											■		
			■			■		■											
		■	■			■										■			
		■	■																

Tabelle 3: Illustrierte Gedichte 1800–1933

Gedichte	**Ausgaben 18..**													
	00	**01**	**21**	**22**	**23**	**27**	**29**	**30**	**32**	**39**	**40**	**44**	**56**	**60**
Seefahrt														
Adler und Taube								■						
Prometheus														
Ganymed														
Grenzen der Menschheit														
Lili's Park			■											
Der Besuch														
Der Becher														
Antiker Form sich nähernd														
Zeitmaß														
Philomele					■	■								
Der neue Amor					■	■								
Sakontala														
Kunst														
Die Nektartropfen					■									
Der Wandrer														
Künstlers Morgenlied														
Amor als Landschaftsmaler														
Künstlers Abendlied														
Kenner und Künstler														
Kenner und Enthusiast														
Groß ist die Diana...														
Parabolisch														
Legende											■			
Rezensent					■									
Dilettant und Kritiker					■									
Epigrammatisch														
Diné zu Koblenz														
Jahrmarkt zu Hünfeld														
Frech und froh														
Lebensregel														

Ausgaben 18..							Ausgaben 19..												
69	69_a	70	82	83	91	97	00	01	03	09	10	19	20	22	23	24	25	26	27
						■													
						■		■											
			■			■		■			■					■			
						■													
			■													■			
	■		■	■		■													
			■	■															
			■			■					■								
											■								
			■																
			■					■											
■	■		■	■		■			■										
						■													
			■	■		■					■								
			■			■													
																■			
			■																
			■																
	■		■																
	■					■													
			■																
			■																
			■																

Tabelle 3: Illustrierte Gedichte 1800–1933

Gedichte	Ausgaben 18..													
	00	**01**	**21**	**22**	**23**	**27**	**29**	**30**	**32**	**39**	**40**	**44**	**56**	**60**
Lyrisches														
Ballade						■								
Paria														
Lust und Qual														
März														
April														
Mai														
Juni														
St. Nepomuks Vorabend														
Gott und Welt														
Proemion														
Weltseele														
Die Metamorphose...														
Was es gilt														
Die Weisen und die Leute														
Epigrammatisch														
Nett und niedlich														
Der Narr epilogiert														
Parabolisch														
Zu der Apfelverkäuferin													■	
Aus dem Nachlass:														
Vermischte Gedichte														
Wahrer Genuß														
Sehnsucht														
Dem aufgehend. Vollmonde														
Chin.-dt. Jahres-u. Tagesz.														
Parabolisch														
Der Misanthrop														
An Personen														
Pilgers Morgenlied. An Lila														
Das Tagebuch 1810														

Ausgaben 18..							**Ausgaben 19..**												
69	**69_a**	**70**	**82**	**83**	**91**	**97**	**00**	**01**	**03**	**09**	**10**	**19**	**20**	**22**	**23**	**24**	**25**	**26**	**27**
■			■					■											
																■	■		
						■											■		
			■																
			■																
			■																
	■		■																
			■																
			■																
			■																
			■																
			■																
			■																
			■																
			■						■										
			■																
									■										
			■														■		
																	■		
			■																
			■	■		■					■								
												■	■						

Die 'GESELLIGEN LIEDER' wurden im Schnitt ebenfalls nur je zweimal als Vorlage gewählt. Ähnlich erging es dem Gedicht *„Wandrers Sturmlied"* aus der Abt. 'VERMISCHTE GEDICHTE', das im Laufe der Epochen ganze zweimal illustriert wurde, bzw. den wenigen Sonetten, für die sich die bildenden Künstler auch nur selten interessierten.

Der illustrierte Gedichtkreis blieb bis in die 70er, 80er Jahre des 19. Jahrhunderts äußerst beschränkt, wobei vor allem die 1882 erschienene Ausgabe *Goethes Werke. Illustriert von den ersten deutschen Künstlern* viel aufholte. Während bis 1882 aus den Abteilungen 'ANTIKER FORM SICH NÄHERND' und 'KUNST' nur jeweils zwei Gedichte gewählt wurden, *„Philomele"* und *„Der neue Amor"* bzw. mehrmals *„Der Wanderer"* und *„Die Nectartropfen"*, waren zum Vergleich im selben Zeitraum *„Die Braut von Corinth"* bereits achtmal, *„Der Fischer"* siebenmal, *„Erlkönig"* sechsmal und *„Heidenröslein"* fünfmal illustriert worden.

Angesichts der Auswertung scheint mir ein weiterer Sachverhalt auffallend: Sofern ganze Gedichtabteilungen nicht vollkommen unbeachtet blieben, gingen die Illustratoren sehr selektiv vor. Beispielsweise bei den 'RÖMISCHEN ELEGIEN'. Die *„V. Elegie"* dieser Gedichtreihe fand erstmals 1840 durch Wilhelm Kaulbach ihre Umsetzung ins Bild. Spätere Illustratoren haben sich offensichtlich an seiner Wahl orientiert: Sofern eine Elegie illustriert wurde, war es die fünfte. Warum man sich gerade auf dieses Gedicht konzentrierte, ist heute nicht mehr nachzuvollziehen. Erst innerhalb der Prachtausgaben versuchten sich die Illustratoren an weiteren „RÖMISCHEN ELEGIEN" und dies äußerst zögerlich. Oftmals stellte man volkstümliche Szenen aus dem römischen Alltag dar, bzw. die zum Teil stilisierte Figur Goethes mit seiner Geliebten. Komplett wurde der Zyklus schließlich 1929 von Yngve Berg illustriert.[15]

Die Prachtausgaben waren es im übrigen auch, die erstmals Illustrationen zu den 'VENEZIANISCHEN EPIGRAMMEN' lieferten, wobei man nur einzelne Epigramme bebilderte. Meistens handelt es sich hierbei um Darstellungen Venedigs bzw. Goethes in einer Gondel fahrend. Intensiver beschäftigten sich Künstler erst nach 1918 mit

---

15 Besagte Ausgabe erschien 1929 in schwedischer Sprache. 1938 folgte die deutsche Fassung. Vgl. J. W. Goethe: Römische Elegien. Mit Zeichnungen von Yngve Berg, Frankfurt a. M. 1938, 400 Exempl.

diesem Werk. Allerdings wurden nie sämtliche Epigramme illustriert, sondern nur wenige ausgewählte.

Eine weitere Ausnahmestellung hat schließlich *„Das Tagebuch 1810“* inne. Der Erstdruck dieses zu Lebzeiten Goethes nie veröffentlichten Gedichts ist im Jahre 1869 in Form eines Privatdrucks zu datieren; offiziell erschien es zum ersten Mal innerhalb der Weimarer Ausgabe. Obwohl bis 1918 mehrere Sonderdrucke herausgegeben wurden, findet sich bis dahin keine Illustration. Rudolf Grossmann lieferte schließlich 1919 im Rahmen einer buchkünstlerischen Ausgabe 37 Steinzeichnungen dazu.[16]

Wie der Aufstellung zu entnehmen ist, setzten sich die Illustratoren nicht primär mit dem tiefgründigen Goethe auseinander, sondern mit dem vermeintlich volksnäheren Dichter. Zumindest bis zum 20. Jahrhundert trat der Gehalt der Lyrik als Illustrationskriterium eher in den Hintergrund. Es bleibt zu vermuten, daß diese Wahl zum Teil weniger auf Goethe selbst ausgerichtet war, denn auf die einzelnen Gattungsformen, von denen sich einige eher zur Illustrierung anbieten als andere. In dem Maße, in dem die Selektion jedoch zugunsten eines vermeintlich unkomplizierten Goethes ausfiel und die Gedichte durch die Illustrationen einschlägig interpretiert und rezipiert wurden, erfolgte namentlich im 19. Jahrhundert eine Schwerpunktsetzung, die den Gehalt von Goethes Dichtung weitgehend abwertete. Erst im 20. Jahrhundert wurden an die Leser wieder höhere geistige Ansprüche gestellt.

4.3 Mehrfachillustrationen

Angesichts der Fülle Goethescher Gedichte, die sich den Illustratoren zur Auswahl bot, ist die Tendenz der Künstler, bereits illustrierte Gedichte erneut zu bearbeiten, besonders auffallend. Dies mag für die in Auftragsarbeit entstandenen Illustrationen verständlich sein, waren doch auch buchhändlerische Aspekte maßgeblich. Verwunderlich wirkt es jedoch bei den Mitarbeitern von buchkünstlerischen Ausgaben, namentlich jener Paul Cassirers, die ohne Einflußnahme

16 Vgl. Das Tagebuch von Goethe 1810. Hrsg. von Martin Richter und Curt Moreck. Mit Steinzeichnungen von Rudolf Großmann, München 1919, Phantasus Verlag, 220 Exempl.

seitens des Verlegers ihre zu illustrierenden Gedichte frei auswählen konnten.

Es drängt sich die Vermutung auf, daß das Bedürfnis der Künstler, die eigene Sicht eines bereits abgehandelten Themas darzustellen, größer war als die Herausforderung, sich in noch unbearbeitete Gefilde zu wagen.[17] Bemerkenswert ist ferner, daß nicht nur oft dieselben Gedichte als Vorlage gewählt wurden, sondern innerhalb jener auch identische Motive. Besonders bei den Balladen griffen die Illustratoren stets den dramatischen Höhepunkt heraus, was dem Lessingschen Leitsatz zufolge, der bildende Künstler habe „den rechten Moment“[18] zu erfassen, zunächst legitim erscheinen mag. Dennoch hätten sich auch andere Szenen umsetzen lassen, ohne dabei auf das Spannungselement verzichten zu müssen. Dies beweisen letztlich jene Zyklen, bei denen zu einem Gedicht mehrere Blätter geliefert wurden.

Manche Gedichte scheinen eine ganz besondere Anziehungskraft auf die bildenden Künstler ausgeübt zu haben. Innerhalb des untersuchten Zeitraums finden sich jeweils über fünf Mehrfachillustrationen zu folgenden Gedichten aus den Abteilungen

'LIEDER': *„Heidenröslein“*, *„Die Bekehrte“*, *„Schäfers Klagelied“* und *„An den Mond“;*

'BALLADEN': *„Erlkönig“*, *„Der Fischer“*, *„Der König in Thule“*, *„Hochzeitlied“*, *„Der Rattenfänger“*, *„Die wandelnde Glocke“*, *„Der getreue Eckart“*, *„Die Spinnerin“*, *„Die Braut von Korinth“*, *„Der Totentanz“*, *„Der Zauberlehrling“*, *„Der Gott und die Bajadere“* und zum *„Müllerinnen Zyklus“*.

Aus der Abteilung 'KUNST' wählte man mit Vorliebe *„Der Wandrer“*.

Die restlichen Gedichte dieser bzw. anderer Abteilungen wurden bisweilen auch öfters illustriert, nicht jedoch so häufig.

---

17 Eine genaue Motivanalyse der einzelnen Illustratoren wäre in diesem Zusammenhang wünschenswert, existiert im Rahmen der kunstwissenschaftlichen Forschungsliteratur jedoch nur in begrenztem Maße für wenige Maler.

18 Vgl. die Ausführungen hierzu in Kap. 2.4. und Goethes Aufruf an die Künstler in den Weimarer Preisaufgaben Propyläen 2, Tübingen 1798.

Im folgenden mögen aus oben genannter Reihe drei Gedichte und ihre dazugehörigen Illustrationen bezüglich des Verhältnisses von Wort und Bild untersucht werden.[19] An dieser Stelle sei noch einmal an die Thesen Wilhelm Höcks erinnert,[20] die in dem anschließenden Vergleich als Meßkriterium dienen. Des weiteren soll anhand der Beispiele ersichtlich werden, welche Interpretationsakzente die Illustratoren gesetzt haben und inwieweit sie jeweils Goethes Text gerecht wurden. Zumal die Künstler überwiegend die gleichen Motive gewählt haben, wird darüber hinaus deutlich, bis zu welchem Grad der Ausdruck der Illustrationen von technischen, stilistischen und sonstigen Rahmenbedingungen abhängig war. Wie stark eine Illustration das Leseerlebnis letztlich prägt, hängt freilich auch von den Erwartungen, dem Geschmack und der persönlichen Disposition des Rezipienten ab. Dennoch lassen sich anhand der Mehrfachillustrationen vor allem die oben erörterten Faktoren ablesen, die den Wahrnehmungsprozeß unterschwellig manipuliert haben. Wie auch immer ein Rezipient einer Illustration gegenüber eingestellt gewesen sein mag – das Bild transportierte weit mehr Inhalte als die bloße Darstellung einer Szene vermuten läßt. Mit welcher Vielfalt sich diese Palette präsentiert, sei im folgenden dargestellt.

---

19 Um auf unnötige Anmerkungen zu verzichten: Die illustrierten Ausgaben entsprechen den in Kapitel 5. ff. besprochenen. Zur genauen Titelangabe vgl. Bibliographie.

20 Vgl. Kap. 2.4.

„Heidenröslein“

Abb. 1: Eugen Napoleon Neureuther, 1829

Abb. 2: Wilhelm Kaulbach, 1840

Abb. 3: Ludwig Richter, 1856

Abb. 4: K. Kögler, 1882

— 10 —

Knabe sprach: ich breche dich,
Röslein auf der Heiden!
Röslein sprach: ich steche dich,
Daß du ewig denkst an mich,
Und ich will's nicht leiden.
Röslein, Röslein, Röslein roth,
Röslein auf der Heiden.

Und der wilde Knabe brach
's Röslein auf der Heiden;
Röslein wehrte sich und stach,
Half ihr doch kein Weh und Ach,
Mußt' es eben leiden.
Röslein, Röslein, Röslein roth,
Röslein auf der Heiden.

Abb. 5: A. Zick, 1883

Abb. 6: Frank Kirchbach, 1897

Abb. 7: Hugo Flintzer, 1903

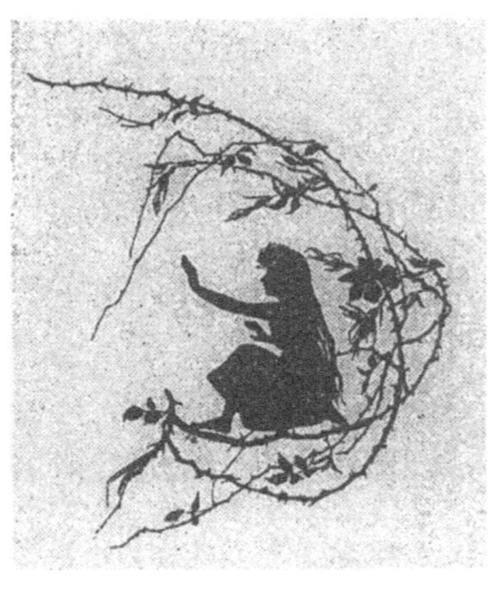

Abb. 8: Johanna Beckmann, 1909

Abb. 9: Karl Walser, 1926

4.3.1 *Heidenröslein*

Sah ein Knab' ein Röslein stehn,
Röslein auf der Heiden,
War so jung und morgenschön,
Lief er schnell es nah zu sehn,
Sah's mit vielen Freuden.
Röslein, Röslein, Röslein rot,
Röslein auf der Heiden.

Knabe sprach: ich breche dich,
Röslein auf der Heiden!
Röslein sprach: ich steche dich,
Daß du ewig denkst an mich,
Und ich will's nicht leiden.
Röslein, Röslein, Röslein rot,
Röslein auf der Heiden.

Und der wilde Knabe brach
's Röslein auf der Heiden;
Röslein wehrte sich und stach,
Half ihr doch kein Weh und Ach,
Mußt es eben leiden.
Röslein, Röslein, Röslein rot,
Röslein auf der Heiden.

(FA, 1.1./278)

Dieses vermutlich 1771 entstandene Gedicht, dürfte mit zu Goethes bekanntesten Schöpfungen zählen und ging nicht zuletzt durch die Vertonung Franz Schuberts bald in den deutschen Volksliedschatz ein. Goethe hatte sich seinerseits von einem altüberlieferten Volkslied mit ähnlicher Thematik inspirieren lassen. Der Erstdruck erfolgte 1789 in den *Schriften* bei Göschen.

Dieses dreistrophige Lied, das ob seiner erzählenden Form gelegentlich auch als Ballade bezeichnet wird, besticht den Leser zunächst durch seine immanente Leichtigkeit. Dennoch handelt es sich um die Beschreibung eines durchaus dramatischen Vorgangs. Diese Kombination von liedhaft-fröhlicher äußerer Form und inhaltsschwerer Aussage mag dabei als für Goethe charakteristisch bezeichnet werden. Trotz des vordergründig unbeschwerten Erzähltons, steigert sich die Spannung unmerklich, um schließlich an ihrem Höhepunkt abrupt abgebrochen zu werden.

Die erste Strophe läßt indes noch nichts von der gewaltsamen Entwicklung des Gedichts vermuten, sondern spricht Reinheit, Schönheit und freudvolle Empfindungen an: Ein Knabe ist bezaubert von der Schönheit einer Rose. Diese Einführung vermittelt dem Leser einen Zustand ursprünglich harmonischen Einklangs, der einzig durch die betonte Emotionalität des vierten und fünften Verses gefährdet zu werden scheint. Der Refrain jedoch zerstreut diesen Eindruck sofort wieder.

Der sehr prägnante und aufschlußreiche Dialog zwischen dem Knaben und dem Röslein in der zweiten Strophe bricht daraufhin mit der zuvor aufgebauten harmonischen Stimmung. Indem die ursprüngliche Einheit polarisiert wird, ist die natürliche Ordnung – offensichtlich auf immer – zerstört. Obwohl der Knabe damit droht, dem Röslein seinen Willen aufzuzwingen, steht hier dennoch die Möglichkeit offen, dem Geschehen eine andere Wendung zu geben, Gewalt und Zerstörung also nicht per se zu tolerieren. Der anschließende Refrain zögert den Höhepunkt noch einmal hinaus und steigert gleichermaßen die Spannung.

In der dritten Strophe folgt schließlich ein ziemlich ernüchterndes Fazit des alltäglichen Vorgangs: Der Knabe bricht das Röslein und dieses „Mußt es eben leiden". Der Schwächere unterliegt, ungeachtet, ob es sich um Mensch oder Kreatur handelt. Als Ausklang bleibt ein gewisses Maß an Resignation übrig, das Goethe jedoch betont unsentimental und nicht wertend zur Sprache bringt. So gesehen bleibt offen, ob er dem Ganzen nicht einen Anschein von natürlicher Gerechtigkeit verleihen wollte. So sehr der Refrain in den vorigen Strophen vom zuvor beschriebenen Geschehen abgelenkt hat, vermittelt er nachträglich ein nahezu lakonisch anmutendes Gefühl der Unausweichlichkeit.

Das Gedicht ist unter Berücksichtigung zahlreicher Aspekte von allen Forschungsrichtungen vielfach interpretiert worden, meistens erfuhr es dabei eine erotische Auslegung seines Inhalts, die sich in Karl Eibls Kommentar zusammenfassen läßt: „Man wird … nicht an dem Befund vorbeikommen, daß hier die Geschichte einer Vergewaltigung geboten wird."[21]

Desweiteren wurde auf Goethes „Thematisierung der Einheit von Ich und Welt, von Mensch und Natur"[22] hingewiesen, die Max Kommerell wiederum eine Spur differenzierter beschrieb: Das *„Heidenröslein"* sei „in zweifacher Weise Symbol, Symbol des alten Lieds, der frühen Zeit und der frühen Seele, und Symbol des modernen Verhältnisses zu ihr."[23]

Wiewohl hier abstrahierende und psychologisierende Interpretationsansätze, die den Gehalt des Gedichtes in subtileren Regionen zu deuten suchen, durchaus gerechtfertigt sind, darf auf der vordergründigen Inhaltsebene grundsätzlich von einer spannungsgeladenen Begegnung zwischen Mann und Frau ausgegangen werden. Goethe hatte seinerseits die erotische Dimension sehr zart angedeutet, indem er das Röslein in der dritten Strophe mit weiblichem Pronomen umschrieb.[24] Goethe griff auf ein geläufiges Bild zurück, indem er eine Blume, noch dazu eine Rose, als Metapher für die Frau benutzte. Wiewohl das Gedicht durchaus auch wörtlich gelesen werden kann, gleichsam als poetische Beschreibung eines Rosenraubs, dürfte den Lesern die Doppeldeutigkeit nicht entgangen sein.Offensichtlich ließen sich die bildenen Künstler ebenso von den beiden inhaltlichen Ebenen des Gedichts inspirieren. Das *„Heidenröslein"* erfuhr im Laufe der Illustrationsgeschichte vielfache Deutungen.

---

21 Karl Eibl: Kommentar in der FA, Bd. 1.1., S. 830.

22 Ulrike Trumpke: Balladendichtung um 1770. Ihre soziale und religiöse Thematik, Stuttgart 1975, S. 58.

23 Max Kommerell: „Goethes Balladen", in: Gedanken über Gedichte, Frankfurt 1956, S. 330.

24 Vgl. hierzu den Kommentar in der FA Bd. 1.1., S. 830. Hier wird auf die „biedermeierliche Glättung" innerhalb der Ausgabe letzter Hand hingewiesen, die das Röslein wieder als Neutrum erscheinen ließ. Bis heute ist die Schreibweise des Verses „Half ihr bzw. ihm doch kein Weh und Ach" in den einzelnen Gedichtausgaben nicht einheitlich!

In der Regel zweifelten die bildenden Künstler die weibliche Identität des Rösleins dabei ebensowenig an.

Die einzige Ausnahme stellt lediglich der erste Illustrator des Gedichts dar: *Eugen Napoleon Neureuther.* Die Illustration erschien *1829* im Cotta Verlag in Heft 1 seiner *Randzeichnungen zu Goethes Balladen und Romanzen*[25] und war wie die übrigen als Lithographie ausgeführt *(Abb. 1)*.

Um Goethes Gedicht, das hier in der Mitte des Blattes plaziert ist, ranken sich Rosensträucher und Blattwerk, die in der oberen Blatthälfte zu schwungvoll stilisierten Ornamenten werden und den Text somit vollständig einrahmen. Dem eigentlichen Geschehen ist das untere Blattdrittel gewidmet, wobei sich Neureuther streng worttreu gibt. Zu sehen ist die szenische Umsetzung der zweiten Strophe: Ein Jüngling hat sich in einem Rosenstrauch verfangen und scheint wild entschlossen, eine Rose zu brechen. Die dramatische Gestik und Mimik des Knaben sowie die aufgeschreckt davonfliegende Vogel- und Insektenwelt verleihen der Illustration eine Unruhe, die sich in Goethes Gedicht zwar auch, jedoch viel subtiler wiederfindet. Der Gedanke, es könnte sich hier um eine weibliche Gestalt handeln, ist nicht annähernd nachvollziehbar. Indem Neureuther die vordergründig bildhafte Ebene des Gedichts gewählt hat, ordnet er sich dem Text vollkommen unter, wenngleich er den Gehalt nicht umzusetzen vermag. Dennoch kann man der Illustration ihre harmonische Gesamtkomposition nicht absprechen. Die Form der Arabeske unterstreicht dabei das zarte Moment, das bei Goethe vor allem in der ersten Strophe anklingt. Man mag dem damals 22jährigen Neureuther unterstellen, daß er, als ausdrücklicher Verehrer Goethes, es nicht gewagt haben mag, Goethes Worte frivol zu interpretieren. Seine übrigen Illustrationen offenbaren jedoch sein ausdrücklich naives Gemüt. Neureuther illustrierte Goethes Texte stets sensibel, doch vorwiegend wortbezogen. Zu fragen bliebe, inwieweit der Leser an Neureuthers Interpretation haften blieb. Der Illustration ist jedenfalls nicht vorzuwerfen, sie würde „das Spiel des Lesers mit dem Gedanken unmöglich machen."[26] Es bleibt jedem Leser offen, seine eigenen Assoziationen

---

25 Vgl. Kapitel 5.2.4.

26 Vgl. Wilhelm Höck: „Die Grenzen der Buchillustration. Zur Phänomenologie eines künstlerischen Ausdrucksmittels", in: Illustration 63, Heft 2, Memmingen, o. S.

an Goethes Text zu knüpfen, obwohl das Bild den Text formal beherrscht, indem es ihn vollständig umrankt. Zumal die *Randzeichnungen* nicht nur bei Goethe großen Anklang fanden, darf man davon ausgehen, daß Neureuther den Geist seiner Zeit und die Beziehung, die man zu Goethes Gedichten hegte, treffend erfaßt und in seinen Bildern umgesetzt hat.

Wilhelm Kaulbachs 1840 entstandene Illustration für die *Gallerie zu Goethe' s Werken* dagegen, ist die erste Bildbeigabe, die den Leser sofort auf die Doppeldeutigkeit des Inhalts verweist. Der Stahlstich ist neben dem Gedicht im Text eingebunden und lädt, vor oder während des Lesens, zur Betrachtung ein *(Abb. 2)*.

Kaulbach versetzt das Gedicht in die von Goethe nur angedeutete Ebene und illustriert seinerseits ebenfalls die zweite Strophe. Zwar befindet sich ein zarter Rosenstock im rechten Teil des Bildes, Hauptfiguren sind jedoch der Jüngling und das Heidenröslein als weibliche Gestalt. Durch diese Akzentsetzung wirkt die Illustration sogar innovativ; durch ihre unzulängliche Darstellung verliert sie jedoch an Glaubwürdigkeit und Überzeugungskraft. Zunächst fällt der unnatürliche Bewegungsablauf ins Auge: Der Jüngling scheint eher herangeflogen zu kommen, als daß er sich auf das Mädchen stürzen würde. Seine Kleidung läßt auf einen überzeitlichen Handlungsschauplatz schließen, wobei das Mädchen einer Zwittergestalt zwischen Frau und griechischer Statue gleicht. Während der Jüngling durchaus stürmisch erscheint, sitzt die weibliche Gestalt passiv und nahezu schmachtend da, ohne sich zu wehren. Goethes Aussage wird dadurch weitgehend entstellt. Kaulbach scheint sich stärker auf den Ausgang des Gedichtes konzentriert zu haben, was in dieser Figurenkonstellation jedoch wenig überzeugend wirkt. Die Unruhe und Spannung, die im Gedicht deutlich spürbar werden, kommen nicht zum Ausdruck. Sofern der Leser Goethes Worte zuerst gelesen und dann die Illustration dazu betrachtet hat, muß ihn das Bild brüskiert haben. Im umgekehrten Fall mag die Illustration zwar auf eine bis dahin noch nicht dargestellte Ebene des Gedichts verwiesen haben, dennoch fügt sie dem Text durch ihre Stilistik keine nennenswerte weitere Dimension zu.

Ludwig Richter nahm sich *1856* im Rahmen des *Goethe Albums* ebenfalls dieses Gedichts an *(Abb. 3)*. Der Holzschnitt war je nach Ausgabe über dem Gedicht oder auf einer Seite daneben plaziert.

Richter hat dem Geschehen eine völlig neue Wendung gegeben: Die Illustration zeigt eine bergige Landschaft, in der im Bildvordergrund ein hinter einem Rosenstrauch verborgener Jüngling zu sehen ist, der durch die Zweige hindurch beobachtet, wie auf dem nahegelegenen Pfad ein Mädchen von einem Mann bedrängt wird. Diese Interpretation kann nun weder wort- noch inhaltstreu bezeichnet werden. Zwar ist zu erkennen, daß sich das Mädchen wehrt, die voyeuristische Haltung des Jünglings steht jedoch in keinem Verhältnis zu Goethes Text. Wiewohl es dem Illustrator anheim gestellt bleibt, dem Gedicht eine weitere Dimension zu verleihen, ist diese Möglichkeit dahingehend zu verstehen, Verborgenes aufzuzeigen, das vielleicht nicht wörtlich zum Ausdruck kommt, vom Dichter jedoch *auch* angedeutet wird. Die Aussage soll folglich erweitert, nicht aber entstellt werden. In Goethes Gedicht findet sich hingegen kein einziger Anhaltspunkt, der diese Interpretation rechtfertigen würde. Zumal das Gedicht über genügend Gehalt verfügt, der dem Illustrator ausreichend Freiraum für eigene Assoziationen läßt, ist Richters Interpretationsansatz nicht nachzuvollziehen. Da sich Richter mit seinen Illustrationen an ein bürger-liches Publikum wandte, das von einer eher konservativen Geisteshaltung geprägt war, bleibt zu fragen, inwieweit der Leser diese Interpretation des *„Heidenrösleins“* als passend empfand. Der Illustrator scheint im übrigen selbst nicht so ganz überzeugt gewesen zu sein: Für Wiederauflagen wurde der Holzschnitt überarbeitet und gelegentlich blieb dabei der zweite Herr im Hintergrund ganz weg.[27]

Im Rahmen der *1882* erschienenen Prachtausgabe *Goethes Werke. Illustriert von ersten deutschen Künstlern* wurde dem *„Heidenröslein“* eine ganze Seite gewidmet. Die Illustration stammte von *K. Kögler (Abb. 4)*. Diese Ausgabe verfügt über mehr als tausend Illustrationen. Die Bedeutung eines einzelnen Gedichts wird dabei durch die Größe der Illustration hervorgehoben, die von kleinsten Vignetten bis zu ganzseitigen Bildern reicht. Trotz der graphischen Vielfalt, war der Band im Gegensatz zu anderen Prachtwerken auch zum Lesen geeignet, obwohl die vielen Bilder sicher als Hauptattraktion galten.

---

27 Vgl. hierzu die Ausführungen von Fritz Breucker: „... die grobe und überflüssige Interpretation im Hintergrund verstimmt; an anderer Stelle hat Richter in veränderter Komposition diesen Kitsch weggelassen“, in: Ders.: Ludwig Richter und Goethe, Leipzig 1926, S. 38. In den von mir gesichteten Ausgaben fand sich allerdings nur die hier besprochene Version der Illustration.

Mit einer ganzseitigen Illustration zum „*Heidenröslein*“ wurde dem Leser unvermittelt die Wertigkeit des Gedichts signalisiert. Der Tenor lag auf dem Volksdichter Goethe; dementsprechend populär wurden die Akzente gesetzt.

Die Illustration Köglers wirkt durch ihre Szenerie zwar realistisch, vernachlässigt jedoch die Darstellung des zarten Moments. Man sieht eine etwas derb wirkende Schäferin inmitten ihrer Herde auf einer Anhöhe stehen, die offensichtlich ihren Unwillen über die verbalen Annäherungsversuche eines jungen Mannes äußerst. Der Gestik nach zu schließen, gesteht ihr dieser gerade seine Liebe. Zwischen den beiden erblüht ein Rosenstrauch. Da die Schäferin erhöht steht, scheint ihr der Jüngling buchstäblich zu Füßen, wenn nicht zu liegen, so doch zu stehen. Die weidenden Schafe beobachten den Disput; von stürmischen Annäherungsversuchen oder dergleichen ist dem Bild jedoch nichts zu entnehmen. Kögler hat zwar ebenfalls die zweite Strophe illustriert, dabei jedoch einen ländlich-idyllischen Aspekt eingeführt. Die beschriebene Dramatik läßt sich zwar auf dem Gesicht der Schäferin ablesen; sie wirkt jedoch eher unfreundlich und abweisend als bedroht. Goethes Schluß, der das Bild einer unterlegenen Schwächeren zeichnet, ist mit dieser robusten Gestalt jedenfalls nicht in Verbindung zu bringen.

Die Mehrschichtigkeit des Gedichts kommt ebensowenig zum Ausdruck. Offensichtlich sollte hier das Gedicht als solches gewürdigt werden, ohne auf inhaltliche Feinheiten einzugehen. Zumal es sich hier um eine der reich illustrierten Ausgaben handelt, muß letztlich auch das Leseverhalten berücksichtigt werden: Durch die graphische Anordnung von Bild und Text kam der Rezipient nicht umhin, das Bild zuerst wahrzunehmen. Köglers Illustration läßt dabei keine Zweifel offen, daß es sich um eine Darstellung zum „*Heidenröslein*“ handelt. Zumal das Gedicht sehr bekannt war, ist es sogar fraglich, ob der Leser nach Betrachtung des Bildes den Text tatsächlich nochmal gelesen hat und dadurch weitere Inhaltsebenen wahrnehmen konnte. Vermutlich wurde in diesem Fall die Text- durch die Bildrezeption ersetzt.

Ein Jahr später, *1883,* erschien bei Grote eine überarbeitete Neuauflage von *Goethe's Werken. Neue illustrierte Ausgabe* mit Zeichnungen von *Paul Thumann* und *Alexander Zick.* Hier wird dem „*Heidenröslein*“ nur eine skizzenhafte Darstellung gewidmet, die zwischen der zweiten und dritten Strophe plaziert, einen kontinuierlichen

Leseablauf verhindert *(Abb. 5)*. Dies stört insofern nicht, als der Inhalt des Gedichts als bekannt vorausgesetzt werden darf, und die Illustration vorwiegend dazu dient, das Gedicht durch einen optischen Akzent hervorzuheben.

Erstmals fehlt die Andeutung eines Rosenstrauches völlig. Zu sehen ist ein junger Mann, der eine junge Frau ziemlich unsanft an sich zieht. Der Illustrator hat sich demnach auf die dritte Strophe konzentriert. Durch ihre Plazierung bereitet die Illustration den Leser auf das Geschehen in der folgenden Strophe vor, gibt sich also inhaltstreu. Allerdings wird die Aussage des Gedichtes stark reduziert, da nicht einmal die erotische, sondern nur die gewaltsame Dimension angesprochen wird. Zumal die Ausgabe über relativ wenig Illustrationen verfügt, wird die Aufmerksamkeit auch hier auf das Gedicht selbst gelenkt. Es drängt sich die Vermutung auf, daß bestimmte Gedichte, wie hier das *„Heidenröslein"*, schon *wegen* ihrer außerordentlichen Beliebtheit stets aufs neue illustriert wurden und nicht etwa umgekehrt ihren Bekanntheitsgrad den zahlreichen Illustrationen verdankten.

Im Jahre *1897* findet sich die nächste Illustration zum *„Heidenröslein"*: Sie stammt von *Frank Kirchbach* und erschien in der Prachtausgabe *Goethes Gedichte* des Titze Verlages *(Abb. 6)*. Kirchbach interpretiert das Gedicht betont drastisch. Zu sehen ist eine rabiate junge Frau, die sich mit Hilfe eines spitzen Stocks heftig wehrt. Der Mann gibt sich hier weitaus weniger stürmisch, er wirkt stattdessen seinerseits bedroht. Zwar scheint diese Darstellung zunächst dem Inhalt der dritten Strophe zu entsprechen, Kirchbachs Interpretation überzeugt jedoch nicht. Die überbetonte Dramatik sowie die grob gezeichneten Figuren, die, wie üblich bei Kirchbach, eher Skulpturen ähneln, eignen sich nicht dazu, dem Gehalt des Gedichts gerecht zu werden. Bei aller Doppeldeutigkeit verfügt Goethes Text doch auch über eine zarte Komponente, die hier überhaupt nicht zum Tragen kommt, den Leser auch nicht darauf einstimmt. Kirchbachs Betonung des gewaltsamen Moments erschlägt den Text, ordnet sich diesem also nicht unter, sondern stellt sich neben ihn, ohne daß sich die beiden ergänzen würden. Die Illustration drängt sich derart in den Vordergrund, daß sich der Rezipient erst bewußt von dem optischen Eindruck lösen muß, bevor er sich auf die subtilere Ebene von Goethes Gedicht einlassen kann.

Ganz im Gegensatz dazu steht die Illustration zum *„Heidenröslein"* in der *1903* erschienen Elzevierausgabe *Goethe, ausgewählte Gedichte.* Für den Buchschmuck zeichnete *Hugo Flintzer* verantwortlich *(Abb. 7).* Offensichtlich blieb die Thematik auch nach der Jahrhundertwende immer noch aktuell. Allerdings erfolgt hier erstmalig eine vollkommen neue Betonung. Das Heidenröslein wird als selbstbewußte, freie Frau dargestellt, die sich ihrer erotischen Wirkung bewußt zu sein scheint. Der Rosenstrauch im Bildvordergrund sowie die weidenden Schafe im Hintergrund entschärfen diese Akzentuierung dabei keineswegs. Indem Flintzer die Natürlichkeit in den Vordergrund stellt und die junge Frau als unabhängiges, sich selbst genügendes Wesen darstellt, wird eine Dimension des Gedichts aufgezeigt, die Goethe in der ersten und zweiten Strophe angedeutet hat. Nach den mittlerweile schon zum Klischee verkommenen Darstellungen eines physischen Kampfes zwischen Mann und Frau, erscheint Flintzers Interpretation dem Gehalt des Gedicht insofern gerechter zu werden, als er sich auf die Beschreibung eines Lebensgefühls, nicht einer Handlung beschränkt. Der Leser darf das Gedicht wieder selbst interpretieren, ohne konkrete Vorgaben seitens des Illustrators zu bekommen. Da sich im *„Heidenröslein"* mehrere Ebenen treffen, bleibt es jedem Rezipienten überlassen, eigene Assoziationen daran zu knüpfen und sich die Handlung in seiner Phantasie vorzustellen.

Als einfühlsames Pendant zum Gedicht ist auch *Johanna Beckmanns* Silhouette zu bezeichnen. Sie erschien *1909* in dem Band *Aus Goethes Sonnentagen (Abb. 8).* Obwohl sich die meisten von Beckmanns Scherenschnitten darauf beschränken, die ausgewählten Gedichten zu verzieren und nicht zu illustrieren, ist ihre Interpretation des *„Heidenrösleins"* äußerst feinsinnig. Die Komposition versucht, auf den doppelschichtigen Inhalt einzugehen: Ein Mädchen sitzt in Abwehrhaltung in Rosenzweigen. Sie kann jedoch genauso Sinnbild für die Unberührbarkeit der Blume sein. Beckmann konzentriert sich auf die erste Strophe des Gedichts, bezieht aber die Aussage der zweiten Strophe ebenso mitein. Die Illustration interpretiert nicht, sondern legt verschiedene Gedichtdimensionen offen und erfüllt daher eine textdienende Funktion. Die Leserin wird auch hier an einer selbständigen Textinterpretation keinesfalls gehindert.

Als letztes sei an dieser Stelle die Steinzeichnung *Karl Walsers* besprochen, die *1926* in der vierten Lieferung der Cassirer-Ausgabe *Goethe. Gedichte* erschien. Walser lieferte zum *„Heidenröslein"* nur ein Blatt *(Abb. 9)*.

Zu sehen ist ein sich im Kreis drehendes Paar. Der Darstellung ist nicht eindeutig zu entnehmen, ob es sich um zwei tanzende oder kämpfende Personen handelt. Lediglich der Gesichtsausdruck des Mannes läßt den Schluß zu, daß hier ein Tanz symbolisiert sein könnte. Die Illustration besticht vor allem durch die Unmittelbarkeit der Bewegung: Einerseits impliziert sie jugendliche Frische, andererseits ist die vorhandene Spannung ebenso zu empfinden. Der Betrachter kann den inneren Aufruhr nachvollziehen, was allerdings zum Nachteil des zarten Moments der ersten Strophe gereicht.

Die kunstwissenschaftliche Forschung hat Walser einstimmig vorgeworfen, daß er dem Gedicht nicht gerecht geworden sei. Hartwig Schultz moniert, Walsers Illustrationen würden den Texten genau folgen, könnten „deren Vielschichtigkeit dennoch kaum abbilden"[28] und beklagt darüber hinaus den fehlenden Rosenstrauch. Jürgen Eyssen empfindet die Bilder zwar anmutig, jedoch „ein wenig zu verspielt"[29] und Dieter Griesbach wiederum wirft dem Maler vor, er hätte das dramatische Moment zugunsten einer lustigen Darstellung völlig in den Hintergrund gerückt.[30]

Mir scheinen diese Interpretationen zu leichtfertig, auch wenn sie ansatzweise gerechtfertigt sind. Walser bietet dem Betrachter die Möglichkeit, an seiner Sicht der Dinge teilzuhaben. So kann die ausdrückliche Bewegung im Kreise durchaus als Anspielung auf andere Gedichte Goethes verstanden werden, in denen sich die Frau ziert, eine Annäherung will und dann wieder nicht will. Gleichermaßen liegt eben dieser Kreisbewegung eine ständige Wiederkehr der Dinge inne, aus der es kein Entrinnen zu geben scheint. Will man diese Lithographie psychologisch deuten, so ist in ihr das von Goethe

---

28 Hartwig Schultz: „Zur Rezeption von Goethes Lyrik", in: Maisak: Goethe in der Kunst des 20. Jahrhunderts, S. 153.

29 Eyssen: Buchkunst in Deutschland, S. 143.

30 Griesbach: Illustrationen zur Lyrik, S. 144.

beschriebene gespaltene Verhältnis von Mann und Frau durchaus enthalten.

Goethes Gedicht trägt hinsichtlich des Verhältnisses von Wort und Bild hierbei keinen Schaden davon, auch wenn Walser von seiner künstlerischen Freiheit Gebrauch gemacht hat. Hier wird man allenfalls der Illustration nicht gerecht, wenn – noch dazu im Rahmen einer buchkünstlerischen Ausgabe – erwartet wird, daß ihre Aufgabe darin bestünde, sich dem Text sklavisch unterzuordnen.

Die Cassirer-Mappen gehören bis heute zu den illustrierten Werken, mit denen sich Kunstkritiker wie -Wissenschaftler am häufigsten auseinandergesetzt haben. Keiner Illustration zum „*Heidenröslein*" wurde soviel Aufmerksamkeit zuteil, wie jener Karl Walsers. Weder Wilhelm Kaulbachs künstlerisch mangelhafter Stahlstich, noch Ludwig Richters Umdeutung des Inhalts, noch Frank Kirchbachs eigenwillige Bilder haben die Kritiker dazu bewegt, sich objektiv mit der Frage nach dem Verhältnis von Wort und Bild auseinanderzusetzen. Allein dem Maler Karl Walser sprach man das Recht ab, seine Kunst neben die Dichtung Goethes zu stellen. Diese Polemik ist letztlich symptomatisch dafür, daß einer Illustration nach wie vor keine künstlerische Eigenständigkeit zugesprochen wird.

„Der Fischer"

Abb. 10: Johann Heinrich Ramberg, 1821

Abb. 11: Eugen Napoleon Neureuther, 1829

Abb. 12:
C. (W.) Kaulbach, 1840

Abb. 13:
Christian Heinrich Hanson, 1844

Abb. 14: J. B. Sonderland, 1869

Abb. 15: Emil Klein, 1891

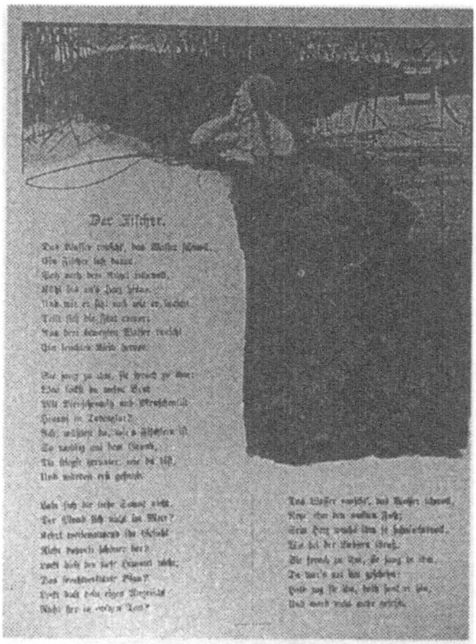

Abb. 16: Frank Kirchbach, 1897

128 Charlotte von Stein

Der Fischer.

Das Wasser rauscht', das Wasser schwoll,
Ein Fischer saß daran,
Sah nach dem Angel ruhevoll,
Kühl bis ans Herz hinan.
Und wie er sitzt und wie er lauscht,
Teilt sich die Flut empor:
Aus dem bewegten Wasser rauscht
Ein feuchtes Weib hervor.

Sie sang zu ihm, sie sprach zu ihm:
Was lockst du meine Brut
Mit Menschenwitz und Menschenlist
Hinauf in Todesglut?
Ach wüßtest du, wie's Fischlein ist
So wohlig auf dem Grund,
Du stiegst herunter, wie du bist,
Und würdest erst gesund.

Abb. 17: Johanna Beckmann, 1909

Abb. 18: Berwald, 1901

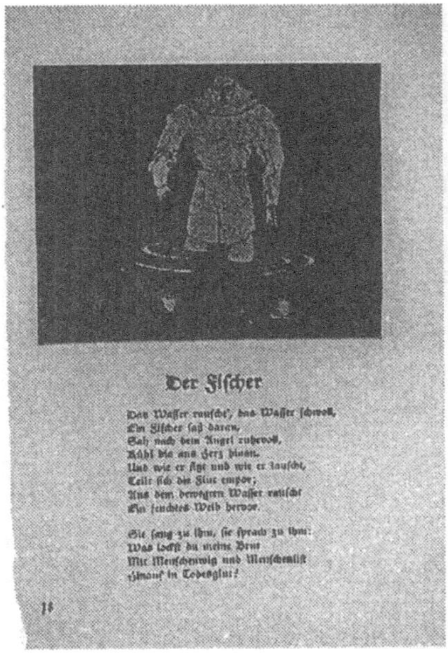

Der Fischer

Das Wasser rauscht', das Wasser schwoll,
Ein Fischer saß daran,
Sah nach dem Angel ruhevoll,
Kühl bis ans Herz hinan.
Und wie er sitzt und wie er lauscht,
Teilt sich die Flut empor;
Aus dem bewegten Wasser rauscht
Ein feuchtes Weib hervor.

Sie sang zu ihm, sie sprach zu ihm:
Was lockst du meine Brut
Mit Menschenwitz und Menschenlist
Hinauf in Todesglut?

Abb. 19:
Sepp Frank, 1919

Abb. 20:
Max Liebermann, 1924

4.3.2 Der Fischer

Das Wasser rauscht', das Wasser schwoll,
Ein Fischer saß daran,
Sah nach dem Angel ruhevoll,
Kühl bis ans Herz hinan.
Und wie er sitzt und wie er lauscht,
Teilt sich die Flut empor;
Aus dem bewegten Wasser rauscht
Ein feuchtes Weib hervor.

Sie sang zu ihm, sie sprach zu ihm:
Was lockst du meine Brut,
Mit Menschenwitz und Menschenlist
Hinauf in Todesglut?
Ach! wüßtest du, wie's Fischlein ist
So wohlig auf dem Grund,
Du stiegst herunter, wie du bist,
Und würdest erst gesund.

Labt sich die liebe Sonne nicht,
Der Mond sich nicht im Meer?
Kehrt wellenatmend ihr Gesicht
Nicht doppelt schöner her?
Lockt dich der tiefe Himmel nicht,
Das feuchtverklärte Blau?
Lockt dich dein eigen Angesicht
Nicht her in ew'gen Tau?

Das Wasser rauscht', das Wasser schwoll,
Netzt' ihm den nackten Fuß;
Sein Herz wuchs ihm so sehnsuchtsvoll,
Wie bei der Liebsten Gruß.
Sie sprach zu ihm, sie sang zu ihm;
Da war's um ihn geschehn:
Halb zog sie ihn, halb sank er hin,
Und ward nicht mehr gesehn.

(FA 1.2./108)

Goethe schrieb diese Ballade 1778 und veröffentlichte sie erstmals 1779. Im Rahmen der 1800 aufgelegten *Neuen Schriften* bei Unger nahm er sie in die Abteilung 'BALLADEN UND ROMANZEN' des siebten Bandes auf.

In vier Strophen wird, wie oft in Goethes Balladen, einer naturmystischen Vorstellung Ausdruck verliehen: Ein Fischer sitzt angelnd am rauschenden Ufer eines Gewässers – vermutlich am Meer – und wird von einer Nixe heimgesucht, die ihn zu überreden versucht, ihr in die Tiefen des Wassers zu folgen. Geisterwesen wurden der Überlieferung nach in allen Elementen vermutet. Sie waren überwiegend negativ besetzt, denn man glaubte, sie verführten den Menschen, um sich seiner Seele zu bemächtigen. Meistens erschienen sie in reizvoller Frauengestalt, was wiederum dem religiösen Stereotyp der Frau als Inkarnation des Bösen entspricht. Die Undine verlockt und verführt den Fischer, ihr in das Wassers zu folgen, indem sie auf den verborgenen Reiz der Unterwasserwelt hinweist, dem sogar die Gestirne zu verfallen scheinen. Er kann nicht widerstehen, begibt sich in das Gewässer und kommt darin um, wobei sein Tod allerdings nur suggeriert wird.

Diese Ballade ist im Vergleich zu anderen handlungsarm. Ihre Dramatik bezieht sie aus einer unterschwellig thematisierten Angst vor dem Tod und seinen Vorboten, eine Angst, die jedoch ausschließlich den Leser erfassen soll. Der diesbezügliche Gefühlszustand des Protagonisten wird nicht beschrieben. Ein arglos angelnder Fischer wird plötzlich mit transzendenten Phänomenen konfrontiert, die ihn jedoch keineswegs erschrecken. Dies ist nicht weiter verwunderlich, denn zu den Charakteristiken eines Fischers gehören die innere Ruhe, Ausgeglichenheit, Versenkung und das Einswerden mit der ihm umgebenden Natur. Die erste Strophe beschreibt den Fischer zwar bei seiner Tätigkeit, dem Leser wird jedoch vor allem seine innerlich gelöste Haltung nahegebracht. So wie Goethe den Angler darstellt, scheint dieser unbewußt auf alles vorbereitet zu sein. Die Furcht vor dem Geistwesen bzw. dem damit implizierten Tod, wird auf den Leser übertragen, der das Geschehen distanziert von außen betrachtet und sich sofort dessen Tragweite bewußt wird. Der erste Vers der Ballade: „Das Wasser rauscht', das Wasser schwoll" erweist sich dabei als unterschwellig bedrohliche Einstimmung, die in der letzten Strophe schließlich ihre Bestätigung findet. Der erste Vers der vierten Strophe wiederholt den Gedichtanfang und führt auf den entscheidenden Moment hin: Durch den Verweis auf das anhaltende Rauschen und Schwellen des Wassers, erscheint dieses noch viel bedrohlicher – der buchstäbliche Untergang des Fischers wird plastisch vor Augen geführt.

Goethes Ballade ist äußerst vielschichtig. Hingewiesen sei hier vor allem auf das ihr gewiß immante Motiv der Todessehnsucht. Doch auch die Angst vor der ursprünglichen Gewalt und überwältigenden Kraft der Elemente kommt zum Ausdruck. Gleichermaßen beschreibt Goethe den bereits vollzogenen Bruch im ursprünglichen Einklang zwischen Mensch und Natur. Die Nixe beschreibt die Welt außerhalb ihres Reiches als eine Sphäre, die durchdrungen von List und Tücke, letztlich nur den Tod bringt. Die wahre Ruhe, von der sie dem Fischer vorschwärmt, hat dieser ihrer Ansicht nach noch nicht erfahren. Es bleibt dahingestellt, ob der von der Undine verursachte Tod des Fischers tatsächlich zu bedauern ist. Die vierte Strophe deutet vielmehr an, daß der Protagonist sehnsuchtsvoll in ein anderes Reich abtaucht, das ihm mehr Glück als leidvolle Erfahrungen verspricht. Das Motiv der Todessehnsucht könnte folglich auch als Sehnsucht nach Erlösung bezeichnet werden. Diese Deutung scheint mir in einem natur-mystischen Kontext jedenfalls naheliegender zu sein, als die klassisch moralische Interpretation, welche die Nixe als Verkörperung des Lasters schlechthin darstellt und den Untergang des Fischers mit seinem unweigerlichen Verderben gleichsetzt. Nicht zuletzt thematisiert die Ballade auch die Tragik einer Liebesbeziehung. Vor allem die letzten beiden Verse bieten sich hier zu Spekulationen und verschiedenen Auslegungen an. Diese beiden Verse haben offensichtlich auch die Illustratoren der Ballade am nachhaltigsten beschäftigt.

„Der Fischer" gehört zu den Balladen Goethes, die ihren tiefgründigen Inhalt ohne großen szenischen Handlungsaufwand darstellt. Goethes Kommentar gegenüber Eckermann:

> Da malen sie z. B. meinen 'Fischer' und bedenken nicht, daß sich das gar nicht malen lasse. Es ist ja in dieser Ballade bloß das Gefühl des Wassers ausgedrückt, das Anmutige, was uns im Sommer lockt, uns zu baden; weiter liegt nichts darin, und wie läßt sich das malen![31]

dürfte daher als ausdrückliche Vereinfachung zu werten sein. Betrachtet man die zahlreichen Illustrationen zu diesem Gedicht, so zeigt sich, daß das Motiv der Begegnung zwischen Meerjungfrau und Fischer stets als Inspirationsquelle gedient hat.

Die erste Illustration findet sich in *Minerva. Taschenbuch für das Jahr 1821* und wurde als Kupferstich von *Johann Heinrich Ramberg* ausgeführt *(Abb. 10)*. Landschaftlich hat Ramberg die Szenerie an einen See oder das Meer verlegt, im Hintergrund türmen sich Felsen auf. Die Undine ragt mit langem, offenen Haar und entblößtem Oberkörper aus dem Wasser und lächelt den Fischer einladend an, der bereitwillig in das kühle Naß springt.

Ramberg wurde des öfteren ein leicht frivoler Stil vorgeworfen, der auch in dieser Illustration zum Ausdruck kommt. Dabei vermittelt die ganze Szene einen harmlosen, neckischen, sogar fröhlichen Eindruck. Amor, als bekannter Goethescher Schalk, erlaubt sich einen Spaß: Als geflügelter Putto verkleidet, schubst er den Fischer in das Wasser. Ramberg nimmt dem Gedicht damit seine tragische Dimension. Von Bedrohung oder gar Tod ist hier nichts zu spüren, das ganze mutet vielmehr wie Goethes zitierter Sommerspaß an. Wie bei allen seinen Illustrationen vermochte es der Künstler dennoch, dem Bild Lebendigkeit zu vermitteln, eine Eigenschaft, die innerhalb des Mediums Kupferstich nur schwer zu verwirklichen war. Die Wellen im unteren Teil des Bildes erscheinen tatsächlich bewegt, die spontane Gestik des Fischers wirkt überzeugend. Allerdings hat sich Ramberg hier, wie oft

---

31 Goethe an Eckermann, 10. November 1823, MA Bd. 19, S. 60.

bei seinen Illustrationen, von der Gedichtvorlage entfernt und dem Leser seine eigene Interpretation von Goethes Ballade geliefert.

Neureuthers Darstellung für Heft 3 der *Randzeichnungen* erweist sich im Vergleich dazu als vielschichtiger. Auch hier wird das Gedicht von der Illustration umrahmt, wobei Neureuther die Szenerie erweiterte. Der Protagonist sitzt direkt über dem Gedichttitel in einer Uferlandschaft und blickt zurückhaltend verschreckt die Seejungfrau an, die sich vor ihm aus dem Wasser erhebt und ihm einladend ihren linken Arm reicht. Auf mittlerer Höhe deuten Seerosen die Wasseroberfläche an, führen das Auge jedoch in den unteren Bildteil weiter, in welchem drei musizierende Nixen zu sehen sind. Neureuthers Vorliebe für eine ornamentale Ausgestaltung findet sich im untersten Bildteil wieder: Muscheln, Seesterne und Wasserpflanzen vereinigen sich zu einer märchenhaften Unterwasserflora *(Abb. 11)*.

Neureuthers Neigung zu naturromantischen Themen läßt ihn auch hier die phantastische Ebene des Gedichts betonen. Während der obere Bildteil streng wortgetreu ausgerichtet ist – der Fischer hat sogar schon, wie im zweiten Vers der vierten Strophe angedeutet, einen Fuß im Wasser – bestehen zwei Drittel des Blattes aus mythischen Vorstellungselementen. Das unheimliche Moment wird betont: Dem Fischer bleibt die Gefahr verborgen, der Betrachter erkennt sie jedoch sofort, indem ihm ein Blick unter die Oberfläche gewährt wird. Die Darstellung wird der schauerlich-märchenhaften Ebene des Gedichts durchaus gerecht und darf zu den beeindruckendsten innerhalb Neureuthers *Randzeichnungen* gezählt werden.

Anders verhält es sich wiederum bei *Kaulbach*, dessen Stahlstich[32] zwar auch auf die mythische Dimension in Goethes Ballade hinweist, sich jedoch nicht auf Goethes Vielschichtigkeit einläßt *(Abb. 12)*. Die Seejungfrau steigt in der Gestalt einer üppigen griechischen Göttin aus den Gewässern und spielt dem Fischer mit schmachtendem Ausdruck ein Lied auf der Lyra vor. Im Schilf versteckt, sind zwei weitere Gestalten zu erkennen, deren Gesichtsausdruck auf böse Absichten

---

32 Diese Illustration ist mit C. Kaulbach signiert, was in der Forschung oft übersehen wurde. Bekanntlich verpflichtete der Künstler einige seiner Schüler (und Verwandten?) für die Erstellung der Illustrationen zur 40bändigen Ausgabe von 'Goethes sämmtlichen Werken'. Offiziell galt jedoch er als Schöpfer der Bilder. Man darf davon ausgehen, daß er Korrekturen durchgeführt hätte, wenn die Illustrationen nicht seinen Vorstellungen gemäß ausgefallen wären.

schließen läßt. Der Fischer scheint von all dem nichts zu bemerken. Kaulbach läßt ihn als unschuldig jungen Mann erscheinen, dessen Gestik danach aussieht, als ob er der Seejungfrau aus dem Wasser helfen wolle. Wiewohl sich die Illustration inhaltstreu gibt, wirkt sie aufgrund ihrer unsensiblen Darstellung nicht textbereichernd. Der Leser wurde zwar nicht unbedingt an einer weiterführenden Eigeninterpretation des Gedichts gehindert, muß die mangelnde Ausdrucksstärke der Illustration jedoch unterschwellig als negativ empfunden haben. Nichts ist zu spüren von der existentiellen Bedrohung oder dem Gefühl der Angst. Auch das Liebesmotiv klingt nicht an, der Fischer scheint nicht sehnsuchtsvoll hinzusinken, sondern suggeriert durch seine aktive Gestik einen ganz anderen Handlungsablauf. Anhand dieser Illustration wird jedenfalls sichtbar, daß Texttreue allein kein Kriterium für die Qualität einer Bildbeigabe ist. Zumal es sich bei Wilhelm Kaulbach um einen der angesehensten Künstler seiner Zeit gehandelt hat, dürfte auch die Erwartungshaltung der Leserschaft sehr hoch gewesen sein.

Vier Jahre nach Kaulbach, wagte sich *Christian Heinrich Hanson* für das *Rheinische Taschenbuch auf das Jahr 1844* an eine Illustrierung dieser Ballade. Dem Almanach waren insgesamt acht Stahlstiche beigegeben, wovon einer auf ein Gedicht Goethes entfiel. Die Illustration ist im übrigen die letzte ihrer Art innerhalb dieses Mediums und die einzige im Zeitraum zwischen 1832 und 1871 *(Abb. 13)*.

Hanson greift das Motiv der tragischen Liebesbeziehung auf: Die Meerjungfrau liegt bereits in den Armen des Fischers. Als Bildunterschrift wählte man nebst dem Gedichttitel die letzten beiden Verse: „Halb zog sie ihn, halb sank er hin/Und ward nicht mehr gesehn“, die ihrerseits den Inhalt der Illustration treffend kommentieren. Als rezeptionsgeschichtlich aufschlußreiches Dokument mag dabei ein Ausschnitt aus der Text- und Bildinterpretation des Herausgebers Dr. Adrian angeführt werden. Wie häufig in Almanachen dieser Art, sollte der Leser erzogen und belehrt werden. Folglich erklärte man ihm den Inhalt des Gedichts und deutete statt seiner die Illustration. Es dürfte unmöglich gewesen sein, sich dieser vorab gelieferten Auslegung zu entziehen und nur kritische Geister werden die Ausführungen des Herausgebers in Frage gestellt haben, um sich dann ein eigenes Urteil zu bilden. Adrian jedenfalls wollte Goethe symbolisch verstanden wissen:

> (...) Am Strande sitzend, dem Spiel der Wellen zuschauend, die sich, den Fuß küssend, heranwiegen, eine nach der anderen, als wollten sie bringen, was sein Herz lange ersehnt, oder ihm ein Geheimnis verkünden aus der kühlen Tiefe, da wird es dem Jüngling, als lockten sie ihn hinab, als müßte er ihnen folgen in die Tiefe. Er bebt zurück vor der fremden unheimlichen Gewalt und doch wirds ihm so wohl ... In stiller Nacht, ... mag wohl immer noch sanft lockend das feuchte Weib dem sinnigen Menschen erscheinen; sinds ja doch nur die Wünsche in seinem Busen, die ihn hinziehen mit Sehnsucht zu dem Unbekannten und gerade dadurch Reizenden. (...)[33]

Die Illustration bezeichnet Adrian als „vortrefflich; ... die edlen Gestalten erquicken das Auge, das, von keinem Gegenstande abgezogen, nur auf ihnen weilt."[34] Kritik wird lediglich an der auch hier erscheinenden Lyra geübt, „da es lächerlich wirkt, die Meeresjungfrau in den Fluten ihren Gesang mit den Tönen eines Instrumentes begleiten zu lassen."[35] Ferner wird der Leser belehrt, daß die Lyra nicht nur lächerlich, sondern auch falsch am Platze sei, denn „immer wird uns auch nur von dem reizenden Gesange der Meeresnymphen erzählt."[36] Ungenau erweist sich der Herausgeber dafür in der Betitelung. Über Goethes Ballade steht:

„Der Fischer, von Christian Heinrich Hanson"

darunter das vollständige Gedicht, auf der Nebenseite befindet sich der Stahlstich. Goldschmidt zählte dieses Bild innerhalb der Almanachillustration zu den schönsten seiner Art.[37]

---

33 Auszug aus dem Kommentar von Dr. Adrian, 'Rheinisches Taschenbuch auf das Jahr 1844', Frankfurt/Main, S. XXV.

34 Ebd.

35 Ebd.

36 Ebd.

37 Vgl. Arthur Goldschmidt: Goethe im Almanach, Leipzig 1932, S. 170.

Ludwig Richter zeigte am *„Fischer"* kein Interesse, weswegen sich die nächste Illustration erst *1869* im Rahmen der Ausgabe *Goethes sämmtliche Werke in drei Bänden mit 42 Stahlstichen* findet *(Abb. 14).*

J. B. Sonderland führte die Illustration aus, wobei die mystisch-romantische Dimension durch stilretardierende Elemente zum letzten Mal zum Tragen kommt. Sonderland stellt einen zutraulichen Jüngling dar, der in die Fluten steigt, um ein Bad zu nehmen. Landschaftlich spielt sich die Handlung inmitten eines düsteren Waldes ab, das Wasser gleicht einem rauschenden Bach. Die Nixe – auch sie mit Lyra – holt dazu aus, ihn ins Wasser zu ziehen. Der Kontrast zwischen Vergnügung und dem lauernden Tod kommt durch Sonderlands Lichtführung dabei sehr überzeugend zum Ausdruck: Der Fischer und die herausragende Nixe erscheinen im strahlenden Licht. Genauso hell wird die reißende Wasseroberfläche beleuchtet; im unteren Bildteil sind dagegen schwarze Fluten angedeutet, unter denen sich alles erdenklich Bedrohliche verbergen kann. Die dunkle Waldlandschaft tut das übrige, um die mystische Atmosphäre zu betonen.

Sonderland hat es vermocht, das Ausmaß der Gefährdung mit einer scheinbar heiteren Arglosigkeit zu verbinden, wie sie auch in Goethes Ballade gegeben ist. Das Bild lenkt folglich nicht vom Text ab, sondern erweist sich als sensibles Pendant. Ohne den Inhalt konkret oder gar wörtlich zu interpretieren, steht auch hier die Vermittlung der Empfindungen im Vordergund. Innerhalb ihrer Epoche zählt diese Illustration zu den einfühlsamsten Beiträgen ihrer Art.

Aus mir unbekannten Gründen verlor *„Der Fischer"* in der Folgezeit für die bildenden Künstler seinen Reiz. Weder in den illustrierten Ausgaben der 70er noch der 80er Jahre lassen sich Illustrationen nachweisen.

Erst *Emil Klein* griff *1891* wieder auf diese Ballade zurück. Die Illustration erschien als Lichtdruckbild in der Miniatur-Ausgabe *Goethes Gedichte für die Frauenwelt (Abb. 15).* Und wieder ist dasselbe Motiv zu sehen, wobei Klein der Szene eine realistische Dimension verleihen wollte. Der Fischer erscheint als ernst blickender junger Mann, die Nixe hängt aufreizend, verführerisch an ihm. Allein das Pflanzengebinde in ihrem Haar deutet darauf hin, daß hier ein fremdes Wesen aus den Wassern steigt. Dem Ausdruck der beiden nach, könnte es sich ebensogut um ein Liebespaar handeln, das gerade eine tiefschürfende Konversation führt. Klein verzichtet dennoch nicht auf die Betonung der Dramatik, und läßt hauptsächlich dunkle Farben vorherrschen. Goethes Ballade erhielt somit erstmals einen modernen Akzent. Die Illustration findet sich auf Seite 288 des kleinen Büchleins wieder, die Ballade selbst steht jedoch 150 Seiten davor. Angesichts dessen, daß dem Band nur 8 Illustrationen beigefügt waren, dürfte auch hier die Hervorhebung des Gedichts durch ein Bild eine besondere Rolle gespielt haben.

Frank Kirchbachs Beitrag zum *„Fischer"* muß wiederum kritisch betrachtet werden. Seine Illustration verdeutlicht, in welchem Maße Bilder den Gehalt eines Textes auch beeinträchtigen können, noch dazu, wenn sie ihn umrahmen. Das Bild zeigt eine nägelkauende Nixe, die eher einem See- bzw. Meeresungeheuer als einer verlockenden Jungfrau gleicht. Sie sitzt auf einem Felsvorsprung im Wasser, statt eines Fischschwanzes besitzt sie schlangenähnliche Beine, mit Flossen anstelle von Füßen. Der nackte Oberkörper ragt aus dem Wasser. Unter ihr ist ein ertränkter Mann zu erkennen, auf den sie ihre Flossen stützt, neben ihm befindet sich der Schädel seines Vorgängers *(Abb.16)*.

Obwohl man Kirchbach zugestehen muß, daß er dem stets gleichen Motiv eine interessante Wendung gibt, indem die Seejungfrau erstmals als Ungeheuer und der Fischer als Ertränkter zu sehen sind, zerstört das Bild der dümmlich verlegen blickenden Nixe jedoch jeglichen positiven Eindruck. Goethes Gedicht wird nicht nur mißinterpretiert, sondern hindert den Leser eigene Assoziationen daran zu knüpfen. Die geistige Ebene des Gedichts kommt dabei überhaupt nicht zum Tragen. Zumal es sich hier um die mehrere Kilogramm schwere Großausgabe handelt, die vorwiegend zum Durchblättern gedacht war, zeigt sich, wie der Rezipient der Interpretation des Illustrators letztlich ausgeliefert war. Goethes Text wird hier keineswegs als „eigenständiges Gebilde"[38] respektiert. Die Illustration beherrscht den Text dermaßen, daß von einem erwünschten Gleichgewicht zwischen beiden keine Rede mehr sein kann. Hier wurde der Rezipient aufgefordert, sich entweder für Goethes Feinsinn oder aber für Kirchbachs Stilempfinden zu entscheiden. Zumal der Maler u.a. als Lehrer an der Münchner Akademie zu den ruhmreichen Künstlern seiner Zeit gehörte, mag man dem Rezipienten unterstellen, er sei Kirchbachs

38 Vgl. die Thesen Wilhelm Höcks, (s. Anm. 26).

Illustrationen zu Goethes Gedichten nicht sonderlich kritisch gegenübergetreten.

Im Gegensatz dazu setzte die Illustration eines Künstlers namens *Berwald*, die *1901* in der zweibändigen Ausgabe *Goethes Werke, Neue Prachtausgabe* des Otto Maier Verlags erschien, ganz andere Akzente *(Abb. 18)*. Zu sehen ist ein am Ufer sitzender Fischer, der mit dem Rücken zum Betrachter, eine nackt vor ihm liegende Frau taxiert. Im Bildhintergrund versinkt die Sonne im Meer. Die Szenerie ist eindeutig dem Beginn der dritten Strophe nachempfunden: „Labt sich die liebe Sonne nicht/Der Mond sich nicht im Meer?“ Statt sehnsüchtig dahinzusinken, wirkt der Fischer ziemlich realistisch und abwartend, während die Frau, die keineswegs an eine Nixe denken läßt, ihn offensichtlich zu verführen sucht. Man kommt nicht umhin, dem Bild einen fast pornographischen Charakter zuzusprechen. Berwald hat sich hiermit weniger auf die metaphysische Ebene der Ballade gestützt, als auf die erotische Dimension der von Goethe angedeuteten Liebesbeziehung. Es bleibt dahingestellt, inwiefern die Interpretation wertend gemeint war. Die Frau kann hier zum einen als Symbol einer todbringenden Verführungsmacht verstanden werden, zum anderen mag sie Liebe und Eros verkörpern. Obwohl frühere Illustratoren die erotische Dimension angedeutet hatten, ist sie in keiner Illustration so offensichtlich wie hier. Das Bild mag für seine Zeit gewagt gewesen sein. Immerhin handelt es sich bei diesem Buch laut Vorwort, um die „vornehmste Zierde für den Salon.“[39] Die Illustration wirkt jedoch eher skandalträchtig als beschaulich. Denkbar wäre angesichts der anderen Illustrationen in diesem Band jedoch auch, daß Herausgeber wie Illustratoren versucht haben, Goethes Gedichten eine ausschließlich realistische und moderne Dimension abzugewinnen, um so die Werke des „Olympiers“ wieder auf eine zeitgemäße Ebene zu versetzen. Dem Gehalt von Goethes Gedicht wird diese Bildbeigabe zwar nicht gerecht, sie zählt jedoch zu den gewagtesten Darstellungen innerhalb des Genres und verdient schon deshalb Beachtung.

Johanna Beckmanns Schattenriß zum *„Fischer“* des Jahres *1909*, entbehrt dagegen jeglicher Berechtigung als Illustration bezeichnet zu werden *(Abb. 17)*. Indem die Künstlerin die Ballade mit einem zarten Gras schmückt, wird der Eindruck erweckt, es handle sich hier um eine

---

39 Otto Maier, Neue Prachtausgabe, 1901, Vorwort.

lyrische Begebenheit, bar jeglichen Ernstes oder gar Dramatik. So unbedeutend die Silhouette erscheinen mag, so verharmlost sie doch im Kontext des gesamten Bandes Goethes Aussage.

Einen tiefgründigen Beitrag liefert erst nach dem Ersten Weltkrieg der Maler *Sepp Frank* im Rahmen der *1919* erschienenen Ausgabe *Goethe Balladen mit Radierungen*. Nach den tiefgehenden existentiellen Erfahrungen, die der Krieg mit sich gebracht hatte, und dem bis dahin nie erlebten Ausmaß an kollektivem Tod und Zerstörung, ist es verständlich, wenn Goethes Gedichte nun vor einem neuen weltanschaulichen Hintergrund interpretiert werden. Frank gelingt dies auf sehr eindringliche Weise: Seine Radierungen sind von tiefer Trauer und Entsetzem geprägt. Diese düstere Grundhaltung spiegelt sich auch in Franks Interpretationsansatz wider *(Abb. 19)*.

Die Radierung zum *„Fischer"* zeigt einen bis über die Knie im Wasser stehenden Mann, der auf zwei Hände blickt, die sich vor ihm aus dem Wasser erheben. Das Wasser ist pechschwarz, genauso wie der Hintergrund. Die Hände scheinen eher den vergeblichen Hilferuf eines Ertrinkenden zu symbolisieren als auf die Verführungskünste einer Meerjungfrau hinzuweisen. Der Untergang des Fischers ist indes ersichtlich: Magisch vom Tod angezogen, dringt er wie hypnotisiert tiefer in das Wasser ein. Die Situation vermittelt dabei eine grauenvolle Unausweichlichkeit: Alles wirkt bedrohlich, endgültig. An Badevergnügen oder erotische Lustbarkeiten zu denken, erscheint angesichts der dargestellten stillen Tragik banal.

Frank konzentriert sich bewußt auf nur eine Dimension des Gedichts, die des Todes und des Untergangs. Durch seine eindringliche Darstellung fixiert er dabei den Leser zunächst auf seine persönliche Version, stellt sich also nicht dienend, sondern weiterführend neben den Text. Doch obwohl die Illustration nicht durch Worttreue besticht, vermag sie dem Gehalt des Gedichtes gerecht zu werden.

Während sich Frank mit der jüngsten Vergangenheit seiner Zeit, dem Ersten Weltkrieg, auseinandergesetzt hat und trotz innerlicher Bruchstellen den Bezug zu Goethe wieder herstellen konnte, verfiel *Max Liebermann* ins Gegenteil: Katastrophen, Tod und Untergang werden verdrängt, um lyrischen Empfindungen Platz zu machen. Liebermann schuf für die erste Lieferung der Cassirer-Ausgabe *1924* zwei Blätter zum *„Fischer"*. Das erste Blatt stellt Blätter und Seerosen dar, das zweite das bekannte Motiv *(Abb. 20)*.

In nahezu impressionistischer Manier wird hier eine sommerliche Liebes- bzw. Badeszene dargestellt. Eine nackte junge Frau steht bis zu den Oberschenkeln im Wasser und zieht einen ebenfalls nackten Mann behutsam zu sich ins Wasser. Letzteres gleicht einem ruhigen von Bäumen umgebenen Teich oder See; von rauschenden, schwellenden Fluten ist nichts zu verspüren. Liebermanns Akzentuierung des lyrischen Moments mag auf den ersten Blick nicht textgetreu erscheinen, ihm wurde in diesem Zusammenhang u.a. eine „Verharmlosung der Melusinen-Thematik“[40] vorgeworfen; mir erscheint sie in ihrer zarten Ausführung dennoch legitim und dadurch der Aussage des Gedichts ebenbürtig. Zwar wird die Dramatik zugunsten einer friedlichen Wendung entschärft, dennoch findet sich die lyrische Dimension in Goethes Ballade ebenso, besonders, wenn man sich seine eigene Interpretation vor Augen führt.

Ernst Barlach war über die Abhandlung des Themas verbittert – Paul Cassirer bevorzugte jedoch offensichtlich Liebermanns Version und befürwortete somit eine großzüge Auslegung von Goethes Gedichten. Diese künstlerisch ausgereifte Illustration hält die von einer Illustration erwartete „Schwebe zwischen Dienst und Freiheit“ [41] trotz ihrer Konzentration auf eine sehr subtile Ebene des Gedichts. Liebermanns Radierung zeigt ferner, daß selbst der „dramatische Höhepunkt“ relativ ist. Zumal alle Illustratoren bis auf Johanna Beckmann, die Begegnung zwischen der Seejungfrau und dem Fischer thematisiert haben, wird deutlich, wie differenziert eine Szene interpretiert und dargestellt werden kann. Jene Bilder, die sich bloß an den Wortlaut gehalten haben, ohne den Gehalt des Gedichts zu berücksichtigen, fallen dabei besonders ab.

---

40 Hartwig Schultz: „Zur Rezeption von Goethes Lyrik“, in: Maisak: Goethe in der Kunst des 20. Jh., S. 152.

41 Vgl. die Thesen Wilhelm Höcks (s. Anm. 26).

„Der Totentanz“

Abb. 21: Eugen Napoleon Neureuther, 1829

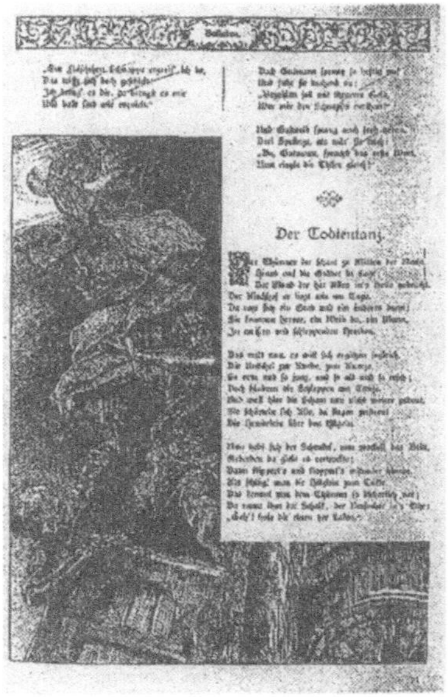

Der Todtentanz.

Abb. 22:
E. Roeber, 1882

— 147 —

Gethan wie gedacht! und er flüchtet sich schnell
Nun hinter geheiligte Thüren.

Der Mond und noch immer er scheinet so hell
Zum Tanz, den sie schauderlich führen.

Abb. 23:
R. Bong, 1883

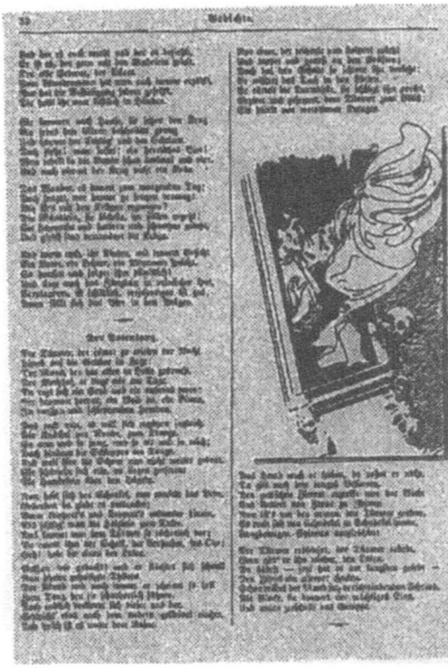

Abb. 24:
Unbekannt, Otto Maiers Prachtausgabe, 1901

Der Totentanz.

Der Türmer der schaut zu Mitten der Nacht
Hinab auf die Gräber in Lage;
Der Mond, der hat alles in's Helle gebracht;
Der Kirchhof, er liegt wie am Tage.
Da regt sich ein Grab und ein anderes dann:
Sie kommen hervor, ein Weib da, ein Mann,
In weißen und schleppenden Hemden.

Das reckt nun, es will sich ergetzen sogleich,
Die Knöchel zur Runde, zum Kranze,
So arm und so jung und so alt und so reich;
Doch hindern die Schleppen am Tanze.
Und weil hier die Scham nun nicht weiter gebeut,
Sie schütteln sich Alle, da liegen zerstreut
Die Hemdelein über den Hügeln.

Nun hebt sich der Schenkel, nun wackelt das Bein,
Gebärden da giebt es vertrackte;
Dann klippert's und klappert's mitunter hinein,
Als schlüg' man die Hölzlein zum Takte.
Das kommt nun dem Türmer so lächerlich vor;
Da raunt ihm der Schalk, der Versucher, in's Ohr:
Geh! hole dir einen der Laken.

Abb. 25:
Frank Kirchbach, 1897

Abb. 26: Sepp Frank, 1919

Abb. 27

Abb. 28

Abb. 29: Oscar Graf, 1923

Abb. 30

Abb. 31

Abb. 32: Ernst Barlach, 1924

4.3.3 Der Totentanz

Der Türmer der schaut zu Mitten der Nacht
Hinab auf die Gräber in Lage;
Der Mond der hat alles in's Helle gebracht;
Der Kirchhof er liegt wie am Tage.
Da regt sich ein Grab und ein anderes dann:
Sie kommen hervor, ein Weib da, ein Mann
In weißen und schleppenden Hemden.

Das reckt nun, es will sich ergetzen sogleich,
Die Knöchel zur Runde, zum Kranze,
So arm und so jung, und so alt und so reich;
Doch hindern die Schleppen am Tanze.
Und weil hier die Scham nun nicht weiter gebeut,
Sie schütteln sich alle, da liegen zerstreut
Die Hemdelein über den Hügeln.

Nun hebt sich der Schenkel, nun wackelt das Bein,
Gebärden da gibt es vertrackte;
Dann klippert's und klappert's mitunter hinein,
Als schlüg' man die Hölzlein zum Takte.
Das kommt nun dem Türmer so lächerlich vor;
Da raunt ihm der Schalk, der Versucher in's Ohr:
Geh! hole dir einen der Laken.

Getan wie gedacht! und er flüchtet sich schnell
Nun hinter geheiligte Türen.
Der Mond und noch immer er scheinet so hell
Zum Tanz, den sie schauderlich führen.
Doch endlich verlieret sich dieser und der,
Schleicht eins nach dem andern gekleidet einher
Und husch ist es unter dem Rasen.

Nur einer der trippelt und stolpert zuletzt
Und tappet und grapst an den Grüften;
Doch hat kein Geselle so schwer ihn verletzt;
Er wittert das Tuch in den Lüften.
Er rüttelt die Turmtür, sie schlägt ihn zurück
Geziert und gesegnet, dem Türmer zum Glück;
Sie blinkt von metallenen Kreuzen.

Das Hemd muß er haben, da rastet er nicht,
Da gilt auch kein langes Besinnen,
Den gotischen Zierat ergreift nun der Wicht
Und klettert von Zinne zu Zinnen.
Nun ist's um den armen, den Türmer getan!
Es ruckt sich von Schnörkel zu Schnörkel hinan,
Langbeinigen Spinnen vergleichbar.

Der Türmer erbleichet, der Türmer erbebt,
Gern gäb' er ihn wieder, den Laken.
Da häckelt – jetzt hat er am längsten gelebt -
Den Zipfel ein eiserner Zacken.
Schon trübet der Mond sich, verschwindenden Scheins,
Die Glocke sie donnert ein mächtiges Eins
Und unten zerschellt das Gerippe.

(FA 1.2/ 136)

Auf einer Fahrt nach Treplitz im Frühjahr 1813 erzählte der Kutscher seinem Fahrgast Goethe dieses böhmische Schauermärchen, das der Dichter unmittelbar danach in Form einer siebenstrophigen Ballade niederschrieb. Goethe mußte der Stoff jedoch schon zuvor bekannt gewesen sein, gehört doch die Thematik des Totentanzes seit jeher zum abergläubischen Volkssagenschatz. Das Gedicht erschien daraufhin erstmals 1815 in der Ausgabe *Goethes Gedichte* bei Cotta.

Ohne auf ein einziges Stereotyp zu verzichten, schildert die Ballade den mitternächtlichen Tanz der Skelette auf einem mondbeschienenen Kirchhof. Der gewitzte Türmer stiehlt einem aus seinem Grab entstiegenen Skelett das Totenhemd und flüchtet sich mit dem Laken hinter die schützenden Kirchturmspforten. Kurz vor dem Ein-Uhr-Glockenschlag, der die Geisterstunden bekanntlich beendet, kehren alle in ihre Gräber zurück. Nur einer kann sein Hemd nicht finden ... Der Versuch des Skeletts, in den Kirchturm zu gelangen, scheitert an den dort angebrachten Kreuzeszeichen. Dies entspricht der volkstümlichen Vorstellung, daß nur unerlöste Seelen aus ihren Gräbern entsteigen können – die anderen befinden sich in himmlischen Regionen – womit einer Assoziation nachgegeben wird, die den Tod mit dem Teufel in Verbindung setzt, denn nur Höllenwesen werden vom Kreuz Christi abgeschreckt. Ein *Toten*tanz ist folglich auch als *Todes*tanz zu verstehen, was noch eine Spur angsterregender wirkt.

Das makabre Geräusch der sich schüttelnden Knochengerippe hallt über den Kirchhof, der Türmer läßt sich davon jedoch nicht abschrecken und entwendet das Hemd. Diese fast schadenfrohe Tat wird dabei uneingeschränkt akzeptiert. Mit dem Skelett, das sein Tuch entdeckt hat und verzweifelt versucht, es wieder zu erlangen, kommt nicht eine Spur des Mitleids auf. Stattdessen wird der „arme Türmer" beweint, der sich „zum Glück" in Sicherheit befindet. Um die Furcht weiter zu schüren, wird in der vorletzten Strophe ein weiteres Stereotyp bemüht: das Skelett hat Spinnenbeine. Obwohl dieses Bild durchaus grotesk wirken mag, soll die Vorstellung beim Leser den nächsten Gruselschauder erzeugen.

Der Türmer bekommt es mit der Angst zu tun und bereut plötzlich seine Tat. Er rückt das Hemd heraus doch dieses bleibt an einer Zinne hängen; seine letzte Stunde scheint geschlagen zu haben, da ertönt der wirkliche Glockenschlag, das Skelett stürzt zu Boden und *stirbt* – ganz offensichtlich einen zweiten Tod. Dieser Ausgang wirkt zunächst widersprüchlich, gehört jedoch zu den irrationalen Komponenten der Volkssagen: Der ursprünglich unerlöste Geist wird erlöst, indem er vernichtet wird. Die Schauerballade findet also doch noch ein gutes Ende.

Goethes „*Totentanz*" ist vielfach ausgelegt worden. Die Interpretationsansätze reichen dabei von Max Kommerells Infragestellung der Sicherheit eines aufgeklärten Menschen[42] bis hin zu Hartmut Laufhüttes Darlegung einer humorvoll angelegten, ironisch-distanzierten Schauerballade, die schon ob ihrer immanenten Komik nicht einseitig gelesen bzw. rezipiert werden darf.[43] Als Volkssage gehört die Beschreibung eines Totentanzes zur mittelalterlich-abendländischen Tradition. Die Frage nach dem Wesen des Todes und des Jenseits ist für die Menschheit seit jeher von existentieller Bedeutung gewesen. Schauermärchen bieten dabei eine psychologisch wirksame Plattform, kollektive Ängste auszuleben. Die ironische Distanz, die Goethe gegenüber dem Märchen an sich schon eingenommen hatte und die er schließlich in seiner Ballade zum Ausdruck brachte, schafft somit eine weitere Erzählebene. Der Dichter amüsiert sich über den Leser bzw. die Vorstellung, Tote würden aus ihren Gräbern steigen und mitternächtliche Tänze aufführen. Inwieweit die Rezipienten der Ballade diese Ironie erfaßt haben, kann aus heutiger Sicht nicht mehr bestimmt werden. Anzunehmen ist, daß der Titel „*Totentanz*" schon dement-

---

42 Vgl. Kommerell: Goethes Balladen, S. 335.

43 Vgl. Hartmut Laufhütte: Die deutsche Kunstballade. Grundlegung einer Gattungsgeschichte, Heidelberg 1979.

sprechende Assoziationen bei der Leserschaft geweckt hat, ohne die letztliche Position Goethes hierzu zu hinterfragen.

Betrachtet man die Illustrationen zu diesem Gedicht, so herrscht vor allem das groteske Element vor. Der *„Totentanz"* regte die Illustratoren allerdings erst spät zu Bildern an, was ob der altüberlieferten Thematik zunächst verwundert. Als betrachtenswert erscheint mir hier der Sachverhalt, daß man sich nicht eindeutig auf den 'rechten Höhepunkt' einigen konnte. Zumal die Ballade der spannenden Momente nicht entbehrt, eigneten sich gleich mehrere Motive dazu, von den bildenden Künstlern umgesetzt zu werden. Die Ballade gehört folglich zu den wenigen Gedichten Goethes, zu denen bisweilen mehrere Blätter geliefert wurden.

Neureuther illustrierte die Ballade *1829* für Heft 1 seiner *Randzeichnungen* als erster und widmete ihr zwei Blätter *(Abb. 21)*. Auf dem ersten Blatt stellt er in minutiöser Genauigkeit den gesamten Handlungsverlauf dar. Die Illustration umrahmt dabei die Strophen eins bis vier der Ballade.

Die ganze linke Bildseite wird von einem äußerst kunstvoll gestalteten gotischen Kirchturm eingenommen, wobei Neureuther Linienornamentik und Randzeichnung vereint: Zu sehen ist die mit einem metallenen Kreuz beschlagene Kirchturmspforte, hinter der sich eine Wendeltreppe emporrankt. Aus dem 'gotischen Zierat' sprießen Blüten und Akantusranken, die zu reinen Linienornamenten werden. Im oberen Bildteil ist der entsetzte Türmer in seiner Stube zu sehen. Das spinnenbeinige Skelett hat ihn schon fast erreicht, ein Laken flattert in den Lüften. Die untere Bildhälfte stellt den Kirchhof dar, wobei die Toten gerade im Begriff sind, ihren Tanz zu beenden. Einige greifen nach ihren Hemden, wieder andere kehren bereits in ihre Gräber zurück.

Neureuther hat sich folglich auf die letzten Augenblicke des Totentanzes konzentriert. Die gleichzeitige Darstellung verschiedener Handlungsabläufe, läßt die Illustration dabei als äußerst umfassende Szenenbeschreibung erscheinen. In diesem Fall erweist sich auch Neureuthers Worttreue als Bereicherung – es fehlt buchstäblich kein beschreibender Vers: Vom Mond und einem taghellen Kirchhof, weißen, schleppenden Hemden und sich schüttelnden Skeletten bis hin zu einem am Boden zerschellten Gerippe auf Blatt zwei, ist alles festgehalten. Nicht dargestellt wird lediglich der Raub des Lakens und die Suche des Skeletts nach seinem Hemd, was angesichts der übrigen Fülle jedoch nicht stört. Obwohl Neureuther dramaturgisch eingriffen hat und den finalen Höhepunkt neben den Gedichtanfang setzt, wird der Schluß nicht vorweggenommen. Auf Blatt zwei werden die letzten drei Strophen von Linien umrankt, die den Grundformen des Kirchturms gleichen; unter dem letzten Vers liegt das zerschellte Gerippe.

Neureuther hat sich auch hier auf die märchenhaft-phantastische Dimension der Ballade konzentriert, die dem Thema entspricht. Nur der im untersten Bildteil des ersten Blattes anklingende biographische Bezug verwundert in obigem Kontext: Zu sehen sind zwei Grabsteine der Familie Neureuther. Rechts liegt offensichtlich Elisa Neureuther begraben, links G. Neureuther. Vermutlich hat der Künstler diese Illustrationen für spätere Ausgaben überarbeitet. Zu lesen ist das Todesdatum 26. April 1832, die *Randzeichnungen* erschienen jedoch 1829. Es darf nicht vermutet werden, daß sich der Illustrator hier einen makabren Witz erlaubt hat, zumal die Vorhersage von Todesdaten als höchst unheilvoll galt. Bis auf dieses überflüssige Detail hat Neureuther im *„Totentanz“* jedoch sein großes zeichnerisches Talent dargelegt und die Umsetzung von Goethes Ballade meisterhaft bewältigt.

Im weiteren Verlauf des 19. Jahrhunderts verlor das Gedicht für bildende Künstler zunächst an Reiz.[44] Die nächsten Illustrationen finden sich erst in den 80er und 90er Jahren innerhalb der Prachtausgaben wieder.

1882 illustriert *E. Roeber* den *„Totentanz“* für *Goethes Werke. Illustriert von ersten deutschen Künstlern*, *1883* liefert *R. Bong* für Grotes *Neue illustrierte Ausgabe* einen Beitrag, *1897* versuchte sich *Frank Kirchbach* an dem Thema und in Otto Maiers *Neuer Prachtausgabe* erscheint schließlich *1901* das bis nach dem Ersten Weltkrieg letzte Bild hierzu. Alle vier konzentrieren sich auf die vorletzte Strophe des Gedichts, in welcher 'der Wicht‘ den Kirchturm erklimmt und den entsetzten Türmer ängstigt. Roeber und Kirchbach umrahmen die Ballade, während die Illustration in der Groteschen und in Otto Maiers Ausgabe zwischen dem Text steht.

---

44 Eine Illustration fand sich in der 1852 bei Wigand in Leipzig erschienenen Anthologie 'Deutsches Balladenbuch‘; sie sei hier ob der Bedeutung der Ausgabe für die damalige Zeit erwähnt.

Roebers Beitrag besticht durch seine stilistische Ausführung. Das Laken ist nicht irgendein Tuch, sondern erhält gewaltige Bedeutung. Die schräge Darstellung des Kirchturms, sowie der makaber aussehende Schädel des Skeletts, können es dabei mit dem Gruselmärchen aufnehmen. Die ironische oder humoristisch Ebene geht allerdings unter *(Abb. 22)*.

Bongs Illustration mutet romantischer an, als ungünstig erweist sich hier nur die Plazierung des Bildes. Vier Verse werden zur Bildüber- bzw. unterschrift degradiert, wobei weder die einen noch die anderen mit der Darstellung zu tun haben *(Abb. 23)*.

Dasselbe gilt für den Bildbeitrag in Otto Maiers Prachtausgabe *(Abb. 24)*. Offensichtlich erschien es dem Herausgeber wichtiger, irgendein Bild zu haben, als auf die Ausführung desselben Wert zu legen. Immerhin macht die Darstellung auf die Ballade aufmerksam. Frank Kirchbach wiederum deutet die Verse ein wenig um: Der Türmer hängt an der Kirchturmspitze, die Toten befinden sich bereits in ihren Gräbern *(Abb. 25)*.

Hinsichtlich des Verhältnisses von Wort und Bild kommt es bei allen Beiträgen zu erheblichen Diskrepanzen. Die Illustrationen beeinflussen die Textrezeption jedoch nur dahingehend, daß sie das gruselige Moment hervorheben – was angesichts der Thematik aber naheliegend erscheint. Nur die wenigsten Leser dürften hinter Goethes Fassung einen metaphysischen Tiefensinn vermutet und gesucht haben. Die Illustration erfüllen hier nicht mehr als eine textbegleitende Funktion. Bis auf Neureuther ließen sich die Künstler von Goethes Vorlage nicht sonderlich inspirieren. Dies änderte sich nach dem Ersten Weltkrieg, als man – offensichtlich unter dem noch lebendigen Eindruck des Todes – auch Zyklen zum *„Totentanz"* schuf.

Sepp Frank liefert *1919* nur eine Illustration *(Abb. 26)*. Er nimmt den Titel des Gedichts wörtlich und stellt weiße, tanzende Skelette vor einem düsteren Hintergrund dar. Der Friedhof ist durch zahlreiche schwarze Kreuze angedeutet, der Kirchturm wirkt äußerst überwältigend und bedrohlich. Bis auf die sich fast hämisch vergnügenden Toten bleiben die anderen Szenen der Ballade unillustriert. Auch hier betont Frank das vorherrschende Grauen. Die Illustration scheint keine Schauerballade als Vorlage gewählt zu haben, sondern Kriegsereignisse. So kann der Betrachter die beklemmende Kriegsatmosphäre gut nachvollziehen, der Tanz der Toten gleicht einer höhnischen Antwort auf die Ereignisse. Hier an einen Türmer zu denken, der sich damit vergnügt, ein Laken zu stehlen, wäre vor dem realen Hintergrund regelrecht absurd. Somit hebt sich auch diese Illustration Franks über Goethes Vorlage hinweg. Allerdings bleibt es dem Rezipienten überlassen, eigene Assoziationen an das Gedicht zu knüpfen. Indem Frank einen Totentanz darstellt, wird Goethes Ballade nichts von ihrem weiteren Inhalt genommen. Die Illustration erweist sich als eigenständiges Werk, Goethes Gedicht ist als Ausgangsbasis zu verstehen.

Einen 14seitigen Radierungszyklus *Der Totentanz* erstellte *1923* der Maler *Oscar Graf*. Diese Ausgabe ist mehr ein graphisches Buchkunstwerk denn ein Gedichtband, trotzdem sei sie hier ob ihrer eindringlichen Darstellungen erwähnt *(Abb. 27, 28, 29)*.

Graf rückt das Bild in den Mittelpunkt, die Ballade selbst wird zur jeweiligen Bildüber- bzw. unterschrift. Der inhaltliche Zusammenhang geht dennoch nicht verloren, da sich der Leser eingehend mit jeder der 14 Szenen beschäftigt und gleichsam schrittweise dem Verlauf der Handlung folgt. Die jeweilige Textstelle charakterisiert dabei den Bildinhalt äußerst treffend. Jede Strophe ist mit zwei Bildern vertreten, die siebte sogar mit dreien. Blatt 1 illustriert die Verse 1–4 und führt den Leser an den Schauplatz des Geschehens. Aus der Vogelperspektive sind Kirchturm und Friedhof zu sehen, dahinter ein an einem Fluß gelegenes, mittelalterliches Städtchen und die Landschaft der Umgebung. Die Blätter 2–5 sind den Protagonisten gewidmet und umfassen die ersten drei Strophen des Gedichts. Die Skelette werden hier gleichsam in Nahaufnahme dargestellt, wobei ihre anatomische Genauigkeit ins Auge fällt. Das rege Treiben auf dem Friedhof findet auf Blatt 6 eine jähe Unterbrechung: Der Türmer schleppt ein Laken hinter die geheiligten Pforten. Blatt 7 beendet den Tanz: Die Toten verschwinden in ihren Gräbern. Auf den Blättern 8–12 erscheint nun das beraubte Skelett entsprechend den Strophen 5–7, wobei es Graf gelungen ist, die Unrast und Verzweiflung des Übriggebliebenen darzustellen. Vom Türmer ist indes nichts mehr zu sehen. Blatt 13 stellt die überwältigend große Glocke dar – es donnert buchstäblich Ein-Uhr – und Blatt 14 schließt den Zyklus mit dem zerschellten Gerippe.

Namentlich dieser Zyklus beweist, wie reich an Motiven Goethes Vorlage ist. Die Illustratoren vor ihm hätten durchaus auch andere Szenen darstellen können, anstatt sich ständig auf die Betonung des dramatischen Höhepunkts zu fixieren. Trotz des graphischen Schwerpunktes hat Graf die Aussage der Ballade nicht entstellt. Vorzuwerfen wäre dem Künstler lediglich die Kleinschreibung des Textes, die um der typographischen Einheit willen jedoch zu rechtfertigen ist.

Vor allem die 'Nahaufnahmen' der Toten in ihren Gewändern oder das übermütige makabre Treiben während des Tanzes begleiten die Verse ohne sich deshalb aufzudrängen. Die Atmosphäre der mitternächtlichen Geisterstunde wird ebenfalls sehr gut nachvollziehbar. Gerade im Vergleich zu Sepp Franks Beitrag erscheint es interessant, daß dieses mittelalterliche Thema 1923 als solches aufgefaßt und ohne irgendwelche Interpretationen dargestellt werden konnte. Stellt man Grafs Zyklus hingegen neben die Darstellungen der Gründerzeit, so erstaunt es, daß die Illustratoren dem Gedicht selten mehr als nur eine Seite abzugewinnen vermochten.

Ernst Barlach sei an letzter Stelle genannt. Auch er ließ sich von der Thematik zu mehreren Beiträgen inspirieren. Die Lithographien wurden *1924* in der zweiten Lieferung der *Cassirer-Ausgabe* präsentiert. Entgegen der Meinung seiner Vorgänger sieht Barlach den dramatischen Höhepunkt nicht in der Konfrontation zwischen dem Toten und dem Türmer, sondern im Raub des Lakens. Die erste Illustration ist über dem Gedichtanfang plaziert und zeigt einen hinterhältigen Türmer, der hervorhuscht, um einem Toten das Tuch zu entwenden. Die gebückte Haltung zeugt dabei von seiner Vorsicht und Angst. Auf Blatt 2 sind tanzende Skelette dargestellt, Blatt 3 zeigt die Turmbesteigung des Wichts *(Abb. 30, 31, 32)*. Barlachs Beiträge überzeugen vor allem durch ihren Stil. Die ganze Szenerie bekommt einen Hauch des Grotesken, Unwirklichen. Die expressionistisch dargestellten Figuren wirken darüber hinaus verzerrt und überbetont, so daß die schaurige, unwirkliche Atmosphäre des Gedichts zum Tragen kommt. Barlach betont zwar das komische Moment und nimmt der Ballade damit ihre gruselig-schaurige Dimension, vermag aber dennoch Goethes Position nachzuempfinden, der dem Geschehen, mehr noch der Angst der Leser, leicht amüsiert gegenüberstand. Barlach stellt seine Bilder zwar nicht dienend neben den Text, die Illustrationen dürfen dennoch als ihm ebenbürtig bezeichnet werden.

Die ausgewählten Beispiele haben dargelegt, wie differenziert Illustrationen hinsichtlich des Wort/Bild-Verhältnisses zu bewerten sind. So gerechtfertigt die Forderungen der Dichter, Illustratoren oder Wissenschaftler an eine Bildbeigabe sein mögen, so wenig lassen sich diese Ansprüche vereinen. Es wäre zu vermuten gewesen, daß einheitliche Kriterien besonders bei gleicher Motivwahl leichter festzumachen sind. Stattdessen konnte aufgezeigt werden, daß weder die Wahl einer bestimmten Szene noch die Begabung des Illustrators für eine gelungene Textumsetzung bürgen. Die Wahl des dramatischen Höhepunkts als Bildinhalt – eine Grundsatzforderung all jener, die sich mit dem Thema beschäftigen – bürgt ebensowenig für ein kongeniales Erfassen des Gedichtgehalts. Genausowenig fruchten einschlägige Erwartungen hinsichtlich der Text- oder gar Worttreue, denn wie sich oben gezeigt hat, variiert ihr Nutzen erheblich. Illustrationen, die sich ausdrücklich dienend neben den Text stellen, können denselben u. U. mehr entstellen als Bilder, die als eigenständiges Kunstwerk zu verstehen sind und mit der Textvorlage auf den ersten Blick oft nur noch wenig gemeinsam haben. Zweifellos wirken sich technische und stilistische Gegebenheiten auf die Qualität einer Illustration aus. Doch auch hier sollte kein Medium prinzipiell bevorzugt werden. Ebensowenig ließe sich behaupten, daß bestimmte Stilrichtungen Goethes Gedichte kongenialer begleiten als andere.

Es hat sich gezeigt, daß es problematisch ist, eine Gedichtillustration anhand eines festgelegten Fragenkatalogs zu klassifizieren. Dazu sind die an ihrer Wirkung beteiligten Komponenten zu vielfältig und oft auch zu subtil. Inwieweit der Gehalt eines Gedichts erfaßt und seine Vielschichtigkeit jeweils angedeutet wird, hängt nicht zuletzt vom Einfühlungsvermögen des Illustrators ab. Ihm obliegt es, unter Berücksichtigung der äußeren Rahmenbedingungen einer Ausgabe, sein Empfinden in die für ihn richtige Form zu kleiden. Daß dies einem Künstler nicht immer gelingt, ist naheliegend. Darüber hinaus sind auch Illustratoren nicht von Affinitäten zu bestimmten poetischen Werken frei, was sich wiederum bei den Auftragsarbeiten auswirkt.

Anhand des Vergleichs wurde im übrigen ersichtlich, wie stark die bildenden Künstler selbst in den allgemeinen Rezeptionsprozeß von Goethes Gedichten eingebunden waren; nur wenige vermochten den Rahmen zu sprengen und einen neuen Zugang zu Goethes Werk zu schaffen. Gerade die Mehrfachillustrationen dürfen daher als aussagefähige Dokumente der Rezeptionsgeschichte verstanden werden.

Abb. 33: G. Osterwald, 1869, „V. Elegie“

5. Die illustrierten Gedichtausgaben

5.1 Vorgeschichte bis 1800

Während Goethes Lyrik schon früh eine Umsetzung in die Musik fand,[1] befaßte sich die bildende Kunst vorwiegend mit seinen Dramen oder der Prosa. Bereits die ersten recht- wie unrechtmäßigen Ausgaben seiner *Schriften* sowie die Einzeldrucke enthielten Titelkupfer und Vignetten zu einzelnen Werken, wobei *Die Leiden des jungen Werthers, Götz von Berlichingen* oder das Epos *Hermann und Dorothea* relativ häufig illustriert wurden.[2]

Doch nicht nur die publikumsträchtigsten Schriften Goethes lieferten geeignete Illustrationsvorlagen: auch Texte wie *Das Römische Carneval* fanden ihre Entsprechung im Bild. Der Band erschien 1789 als Luxusausgabe in 250 Exemplaren[3] und zählt zu den buchkünstlerisch hochwertigsten Ausgaben sämtlicher illustrierter Goethe-Bände, darüber hinaus war es „die kostbarste Ausgabe eines eigenen Werkes zu Goethes Lebzeiten."[4] Das Buch war mit zwanzig kolorierten Kupfertafeln von Georg Melchior Kraus ausgestattet, dem ehemaligen Zeichenlehrer Goethes.[5]

Zwar stehen die vielfältigen Werk-Illustrationen in der Tradition des ausgehenden 18. Jahrhunderts, das sich bekanntlich auf die

---

1 Die Aufzählung der Vertonungen zu Goethes Werken umfaßt im Anhang der Artemis-Ausgabe 69 Seiten, knapp 1000 Komponisten werden aufgelistet. Vgl. J. W. Goethe: Sämtliche Werke in 18. Bdn., Artemis, Zürich 1949, Bd.II, S. 671–739 ff.

2 In 'Goethens Schriften. Erster-Dritter Theil. Mit Kupfern. Bey Christian Friedrich Himburg, 1775/76', finden sich in Band 1 erstmals drei 'Werther'-Illustrationen, darunter der berühmte Stich nach Chodowiecki: 'Lotte das Brot schneidend'. Band 2 enthält u.a. eine Titelvignette sowie ein Kupfer zum 'Götz von Berlichingen'. 'Hermann und Dorothea' wurden für diverse Taschenbücher wiederholt illustriert, erstmals 1799 für die Erstausgabe bei Vieweg. Allerdings waren die Themen an die Epoche gebunden. Die meisten 'Werther'-Illustrationen finden sich z.B vor 1800. Zu den letzteren vgl. Jutta Assel: „Werther Illustrationen. Bilddokumente als Rezeptionszeugnisse", in: Georg Jäger: Die Leiden des alten und neuen Werther, München 1984, S. 57–106.

3 'Das Römische Carneval' erschien bei Joh. Fr. Unger in Berlin und „In Commission bey Carl Wilhelm Ettinger" in Gotha.

4 Unseld: Goethe und Verleger, S. 158.

5 Die Zeichnungen basierten auf den Skizzen von Goethes römischem Hausgenossen Christian Georg Schütz.

Illustrierung von Romanen und anderer Prosa konzentriert hatte, dennoch wurden einige Werke Goethes bevorzugt als Vorlage gewählt.[6] Vor diesem Hintergrund sind die mangelnden Gedichtillustrationen bis 1800 um so auffallender.

Die erste handschriftliche und mit Vignetten verzierte Sammlung einiger Gedichte fertigte Goethes Freund Ernst Wolfgang Behrisch 1767 in Leipzig an. Das Werk erhielt von Goethe den Titel *Annette.* Nicht ohne Stolz bemerkt er dazu in *Dichtung und Wahrheit*:

> Er [Behrisch] versprach mir ... daß er diejenigen Stücke, die er für gut hielt, selbst abschreiben ... wolle ... und brachte wirklich nach und nach ein allerliebstes Manuskript zusammen. Die Titel der Gedichte waren Fraktur, die Verse selbst von einer stehenden sächsischen Handschrift, an dem Ende eines jeden Gedichts eine analoge Vignette, die er entweder irgendwo ausgewählt oder auch wohl selbst erfunden hatte.[7]

Zur Michaelismesse 1769 erscheinen in Leipzig erstmals 7 Gedichte im Druck unter dem Titel *Neue Lieder in Melodien gesetzt von Bernhard Theodor Breitkopf.* Geschmückt ist das Heft mit einer Titelvignette, eine Rose mit Blüten und Blättern darstellend. Obwohl die Gedichte nicht illustriert sind, ist der Druck optisch gegliedert: Auf der linken Heftseite stehen die Noten, auf der rechten der Text.

Bis zum Jahre 1800 werden Goethes Gedichte vereinzelt mit Vignetten verziert, jedoch nicht illustriert. Die Herausgeber bemühen sich um eine schöne Typographie, gelegentlich finden sich Zierleisten über den Gedichtanfängen, Initialen und Titelvignetten, meist aus Blumenmotiven, Putten oder Allegorien bestehend. In Anbetracht der Verhältnisse, Kosten und unausgereiften technischen Möglichkeiten, lassen sich bei Goethes frühen Verlegern Göschen und Unger außerordentliche Bemühungen um eine formal ausgezeichnete Buch-

---

6 Innerhalb der Illustrationsgeschichte zu Goethes Werk, dürfte der 'Faust' wohl zu den meistillustrierten Stücken gehören. Die Aufstellung sämtlicher Illustrationen zum 'Faust' umfaßt in Hans Hennings Bibliographie (1970) über 30 Seiten.

7 J. W. Goethe: Dichtung und Wahrheit, Siebentes Buch, Insel, Bd.2, S. 333 f.

gestaltung feststellen, die der Dichter allerdings nicht zu schätzen wußte.

Als man sich ab 1800 auch mit Illustrationen zu den Gedichten auseinanderzusetzen begann, geschah dies auffallend zögerlich; die Erscheinungsform von Goethes Lyrik unterlag zunächst den traditionellen Gepflogenheiten des ausgehenden 18. Jahrhunderts.

5.2 **1800–1832**

5.2.1 Erste Illustrationen

Im Jahre 1800 erscheint in Band 7 von *Göthe's neue Schriften* eine Illustration zur *„Braut von Corinth"* von Meno Haas nach einer Vorlage von Goethes ehemals römischem Hausgenossen Heinrich Meyer. Mit diesem Kupferstich findet Goethes Lyrik erstmals Eingang in die Illustrationskunst *(Abb. 34)*. Auf Wunsch Goethes brachte Unger den Gedichtband zusätzlich als Sonderdruck heraus.[8]

Die Illustration war den Abteilungen 'BALLADEN UND ROMANZEN' vorangestellt und sollte den Leser auf den nachfolgenden Inhalt des Gedichtbandes einstimmen. Aus welchem konkreten Grund man die *„Braut von Corinth"* gewählt hat, läßt sich heute nicht mehr nachvollziehen. Goethes Ballade war jedoch prädestiniert, als Vorlage gewählt zu werden: Das Gedicht, hinreichend bekannt, zeichnete sich durch einen erhabenen Inhalt mit spannungsgeladener Handlung aus und spielte zudem in der von den Zeitgenossen immer noch hochgeschätzten Antike. Der Illustrator verwandelte zwar die ursprüngliche Szenerie, indem er zwei dem Zeitgeschmack

---

8 Vgl. Goethe an Unger, am 2. April 1800: „Dürfte ich Sie ersuchen zu denen Exemplaren welche Sie bestimmen noch einen besonderen Titel drucken zu lassen und zwar folgendermaßen: 'Goethe's neueste Gedichte'. Ich würde Personen, die auch die ersten Bände nicht besitzen, dadurch eine Artigkeit erzeugen können." Quelle vgl. Unseld: Goethe und Verleger, S. 192.

Der Band erschien gesondert unter dem Titel 'Göthe's neueste Gedichte. Mit Kupfern. Berlin. Bei Johann Friedrich Unger. 1800'. Die Ausgabe ist heute in keiner Bibliothek mehr nachzuweisen, ist aber identisch in Inhalt und Ausstattung mit Band 7 von 'Göthe's neue Schriften. Mit Kupfern. Berlin 1800. Joh. Fr. Unger'. Dieser Band verfügt über eine Titelvignette ('Nemesis', trauernder Engel mit Fabeltier) sowie über zwei eingebundene Kupfer: Die 'Braut von Corinth' als Teilung zwischen den Gedichtabteilungen 'Lieder' und 'Balladen' sowie 'Orpheus und Eurydike' zu 'Alexis und Dora', eingebunden zwischen den 'Elegien I' und 'Elegien II'.

entsprechende Amoretten auftreten ließ und die hereinstürzende Mutter weitaus furchterregender als das dem Totenreich entstammende Mädchen darstellte; seine Motivwahl hingegen blieb für den Großteil aller weiteren Illustratoren dieser Ballade Goethes bestimmend.

Abb. 34: Meno Haas, „Die Braut von Corinth"

Meno Haas' Kupferstich scheint eine durchaus anregende Wirkung gehabt zu haben. Der Herausgeber des 1801 in Mannheim verlegten Raubdruckes der Werkausgabe übernahm prompt die Idee: Band 8 seiner Reihe *Goethe's neue Schriften* zierte eine fast identische Kopie der Illustration, diesmal jedoch als Titelkupfer.

Karl Goedeke führt von 1800 bis zu Goethes Tod 1832 die Veröffentlichung von 15 Gedichtbänden einschließlich der Neuauflagen und Nachdrucke an,[9] von denen bezeichnenderweise nur die oben genannte Ausgabe Kupferbeigaben hat.

Innerhalb der Werkeditionen finden sich im selben Zeitraum nur drei Ausgaben mit Kupfern in den Gedichtbänden: 1800 die oben erwähnte sowie zwei Wiener Nachdrucke der Jahre 1810 bzw. 1816.[10] Hierbei handelt es sich jedoch nicht um konkrete Illustrationen zu bestimmten Gedichten, sondern jeweils um die allegorische Darstellung der Poesie bzw. des Dichters in Gestalt des Dichterrosses Pegasus. Die mangelnden Gedichtillustrationen sind um so auffallender, als die anderen Bände über diverse Illustrationen zu den dort gedruckten Werken Goethes verfügen.[11]

Neben epochenspezifischen Faktoren dürfte hierbei auch der Umstand von Bedeutung sein, daß Goethes Lyrik zu seinen Lebzeiten bei weitem nicht so erfolgreich und weitverbreitet war wie z. B. sein *Götz von Berlichingen* (1773) oder *Die Leiden des jungen Werther* (1774). Wer sich nicht zu Goethes Freundeskreis zählte und dort den Dichter seine neuesten Schöpfungen rezitieren hörte, oder aber eines der überaus beliebten handschriftlichen Exemplare von ihm geschenkt bekam, war auf die spärlichen Veröffentlichungen in Musenalmanachen und Journalen angewiesen. Der Großteil der lyrischen Produktion blieb Goethes Zeitgenossen unbekannt, zumal die Gedichte seiner Privatsphäre angehörten und nicht zur vorzeitigen Veröffentlichung bestimmt waren. Erst als Goethe begann, sich selbst historisch zu werden, erweiterte er zunehmend die Gedichtsammlungen. Immerhin wartete der Dichter bis 1815, um erstmals Unveröffentlichtes aus seiner Jugendzeit in einen Band

---

9 Karl Goedeke: Grundriss der deutschen Dichtung, Dresden 1912, Bd. 4.3, S. 1–13 und S. 46 f.

10 Vgl. 'Goethe's sämmtliche Schriften. Mit Titelradierung. Wien Anton Strauß 1810, Bd. 7' sowie 'Goethe's Werke. Erster/Sechsundzwanzigster Band. Original Ausgabe. Wien. Bey Chr. Kaulfuß und C. Armbruster. Gedruckt bey Anton Strauß 1816/22. Bd. 1 und 2.'

11 Bereits in der Werkausgabe von Himburg 'J. W. Goethens Schriften. Mit Kupfern. Berlin 1779', finden sich Kupfer zu 'Werther', 'Götz', 'Clavigo', 'Stella' und 'Claudine von Villabella', wohingegen die Gedichte nur mit einer Vignette von J. W. Meil, einen Korb mit Früchten darstellend, verziert sind. Ebenso verfügen die oben genannten Werkausgaben über konkrete Illustrationen in den übrigen Bänden. Band 8 der Wiener Ausgabe von 1810 z.B. enthält eine Titelradierung von V. Grüner zu 'Hermann und Dorothea'.

aufzunehmen.[12] Somit ergab sich die ungewöhnliche Situation, daß „dem zeitgenössischen Leser ... ein Bewußtsein vom Rang und dem Reichtum dieser lebenslangen, manchmal in Eruptionen erfolgenden lyrischen Produktion kaum erwachsen" konnte.[13]

Darüber hinaus erwies sich die Bandbreite der Goetheschen Lyrik, ihre Themen- und Formenvielfalt als hinderlich. Ohne Rücksicht auf die Erwartungen des Lesers zu nehmen, bot sie sich stets wandelbar dar; der Dichter war als universeller Geist nicht festzulegen. Demzufolge versuchte ihn sein Publikum – Anhänger wie Kritiker – sehr bald auf eine einzige Ebene zu reduzieren, namentlich jener, die der eigenen Geisteshaltung am meisten entsprach. So sehr die früh entstandenen Goethe-Gemeinden 'ihren' jeweiligen Goethe für sich beanspruchten, gilt für die Leserkreise bis 1832:

> Das Bewußtsein der zeitgenössischen Öffentlichkeit (von) der Goetheschen Lyrik war damit eher blaß und hinkte stets weit hinter der produktiven Aneignung dieser Lyrik hinterher.[14]

Dies gilt in gleichem Maße für die Illustratoren. Im übrigen dürfte auch Goethes Verhältnis zu den Künstlern seiner Zeit die seltene Illustrierung seiner Lyrik verursacht haben. Der Dichter, der bereits ab Schillers Tod 1805 ein ihm gemäßes Goethebild für die Nachwelt aufbaute, zeigte sich gegenüber den Romantikern in der Literatur wie bildenden Kunst nicht sonderlich aufgeschlossen.[15] Seine vorschnelle Verurteilung der romantischen Malerei anläßlich seiner in den *Propyläen* 1798 gestellten Preisaufgabe, wo er zunächst auch Friedrich Otto Runge und Caspar David Friedrich ablehnte, erwies sich als nicht mehr zeitgemäß.[16]

---

12 Goethe's Gedichte, Tübingen 1815.

13 Joseph Kiermeier Debre: Goethe. Das lyrische Werk, in: Walter Jens (Hrsg.): Kindler's Neues Literaturlexikon, München 1989, Bd. VI, S. 433.

14 Ebd.

15 Da hier nicht auf die schwierige Beziehung zwischen Goethe und den Romantikern eingegangen werden kann, sei auf folgende Werke verwiesen: Richard Benz: Goethe und die romantische Kunst, München 1941; Anita Fischer: Die Buchillustration der deutschen Romantik, Berlin 1933; Gisela Schulz-Hellenberg: Goethe und die Bedeutung des Gegenstandes für die bildende Kunst, München 1947, S. 280 ff.

Die anfängliche Goetheverehrung der Literaten, besonders der Jenaer Romantiker, hatte sich allmählich in ihr Gegenteil verkehrt, was für die bildenden Künstler nicht ohne Auswirkung blieb. Goethe galt im Alter vielen Zeitgenossen zunehmend als eine Weimarer Institution mit ziemlich festgefahrenen Anschauungen, die der künstlerischen Entwicklung der Zeit nicht mehr folgen wollten. Statt sich mit dem Dichter konstruktiv auseinanderzusetzen, spaltete man sich in zwei Lager: in das der Goethe-Verehrer und in das seiner Gegner. Diese ziemlich affektbestimmte Einteilung blieb erstaunlicherweise lange bestehen.

Wiewohl die Goethe-Forschung inzwischen das komplexe Verhältnis Goethes zur Romantik hinreichend untersucht und auch nachgewiesen hat, daß die gegenseitigen Vorbehalte auf beachtlichen Mißdeutungen beider Seiten beruhten[17] und letztlich auf mangelnde Information und Kommunikation zurückzuführen sind, ließ Goethes apodiktische Haltung gegenüber den Romantikern keine fruchtbare Synthese zu. Wäre es bei einem gegenseitigen Verständnis geblieben, so ist anzunehmen, daß mehrere Künstler sein Werk als Illustrationsvorlage gewählt hätten. Statt dessen bevorzugte man zunächst die Dichtung Ludwig Tiecks oder Clemens Brentanos.

---

16 Obwohl sich die romantischen Schulen in Literatur und bildender Kunst voneinander unterscheiden, bestand zunächst die gemeinsame Tendenz, sich von den Idealen des Klassizismus zu lösen. Goethes Abneigung resultierte aus ihrer zunehmenden Subjektivierung der Inhalte, Willkür der Form und späteren Hinwendung zum Mittelalter.

17 Goethe verurteilte in 'Über Kunst und Altertum' manche Bilder die er gar nicht gesehen hatte, woraufhin sich die romantischen Dichter, (nicht die Maler!), empörten.

Abb. 35: Gustav Heinrich Näcke, „Erlkönig“

Abb. 36: Gustav Heinrich Näcke, „Philomele“

Abb. 37: Wolfgang Rieder, „Ballade“

Abb. 38: Johann Heinrich Ramberg, „Der neue Amor“

5.2.2 'Kupfer-Sammlung zu Goethes sämmtlichen Werken'

Im Jahre 1827 ließ Cotta erstmals innerhalb einer Werkausgabe, der *Vollständigen Ausgabe letzter Hand,*[18] Kupferstiche zu Gedichten liefern. Die Herausgabe übernahmen die beiden Leipziger Verleger Gerhard und Friedrich Fleischer. Die Stiche waren in der 'Gross-Oktav-Ausgabe' bisweilen eingebunden, wurden extra dazugeliefert, konnten jedoch auch einzeln als Sammlung erworben werden. Allerdings entfallen von den 55 Stichen nur fünf auf Gedichte.[19] Für die Ausführung wurden verschiedene Künstler beauftragt, die Gedichte illustrierten Gustav Heinrich Näcke, Wolfgang A. Rieder und Johann Heinrich Ramberg *(Abb. 35, 36, 37, 38).*

Dieses ambitionierteste Illustrationsprojekt zu Goethes Lebzeiten fiel künstlerisch eher bescheiden aus. Obwohl mehrere Zeichner und Stecher daran beteiligt waren, sind die Stiche kein Ruhmesblatt der deutschen Illustrationskunst. Hinweise darüber, nach welchen Kriterien die zu illustrierenden Gedichte ausgesucht und koordiniert wurden, finden sich weder in Cottas Korrespondenz noch in Überlieferungen der Künstler. Offensichtlich konnten die Künstler ihre Vorlagen selbst wählen. Diese Willkürlichkeit der Illustrationszusammenstellung beeinträchtigt die Ausgewogenheit zwischen Wort und Bild hier in auffallender Weise. Die Sammlung entbehrt zudem eines ästhetischen Konzepts, das den Kupferstichen zumindest eine formale Einheit gewährleistet hätte.

Näcke lieferte je eine Illustration zum *„Erlkönig"* und zur *„Philomele"*, aus den Abteilungen 'BALLADEN' bzw. 'ANTIKER FORM SICH NÄHERND'. Rieder illustrierte die *„Ballade"* und Ramberg reichte seine, in *Minerva. Taschenbuch für das Jahr 1823* bereits publizierten Beiträge zu *„Der Müllerin Reue"* und *„Der neue Amor"* ein. Die Kupferstichsammlung hat bei der kunstwissenschaftlichen Forschung kein gesteigertes Interesse hervorgerufen. Nur Näcke wurde als Illustrator gewürdigt. Anita Fischer bezeichnet ihn sogar als das „vielleicht ... bedeutendste Talent"[20] unter den Künstlern seiner Zeit. Dennoch scheinen ihn Goethes Gedichte nicht zur vollen Entfaltung

18 'Goethes Werke, Vollständige Ausgabe letzter Hand, Stuttgart, 1827–42, 40 Bde.'

19 Vgl. hierzu Kap. 3.3.

20 Fischer: Buchillustration der dt. Romantik, S. 67.

seiner Begabung angeregt zu haben. Als Textkupfer dürften die Illustrationen den Leser in seinem Rezeptionsverhalten jedenfalls nicht sonderlich beeinträchtigt haben. Wer die Sammelmappe besaß, verfügte zwar über eine beträchtliche Anzahl von Kupferstichen zu Goethes Werken, die Gedichtillustrationen stehen jedoch in keinem Verhältnis zum lyrischen Text. Von einer derart konzipierten Illustrierung wären jedenfalls anspruchsvollere Ergebnisse zu erwarten gewesen.

5.2.3 Almanache und Taschenkalender

Angesichts der in jener Zeit geläufigen Erscheinungsform für Gedichte ist es nicht weiter verwunderlich, daß Illustrationen nur verstreut vorzufinden sind; ein Lyrikforum fand sich vorwiegend im Almanach bzw. in den diversen Taschenbüchern. Arthur Goldschmidt hat in seiner bis heute unübertroffenen Bibliographie die Wichtigkeit dieses Mediums für Goethe hervorgehoben:

> Sehr frühzeitig, schon in der allerersten Periode seiner eigenen literarischen Tätigkeit, hat der Almanach als literarisch wichtige Tageserscheinung Goethe gefesselt. So erklärt es sich, daß vom Jahre 1774 bis in die letzten Tage seines Lebens 1832, in fortlaufender Reihe sechsunddreißig Almanache mit Erstdrucken von ihm erschienen, deren Manuskripte er selbst den Herausgebern übergeben hatte.[21]

Hier mag einschränkend hinzugefügt werden, daß Goethes Mitarbeit an verschiedenen Almanachen nicht unbedingt darauf schließen läßt, daß er den Almanach besonders hochschätzte. Zwar betätigte er sich gelegentlich als Herausgeber, sofern es sich jedoch nicht um ein literarisch ernstzunehmendes Projekt wie z. B. Schillers *Horen* handelte, trieben ihn eher Wettbewerbsrücksichten zu den Veröffentlichungen.

Doch selbst innerhalb dieses Mediums lassen Gedichtillustrationen lange auf sich warten.[22] Erst ab 1821 erscheint im Taschenbuch *Minerva* in drei aufeinanderfolgenden Jahrgängen der Zyklus *Gallerie*

---

21 Arthur Goldschmidt: Goethe im Almanach, Leipzig 1932, S. VIII f.

zu Goethe's Werken von Johann Heinrich Ramberg. Die drei Lieferungen bestehen aus je acht Kupferstichen zu Goethes Gedichten und stellen die umfangreichste Illustrationssammlung innerhalb des Mediums Almanach zu Goethes Lebzeiten dar.[23] Als Buch im Buch – die Illustrationen sind den Gedichten jeweils vorangestellt und belegen in allen drei Jahrgängen die ersten Seiten des Bandes – wirkt das Arrangement auf den Betrachter wie ein kurzer Gedichtband. Durch die gegebene formale Einheit zählt dieser Zyklus zu den besten seiner Zeit. Ramberg illustrierte Gedichte aus den Abteilungen 'LIEDER', 'BALLADEN', 'KUNST', 'ANTIKER FORM SICH NÄHERND', 'ELEGIE', 'VERMISCHTE GEDICHTE' und 'PARABOLISCH'. Damit erwies er sich im Vergleich zu seinen Nachfolgern als durchaus versiert und unkonventionell.

Rambergs Neigung zur Karikatur verleiht den Illustrationen humoristische Züge, maßgeblich ist jedoch ihre dynamische Wirkung auf den Betrachter. Der Künstler hielt sich beim Illustrieren nicht immer unmittelbar an Goethes Worte, sondern stellte manchmal seine

---

22 Cotta fügte seinem 'Toilettenkalender für Damen auf das Jahr 1810' eine Illustration von Franz und Johannes Riepenhausen, gestochen von Heinrich Lips, mit dem Titel 'Der Amorettenkäfig' bei. Wiewohl dieser Kupferstich bei Dorothea Kuhn als Illustration zu Goethes Gedicht 'Wer kauft Liebesgötter?' bezeichnet wird, handelt es sich um keine solche. (Vgl. Dorothea Kuhn: „Johann Friedrich und Georg Cottas Bemühungen um die Buchillustration", in: Raabe: Buchgestaltung in Deutschland, S. 108). Im Vorwort des Kalenders erläutert der Herausgeber die Kupfertafeln, wobei der Bezug zu Goethe äußerst willkürlich ausfällt. Das als 'Mutterliebe' bezeichnete Titelkupfer wird mit 6 Versen aus Goethes 'Der Wandrer' in Verbindung gebracht. Bei der Beschreibung des 'Amorettenkäfigs' erwähnt der Verfasser einige Autoren, die sich im Laufe der Literaturgeschichte des Themas angenommen haben und schließt mit den letzten 8 Versen aus Goethes Gedicht 'Wer kauft Liebesgötter?'. Der Kupferstich selbst findet sich auf Seite 33 inmitten der Erzählung 'Falkenberg' von E. Pichler wieder. Goethe veröffentlichte hier das 1. Kapitel des 'Wilhelm Meister', jedoch kein einziges Gedicht!

Ulrich L. F. Wolf lieferte ein Jahr später eine Illustration zu 'Johanna Sebus' für 'Hortensia. Ein Taschenbuch für Damen auf das Jahr 1811. Herausgegeben von Frdr. A. Kuhn. Berlin.' Auch dieser Kupferstich gilt als Illustration zu Goethes gleichnamigem Gedicht, wiewohl er ebensowenig als solche zu werten ist. Das Taschenbuch enthält keinen einzigen Beitrag von Goethe. Der Herausgeber beginnt seine Einführung mit den Worten: „Wer kennt nicht Göthe's Hochgesang auf dieses edle deutsche Mädchen, das bei der Rheinüberschwemmung im Jahr 1809 den Rettertod starb", um dann ohne weiter auf Goethe einzugehen, fortzufahren: „Und wer fühlt nicht, daß wir unserer Hortensia keine größere Zierde geben konnten, als wenn wir das erste Blatt ... , zu einem Mausoleum jenes hochherzigen Mädchens machten?" Anschließend wird der Künstler Ludwig Wolf vorgestellt, des weiteren folgt eine Beschreibung des Unglücks.

jeweils eigene Gedichtinterpretation in den Mittelpunkt. Sofern es die Vorlage anbot, akzentuierte er durch eine betont satirische Darstellung der Figuren die (sozial-)kritische Thematik einiger Gedichte. Stellvertretend dafür sei die Illustration zur Ballade *„Vor Gericht"* angeführt, in der Ramberg seinerseits die zur damaligen Zeit immer noch brisante Thematik der ledigen Mutterschaft bzw. potentiellen Kindesmörderin aufgenommen hat *(Abb. 39)*.

Auch hier weicht die Illustration vom Wortlaut des Gedichts ab. In Goethes Fassung handelt es sich um eine Schwangere mit „gesundem Selbstbewußtsein",[24] die vor den Richter tritt und entgegen aller Konventionen ausdrücklich die Vaterschaft geheimhält. Ohne von der bürgerlichen Moral Notiz zu nehmen, verteidigt sie ihr Verhalten und den Geliebten mit dem Hinweis darauf, daß Gott die für sie einzig maßgebliche höhere Ordnung sei. Derart emanzipiert und mutig ist eine solche Figur bis dahin in diesem Kontext nie dargestellt worden.

Ramberg ging jedoch noch einen Schritt weiter. Seine Frauengestalt provoziert die Amtspersonen, indem sie dem bereits geborenen Säugling in der Amtsstube die Brust gibt. Ein Schreiber hält den Vorgang hämisch fest, der Richter sitzt bedrohlich verkrampft da, während sich der Pfarrer der jungen Mutter physisch sichtlich aufdrängt und mit dem Lorgnon genüßlich auf den entblößten Busen blickt. Diese zu ungunsten der 'Amtspersonen' erfolgte Darstellung entbehrt dabei nicht des ironischen Moments, und obwohl sich die Illustration von der Textvorlage entfernt, ist doch Goethes gesellschaftskritisches Anliegen wiedergegeben, das darauf abzielt,

---

23 Die erste Lieferung erschien in 'Minerva. Taschenbuch für das Jahr 1821. Leipzig. Bei Gerhard Fleischer' und enthielt Illustrationen zu: „Wer kauft Liebesgötter?", „Erlkönig", „Der Fischer", „Ritter Curt's Brautfahrt", „Die Spinnerin", „Der Wanderer", „Der neue Pausias und sein Blumenmädchen" und „Lili's Park". In der Ausgabe für 1822 folgten: „Der Gott und die Bajadere", „Der Schatzgräber", „Die Bekehrte", „Vor Gericht", „Die Braut von Corinth", „Der Müllerin Verrat" und „Der Müllerin Reue". Die dritte Lieferung 1823 beinhaltete: „Der Rattenfänger", „Philomele", zwei Stiche zu „Der neue Amor", „Die Nectartropfen", „Recensent", „Dilettant und Kritiker" und „Hoch-zeitabend". Ramberg hatte sich im 'Taschenbuch auf das Jahr 1803. Der Liebe und Freundschaft gewidmet, Frankfurt a. M. bei Friedrich Wilmans' bereits an 'Der Müllerin Reue' versucht. Diese Ausgabe ist heute in keiner Bibliothek mehr nachzuweisen.

24 Walter Müller-Seidel: „Balladen und Justizkritik. Zu einem wenig bekannten Gedicht Goethes", in: Karl Richter (Hrsg.): Gedichte und Interpretationen, Stuttgart 1984, S. 437–450, hier: S. 446.

Abb. 39: Johann Heinrich Ramberg, „Vor Gericht“

Abb. 40: „Erlkönig“

Abb. 41: „Recensent“

Abb. 42: „Philomele“

eine ledige Mutter vor der bürgerlichen Gesellschaft in Schutz zu nehmen.

Man merkt auch den anderen Illustrationen des Zyklus an, daß sich Ramberg mit den einzelnen Gedichten intensiv auseinandergesetzt hat. Bei den Balladen z.B. *„Erlkönig" (Abb. 40)*, konzentriert er sich im Wesentlichen auf die Stimmung aber auch abstrakten Inhalten verleiht er Lebendigkeit und bringt sie dem Leser dadurch näher. Seine Illustration zur *„Philomele"* beispielsweise, geht nicht nur symbolisch auf die mythologischen Begebenheiten ein, sondern bringt durch die Figurenkonstellation und deren Ausdruck auch die Vieldeutigkeit dieses Gedichts zur Geltung *(Abb. 42)*. Zumal ein Taschenbuch dieser Art zu jenen Büchern gehörte, die wiederholt zur Hand genommen wurden und Ramberg der erste Künstler seiner Zeit war, der Gedichte Goethes kontinuierlich illustrierte, dürfte die Wirkung seiner Bilder auf die Gedichtrezeption der Leserinnen nicht zu unterschätzen sein.

Ramberg war als Illustrator bei seinen Zeitgenossen überaus beliebt, man schätzte vor allem sein improvisatorisches Talent. Friedrich Schiller, für den er über 100 Illustrationen anfertigte, bezeichnete ihn sogar als „das größte Kunstgenie in der jetzigen Malerwelt",[25] und auch Goethe war von ihm angetan. Anita Fischer betrachtet ihn als den fruchtbarsten Illustrator seiner Zeit und konstatiert hinsichtlich seines Stils:

> Um ein echter Romantiker zu sein, ist er ein zu starker Realist, ein zu ausgesprochener Weltmann, der sich mit der anspruchslosen Art romantischer volkstümlicher Illustration nicht begnügt.[26]

Zwar wird ihm an anderer Stelle vorgeworfen, das „Edle, Einfache"[27] nicht erkannt zu haben, dennoch findet sich in dieser Epoche kein Illustrator, der Goethes Gedichte dem Leser so unmittelbar zugänglich

---

25 Schiller an Göschen. Quelle aus Rümann: Das dt. ill. Buch des XVIII. Jh., S. 30.

26 Fischer: Buchillustration der dt. Romantik, S. 64.

27 Der Vorwurf stammt von Kritikern späterer Jahre, die Rambergs oft starke Ironie als beleidigend und grob empfanden. Schiller wiederum, dem man gewiß keine Verachtung des Edlen nachsagen kann, meinte gegenüber Göschen, er kenne keinen Illustrator, der mehr „Genie, Geist und Grazie" besäße, und auch Christian Gottfried Körner lobte: „seine edlen Figuren sind voll Hoheit und Grazie." Quelle vgl. Anm. 25, S. 29 f.

gemacht hätte. Ramberg geriet dennoch in Vergessenheit; seine Illustrationen wurden nie wieder aufgelegt.

5.2.4 Eugen N. Neureuthers 'Randzeichnungen zu Goethes Balladen und Romanzen'

Das erste in sich abgeschlossene Illustrationswerk zu Goethes Gedichten kommt schließlich 1829 vom „Hauptrepräsentanten der romantischen Illustrationskunst",[28] Eugen Napoleon Neureuther. Sein Lehrer, der Münchner Maler Peter Cornelius, hatte ihn dazu angeregt. 1828 erhält Goethe einige Entwürfe, ist von der Arbeit angetan und vermittelt sofort bei Cotta. Insgesamt fertigte Neureuther fünf lithographierte Hefte an, wovon die ersten drei 1829, das vierte 1830 und das fünfte 1839 geliefert wurden.[29] Die Hefte, betitelt mit *Randzeichnungen zu Goethes Balladen und Romanzen*, brechen dabei vollkommen mit der Tradition innerhalb der Lyrikillustration, denn es ist

> ein Novum, daß ein bildender Künstler aus eigenem Antrieb Gedichte auswählt und sie, versehen mit mindestens einer Zeichnung, als eigenständige Sammlung herausgibt. Neu ist auch die Form, welche ... Text mit Bild bzw. Ornament auf einer Seite in ein enges Kompositionsgefüge bringt.[30]

Der junge Künstler wählte seine über dreißig Vorlagen vorwiegend aus den Abteilungen 'LIEDER' und 'BALLADEN'. Neureuther intendierte, mit seinen Zeichnungen dem geschätzten Dichter eine Ehre zu erweisen. Die *Randzeichnungen* sind folglich „Seiner Exzellenz Geheimrat von Goethe" gewidmet.[31]

Als Illustrator entführt Neureuther den Leser in eine oftmals phantastische, märchenhafte Welt. Doch obwohl er dem Wortlaut der Gedichte treu bleibt und manchmal sogar Verszeilen unmittelbar

---

28 Vgl. Eugen Napoleon Neureuther: Randzeichnungen zu Goethes Balladen (Faksimili) Unterschleißheim 1977, Vorwort ohne Autorangabe, ohne Seite.

29 Eine Sammelausgabe der fünf Hefte erfolgte 1855 bei Cotta.

30 Griesbach: Illustrationen zur Lyrik, S. 38.

31 Neureuther hat die Gestaltung des Titelblatts den anderen Blättern angepaßt. Die Widmung an Goethe ist selbst eine Illustration.

Abb. 42a: Eugen Napoleon Neureuther, „Mailied“

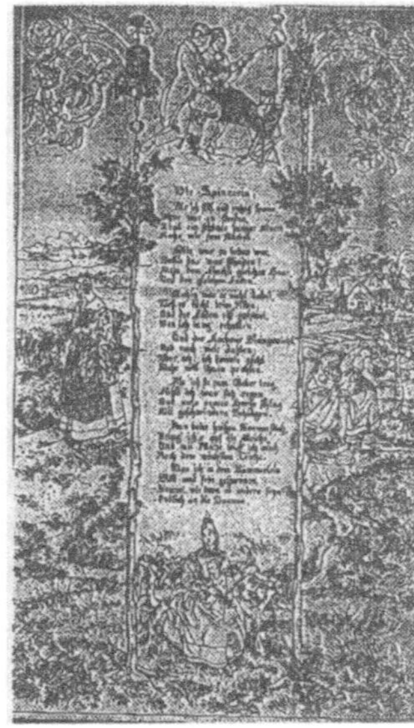

Abb. 43: „Die Spinnerin“

Abb. 44: „Schäfers Klagelied“

Abb. 45: „Adler und Taube“

umsetzt, wird die Aussage Goethes bisweilen entschärft. Dies liegt nicht zuletzt an der äußeren Form der Lithographien. Die Form der Arabeske und Umrißzeichnung[32] erlaubten es ihm, mehrere Szenen eines Gedichts in die Illustration einzuflechten und die sonst zwangsläufig gegebene Einheit von Raum und Zeit aufzuheben. Längere Gedichte sind auf zwei oder mehreren Seiten illustriert, wodurch der Text eher zum Tragen kommt als bei jenen, denen nur eine Seite zur Verfügung steht. Die oftmals direkte Einwebung des Textes in die Illustration mag hier bei manchen Bildern als Nachteil empfunden werden. So erscheint beispielsweise das *„Mailied" (Abb. 42a)* ebenso überschwenglich wie die Empfindungen des Dichters: Der Text wird von der Fülle der Darstellung jedoch erschlagen und weder der kunstvolle Bau des Gedichts noch die Methaphorik Goethes kommen zum Ausdruck.[33] Um die im Gedicht versinnbildlichte „Partizipation aller unterschiedlichen, besonderen Individuationen am Allgemeinen der göttlichen Liebe"[34] entsprechend wiederzugeben, hätte das Bild einer größeren Ruhe bedurft. Neureuther hat sich nur auf das euphorische Moment eingelassen, einer vordergründigen Ebene des Gedichts.

Die Illustration zu *„Adler und Taube" (Abb. 45)* wiederum zeigt, daß Worttreue allein nicht ausreicht, um einen Text kongenial umzusetzen. Goethes Parabel des Schicksals, seine Anspielung auf die Künstlerproblematik und das Spannungsverhältnis zwischen Genius und Weisheit sind hier nicht annähernd dargestellt. Neureuther vereinfachte Goethes Aussage, indem er sich nicht mit der Symbolik auseinandersetzte, sondern sich auf die Worte berief:

„Ein Adlerjüngling hob die Flügel ...
Ihn traf des Jägers Pfeil ..."

Diese bildhafte Ebene ist im Gedicht zwar auch vertreten, erweist sich als tragendes Element für eine Illustration jedoch als zu naiv.[35]

---

32 Dieter Griesbach zählt die 'Randzeichnungen' zur „Kategorie der Groteske, deren Wesen die Kombination von Szenischem mit Ornamentalem ist", Griesbach: Illustrationen zur Lyrik, S. 36. Eine umfassende Einführung in das Thema bietet ferner der Aufsatz von Werner Busch: „Umrißzeichnung und Arabeske als Kunstprinzipien des 19. Jh.", in: Regine Timm (Hrsg.): Buchillustration im 19. Jahrhundert, Wolfenbütteler Schriften Bd. 15, Wiesbaden 1988, S. 117–148.

33 Zu Goethes 'Lichtmetaphorik' vgl. Kommentar in der FA, Bd. 1.1., S. 841.

34 Ebd.

Dennoch zählten die *Randzeichnungen* bald zu den beliebtesten Goethe-Gedichtausgaben. Dieser Erfolg ist nicht zuletzt Goethe selbst zu verdanken, der sich nicht scheute, für Neureuthers Werk öffentlich zu schwärmen. Dorothea Kuhn zufolge fand Goethe „großen Gefallen an diesen Arbeiten, in denen sich die bildende Kunst dem Wort unterordnet und dennoch das Wort in diese Kunstsphäre erhebt.“[36] Dem ist zuzustimmen, sofern „Wort“ hier mit „Inhalt“ gleichgesetzt wird. Dem Gehalt der Lyrik wurde Neureuther durch seine naive Verherrlichung der Dichtung weitaus weniger gerecht.

Goethe befaßte sich in der selben Zeit mit den 'Faust'-Illustrationen des Franzosen Eugène Delacroix,[37] der den Text weit über dessen Wortlaut hinaus illustriert hatte. Sein diesbezüglicher Kommentar gegenüber Eckermann lautete: „Da muß man doch gestehen ... , daß man es sich selbst nicht so vollkommen gedacht hat“.[38] Angesichts dessen wird sichtbar, welch offensichtlich unterschiedlichen Ansprüche Goethe an die Illustratoren seiner Dichtung stellte.

5.3 1832–1871

Die Zeit nach Goethes Tod bis zur Reichsgründung hat Karl Robert Mandelkow unter rezeptionsgeschichtlichen Aspekten zutreffend als „Spannungsfeld von [Goethe-] Negation und Apotheose“ bezeichnet.[39] Die bereits in den 20er Jahren des 19. Jahrhunderts abzusehende Aufspaltung in „Goetheaner einerseits und Goethegegner andererseits“[40] vollzog sich endgültig, das breite Lesepublikum verlor darüber hinaus an Goethes Dichtung zunehmend Interesse. Waltraud Hagen hat für das Jahrzehnt nach Goethes Tod festgestellt, „daß der Grad der Verehrung, den man Goethe als Dichter

---

35 Hier würde es sich für die Rezeptionsforschung anbieten, das Verhältnis von Wort und Bild bei den Illustrationen Neureuthers im Detail zu untersuchen, zumal sich die Kunstwissenschaft vorwiegend auf die Bildinterpretation beschränkt hat.

36 Dorothea Kuhn: „J. F. und G. Cottas Bemühungen um die Buchillustration“, in: Raabe: Buchgestaltung in Deutschland, S. 116.

37 Die Ausgabe erschien 1828, von F. A. A. Stapfer übersetzt, in Paris. Goethe erhielt 1828 ein sogenanntes Pracht-Exemplar.

38 Vgl. Goethe zu Eckermann am 29. November 1826, MA, Bd. 19, S. 167.

39 Mandelkow: Goethe in Deutschland, Band. I, S. 85 ff.

40 Ebd., S. 89.

entgegenbrachte, nicht im gleichen Verhältnis stand zu dem Bedürfnis, seine Werke auch wirklich zu lesen.“[41] Wolfgang Leppmann zufolge war Goethe um 1855 „so in die Vergangenheit entrückt, daß er ausdrücklich wiederentdeckt werden mußte.“[42] Die Rezeptionsforschung ist sich einig, daß „Goethes Nachruhm in Deutschland in den Jahrzehnten 1830–1880 seinen Tiefpunkt erreichte.“[43]

Wiewohl nach Goethes Tod vor allem bei Cotta einige Werkausgaben und Gedichtbände in verschiedenen Ausstattungen erschienen, weist die Illustrationsgeschichte von Goethes Lyrik bis in die späten 60er Jahre des 19. Jahrhunderts nur zwei namhafte Künstler auf: Wilhelm Kaulbach und Ludwig Richter.

Die Illustrationsflaute nach 1832 bis zu den ersten Prachtausgaben ist zeitbedingt und mit Goethes abnehmender Aktualität zu erklären. Angesichts der diversen Cottaschen Werkausgaben kann man im übrigen davon ausgehen, daß der Markt ohnehin relativ gesättigt war.

5.3.1 Wilhelm Kaulbachs 'Gallerie zu Goethe's sämmtlichen Werken‘

Kaulbachs Illustrationen zu sieben Gedichten Goethes waren Teil eines Ausstattungsprojektes, das 1840 vom Cotta-Verlag für die Ausgabe *Goethe's sämmtliche Werke in 40 Bänden* in Auftrag gegeben und unter dem verlockenden Titel *Gallerie zu Goethe's sämmtlichen Werken* publiziert wurde.

Der Maler, der zur selben Zeit seiner Illustrationstätigkeit den Schlafsaal der Gemahlin König Ludwigs I. mit 42 Szenen aus Goethes Dichtung, darunter acht Balladen, schmückte, blieb bei den Cottaschen Auftragsarbeiten weit unter seinem Niveau und zog zu deren Ausführung sogar seine Schüler heran. Die Illustrationen stehen, was ihre Qualität und Beliebtheit betrifft, in keinem Verhältnis zu seinem 1846 publizierten und weitaus erfolgreicheren Illustrationswerk *Reineke Fuchs*.

---

41 Waltraud Hagen: „Goethes Werke auf dem Markt des deutschen Buchhandels“, in: GJB 100, 1983, S. 57.

42 Wolfgang Leppmann: Goethe und die Deutschen, Bern 1982, S. 93.

43 Ebd., S. 64.

Abb. 46: Wilhelm Kaulbach, „Blinde Kuh“

Abb. 47: „Die Braut von Corinth“

Abb. 48: „V. Elegie“

Verstreut im Text neben den ihnen zugehörigen Gedichten eingebunden, charakterisieren sich die Stahlstiche durch geringe Ausdrucksstärke und Distanz zum Text. Dabei profitierte Kaulbach nicht einmal von den Kunstströmungen seiner Zeit, die den Bildern zumindest eine stilgeschichtliche Dimension verliehen hätten. Die Illustrationen scheinen vielmehr Goethes Gedichte symbolisch wiedergeben zu wollen, wobei Kaulbach vorwiegend inhaltliche Zitate aufgriff, ohne sich mit dem Gehalt der Gedichte auseinanderzusetzen.

Während die Illustration zu *„Blinde Kuh“ (Abb. 46)* die im Gedicht beschriebene Szene des beliebten Gesellschaftsspiels noch am glaubwürdigsten umsetzt, scheinen es die stilisierten Bilder zu *„Wer kauft Liebesgötter“*, der *„V. Elegie“ (Abb. 48)* und *„Legende“* mit Goethes Vorlage nicht aufnehmen zu können. Die Illustration zur *„Braut von Corinth“* schließlich entbehrt nicht des grotesken Moments, wobei die Spannung und Tragik der Handlung angesichts der plumpen Darstellung der Figuren vollkommen ins Lächerliche verzogen werden *(Abb. 47)*. Desweiteren wählte er die Gedichte *„Heidenröslein“* und *„Der Fischer“* als Vorlage.[44]

Kaulbachs offensichtliches Desinteresse hat auch die Forschung zu keiner positiven Bestandsaufnahme veranlaßt. Arthur Rümanns vernichtendes Urteil über diese Gedichtillustrationen ist bisher jedenfalls nicht widerlegt worden:

> Die meisten dieser Blätter sind nicht mehr genießbar, man merkt ihnen an, daß Kaulbach den Auftrag nur angenommen hatte, um Geld zu verdienen. Kaulbach vermochte nicht, sich dem Text sklavisch anzupassen; seine eigene Auffassung wiederum wich derart vom Geist der Dichtung ab, daß man erstaunt ist über die Unfähigkeit eines deutschen Künstlers, den Worten ... Goethes ... zu folgen.[45]

---

44 Zu „Heidenröslein“ und „Der Fischer“ vgl. Kapitel 4.3.1. ff.

45 Arthur Rümann: Das illustrierte Buch des XIX. Jahrhunderts in England, Frankreich und Deutschland 1760–1860, Leipzig 1930, S. 301.

Die Illustrationen wurden dennoch wiederholt aufgelegt. Stimmen aus der Leserschaft und der Kritik sind uns nicht überliefert, letztere befaßte sich dafür wiederholt mit den Illustrationen zu *Reineke Fuchs*. Vielleicht darf man diese auffällige Nicht-Beachtung der Bilder in diesem Fall als unausgeprochene Wertung der zeitgenössischen Rezipienten verstehen.

5.3.2 Das 'Goethe Album' von Ludwig Richter

Ludwig Richters Illustrationen hingegen erlangten zeitlose Beliebtheit. Seine „kleinbürgerliche Sonntagspoesie"[46] ist bis heute auf dem Buchmarkt präsent. 1856 erschien das *Goethe Album* mit Holzschnitten bei Georg Wigand zum ersten Mal, die jüngste Neuauflage erfolgte 1985.[47] Beabsichtigt waren möglichst viele Illustrationen zu leichten Texten, sozusagen ein Volks-Goethe[48] mit Bildern. Richter selbst hatte sich überschätzt und zu Beginn weit hochfliegendere Pläne verfolgt. Letztlich scheiterte auch er am Gehalt von Goethes Texten.

Kaulbach und Richter erweiterten das Spektrum und entwarfen Illustrationen für bis dahin noch nicht behandelte Gedichte. Doch auch mit Richter zeichnet sich in der Goethe-Illustration die neue Tendenz ab: sie verkommt zur Gebrauchskunst bzw. Auftragsarbeit ohne hohe künstlerische Ansprüche.

Richters Zugang zu Goethe war von seinem deutsch-volkstümlichen Gedankengut geprägt, das ihn Goethe als „urdeutschen Volksliederdichter"[49] interpretieren ließ, ohne auch nur annähernd auf die Vielschichtigkeit des Dichters einzugehen. Die zu illustrierenden Gedichte wählte er selbst aus, beschränkte sich jedoch auf die seines

46 Vgl. Clösges: Illustration von Goethes Dichtung, S. 417.

47 Vgl. Ludwig Richter: Goethe Album 1856, Leipzig Wigand. Einige der Holzschnitte waren vorab bereits 1852 in Wigands „Deutschem Balladenbuch" veröffentlicht worden. Heute findet sich die Holzschnittsammlung vereint in: Ludwig Richter's Familienhausbuch, Wiesbaden 1985.

48 Der J. G. Cotta Verlag brachte 'Goethes sämmtliche Werke in 40 Bänden' erstmals 1853 in der Reihe „Volksbibliothek deutscher Classiker" heraus. Hierbei handelt es sich um preiswerte Taschenausgaben, ein Konzept, das nach 1867 von mehreren Verlegern übernommen wurde. Der Ausdruck 'Volks-Goethe' bürgerte sich erst 1909 mit der von der Goethe-Gesellschaft beim Insel Verlag in Auftrag gegebenen sechsbändigen Werkausgabe ein.

49 Fritz Breucker: Ludwig Richter und Goethe, Leipzig 1926, S. 14 ff.

Abb. 49: Ludwig Richter, „Schäfers Klagelied“

Abb. 50: „Jägers Abendlied“

Abb. 51: „Hochzeitlied“

Abb. 52: „Die wandelnde Glocke“

Erachtens „ergötzlichen" 'LIEDER' und 'BALLADEN', obwohl ihn sein Verleger um „erbauliche" Beiträge gebeten hatte.[50]

Richter hielt sich meist an den Wortlaut der Gedichtvorlagen, wagte sich aber hin und wieder auch an eigene Interpretationen. Seinen Illustrationen zum *„Heidenröslein"*[51] oder der Ballade *„Die Wandelnde Glocke" (Abb. 52)* verlieh er keine weiterführende geistige Dimension, sondern beharrte auf kleinbürgerlichen Wendungen, die zu Goethes Texten nicht passen. Unter all seinen Illustrationen hat letztere die nachfolgenden Illustratoren wohl am nachhaltigsten beeinflußt: Wer sich an keine gewichtigere Interpretation der Ballade wagte,[52] kopierte Richters Motiv und stellte eine militante Glocke dar, die den Knaben über alle Felder verfolgt. Richters Illustrationen wurden in den folgenden Jahrzehnten bezeichnenderweise auch für Kinder- und Jugend-Gedichtausgaben verwendet. Manche Illustrationen, v.a. letztere, dürften dabei ihre erzieherische Wirkung auf das Kindergemüt sicher nicht verfehlt haben.

Richters *Goethe Album* wirkt jedoch nicht nur aufgrund der einzelnen Holzschnitte volkstümelnd, sondern auch infolge der Gewichtung innerhalb der Gedichtauswahl und seiner einschlägigen Illustrierung. Indem sich die Selektion auf Goethes meist fröhliche Lieder und märchenhafte Balladen beschränkt, darüber hinaus tiefergehende Gedichte nicht abgedruckt bzw. illustriert wurden, entsteht das Bild eines seiner Komplexität vollkommen beraubten Volksdichters, der weder mit geistigem Gehalt noch mit universellem Gedankengut in Verbindung gebracht werden kann. Wenn man Mandelkows These, Goethes Wirkungsgeschichte zwischen 1832 und 1870 sei eine politische gewesen,[53] auf Richters Interpretationsmodus anwendet, wird deutlich, in welchem Maße man Goethe für unterschwellig reaktionäre Sichtweisen mißbrauchen konnte, ohne dies ausdrücklich zu bekunden.

An Richter läßt sich aufzeigen, daß hohe künstlerische Anforderungen und qualitative Maßstäbe für den Erfolg von Illustrationen nicht ausschlaggebend sind. Obwohl sich die Forschung einig ist, daß er

---

50 Ebd., S. 33.

51 Vgl. Kap. 4.3.1.

52 Vgl. Kap. 5.5.1. f.

53 Karl Robert Mandelkow: Goethe in Deutschland, Bd. I, S. 87.

Goethes Gedichte durchwegs in eine biedere Sphäre verlegt und die Worte des Dichters durch seine maßlose Vereinfachung entstellt hat, zählen seine Illustrationen zu den Standardwerken innerhalb der Goetheschen Lyrikillustrationsgeschichte. Es bliebe zu fragen, ob sich Richter mangels einer erfolgreicheren Konkurrenz diese Stellung sichern konnte – begabtere Illustratoren gab es auch später noch – oder ob es nicht vom Niveau des allgemeinen Publikumsgeschmackes zeugt, daß sich Goethes Gedichte, derart reduziert, bis heute einer so großen Beliebtheit erfreuen können.

5.3.3 Weitere illustrierte Ausgaben

Während der Stuttgarter Göpel Verlag gehobene Ansprüche zu befriedigen sucht und 1869 eine Goethe-Ausgabe in 3 Bänden mit insgesamt 42 Stahlstichen – 12 davon zu Gedichten – verschiedener Künstler ediert, erscheint im selben Jahr bei Grote in Berlin ein schlichter Gedichtband 'mit Zeichnungen', der in wenig abgeänderter Form 1871 unter dem Titel *Erste illustrirte Ausgabe* (sic!) neuaufgelegt wird.[54]

Göpels Illustrationen stehen am Ende einer Rezeptionsepoche, die sich um die Illustrierung von Goethes Gedichten nicht sonderlich verdient gemacht hat. Zum letzten Mal in der Illustrationsgeschichte von Goethes Lyrik werden Stahlstiche verschiedener Künstler[55] in vorwiegend romantischer Manier angefertigt, die sich von den gedruckten Bildbeigaben der Folgezeit ausdrücklich abheben und der Ausgabe ein elegantes Erscheinungsbild verleihen. Als Bildvorlage

---

54 Die eigentlich 20bändige Edition Grotes „Goethe' s Werke" (1867/70) wurde in der Folgezeit in Auszügen unter verschiedenen Titeln neuaufgelegt. Auch das ein Trick, der Leserschaft neue Editionen vorzugaukeln. Die Gedichte wurde z.B. unter dem Titel „Goethe's Gedichte. Diamant-Ausgabe mit Illustrationen nach Brinckmann, Piloty, Pietsch, Rothbart, Thumann u. A. "1868 herausgegeben. Die zweite Auflage erfolgte 1870, die neunte (!) 1879. Im Jahre 1869 erschien derselbe Band unter dem Titel „Goethe's Gedichte. Mit Zeichnungen von Ludw. Pietsch, Ferd. Piloty" in der Reihe 'Hausbibliothek deutscher Classiker. Illustrirte (sic!) Ausgabe ihrer Meisterwerke.' Auch diese Ausgabe erlebte bis 1879 fünf Auflagen. Grote brachte in der Folgezeit sowohl die Werkausgabe als auch den Gedichtband z. T. mit zusätzlichen bzw. ohne Illustrationen heraus; für die Neuauflagen wurde zudem ein neues Vorwort verfaßt, bzw. Supplements angekündigt. Vgl. Goedeke, Bd. IV, 3, S. 21 f.

55 Mitgewirkt haben die Illustratoren Ferdinand Rothbart, J. B. Sonderland, G. Osterwald, C. Wohnlich, C. A. Simon, Emil Rose, J. Buchner und Ferdinand Kirchgessner.

Abb. 53: ***Ferdinand Rothbart, „Erlkönig"***

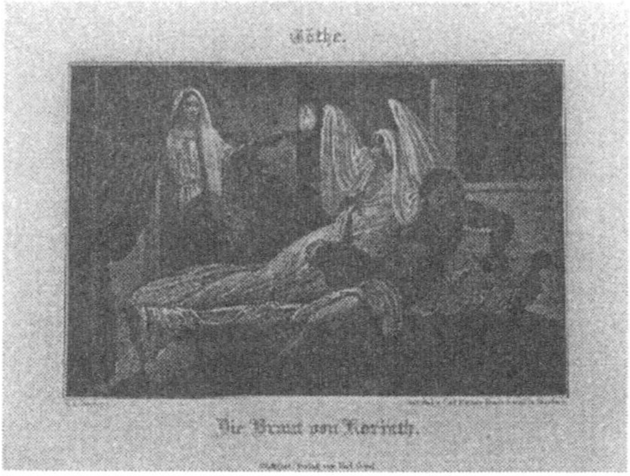

Abb. 54: C. A. Simon, „Die Braut von Korinth"

Abb. 55: Grote 1869a, „Juni“

Abb. 56: Grote 1869a, „Die Liebende“

hatte man hauptsächlich Balladen gewählt.[56] Durch diese Themenwahl und die feinfühlige Illustrierung dramatischer Inhalte, liegt hier der Schwerpunkt auf der Ernsthaftigkeit der Dichtung. Obwohl jeder Künstler seinem eigenen Zugang zu Goethes Gedichten Ausdruck verleiht, kommt es innerhalb der Ausgabe zu keinem Stilbruch. Manche Bilder scheinen Goethes Gedichte zwar kongenialer umgesetzt zu haben als andere, dennoch sind die Illustrationen in sich abgerundet und vom selben künstlerischen Anspruch getragen. Die zwölf Bilder sind neben den Text eingebunden und machen den Leser hier auf das jeweilige Gedicht aufmerksam, zumal sich auf manchen Seiten mehrere Gedichte abgedruckt finden. Da im Druck von weiteren Verzierungen abgesehen wurde, erlangen die Stahlstiche eine hervorgehobene Stellung. Wie eine Gemäldesammlung laden sie zur konzentrierten, vom Text unabhängigen Betrachtung ein. Im Vergleich zu ähnlichen Illustrationsprojekten des 19. Jahrhunderts, an denen ebenfalls mehrere Künstler mitgewirkt haben, zählen diese Stahlstiche aufgrund der feinfühligen Interpretation der Illustratoren und der künstlerischen Gestaltung zu den besten ihrer Art *(Abb. 53, 54)*.

Grotes Ausgabe hingegen gibt schon einen Vorgeschmack auf die Editionen der folgenden zwei Jahrzehnte. Der Verleger wählte billiges Papier und entschied sich für einen schlichten Druck. Die 16 Zeichnungen von Ludwig Pietsch und Ferdinand Piloty sind jedoch noch auf einer für sie reservierten Seite abgedruckt *(Abb. 55, 56)*. Grote hat diese Ausgabe unter Änderung des Titels in der Folgezeit mehrmals neuaufgelegt. Spätere Ausgaben wurden mit mehr Illustrationen und Vignetten versehen. Dafür, daß es sich hier um eine preiswertere Ausgabe als die Cottaschen Publikationen gehandelt hat, die ausstattungsmäßig ebensooft zu wünschen übrig ließen, hat der Gedichtband in seiner Schlichtheit sicher ein breites Publikum angesprochen. Manche Illustrationen sind so gehalten, daß sich der Leser selbst aussuchen konnte, zu welchem Gedicht sie passen. Insgesamt wirken die Bildbeigaben in dem äußerst textlastigen Band als willkommene optische Abwechslung. Es ist daher anzunehmen, daß sich der Leser mit den Darstellungen eingehend beschäftigt hat.

---

56 „Bergschloß", „Ballade", „Erlkönig", „Der Fischer", „Der König von Thule", „Die Spinnerin", „Die Braut von Corinth", „Der Gott und die Bajadere", „V. Elegie", „Der neue Pausias und sein Blumenmädchen", „Der Wanderer" und die „Legende vom Hufeisen".

5.4 1871–1918

Ab 1871, hauptsächlich aber in den 80er und 90er Jahren, beherrschen die sogenannten 'Illustrierten Ausgaben', Prachtausgaben und Goethe-Gedichtbände in allen Formaten und Ausstattungen, jedoch ohne qualitativ hochwertige Illustrationen, den Buchmarkt. Durchschnittlich alle vier Jahre werden Goethe-Editionen herausgebracht, einschließlich verschiedener Neuauflagen. Der Cotta-Verlag beispielsweise, läßt 1874 eine Auswahl aus Goethes Werken mit Kaulbachs Stahlstichen nachdrucken.

Das plötzliche Überhandnehmen dieser pompösen Bilderbücher ab den 70er Jahren läßt sich zum einen mit dem „Klassikerjahr" 1867 erklären, das durch die Aufhebung des ewigen Verlagsrechts gleichzeitig mehreren Verlegern eine Herausgabe von Goethes Lyrik ermöglichte, und zum anderen mit einem langsam wiederaufblühenden Goethekult, der schließlich bis zum Ersten Weltkrieg andauern sollte. Goethes Werk wurde nun als deutsches Kulturgut empfunden, das in jedem Haushalt zumindest ausschnittsweise vertreten sein sollte.

Mandelkow hat ausdrücklich darauf hingewiesen, daß die Goetherezeption im Kaiserreich äußerst differenziert zu beurteilen ist. Während Goethe als deutscher Dichter einerseits für einen neuen Nationalismus in Anspruch genommen und vorurteilslos verehrt wurde, betonten die Gegner der konservativen Fraktion das Universale seiner Dichtung, sowie die kosmopolitische Komponente. Dieser ideologische Gegensatz sollte bis nach dem Ersten Weltkrieg bestehen bleiben. In ihm manifestiert sich nicht nur der neue geistige Ansatz, sondern die politische Entwicklung, die Deutschland nehmen sollte. Im Rahmen der Gedichteditionen wird zum ersten mal zwischen dem „jungen" und dem „späten" Goethe unterschieden, man beginnt allmählich, sich für sein Alterswerk zu interessieren. Wie nie zuvor wird Goethe und sein Werk für politische Propaganda mißbraucht. Die Beziehung, die man im Kaiserreich zu Goethe hat, ist gleichsam stellvertretend für den jeweiligen politischen Standpunkt. Auf dem Buchmarkt stellt sich die Situation etwas einseitiger dar: Kritische Stimmen, die versuchen Goethes Person und Dichtung vor einem völkisch geprägten Mißbrauch zu schützen, finden nur selten Gehör und bleiben „die Stimmen von Außenseitern."[57] Bis zur Jahrhundertwende überwiegen deshalb jene Ausgaben, die im Sinne einer neuen Goethe-Apotheose einschlägige Rezeptionsakzente setzen.

5.4.1 Prachtausgaben

Wiewohl sich der Fachterminus „illustrierte Ausgabe“ auch auf jene Bücher aus dem späten 18. und frühen 19. Jahrhundert bezieht, denen Kupferstiche beigegeben waren, erscheint dieser Begriff innerhalb Goethes Werksammlung erstmals 1867.[58] Bezeichnet wird damit eine Vorläuferin der späteren Prachtausgaben.[59] Illustrationen waren bereits zu einer Modeerscheinung geworden. Mit dem Wort 'illustriert' sollte nicht auf künstlerische Techniken oder gar den Gehalt des Buches verwiesen werden, vielmehr galt es, auf den großen Bildanteil innerhalb eines vorliegenden Bandes aufmerksam zu machen.

An den Prachtausgaben sind meistens mehrere, oft nicht genannte Künstler beteiligt. Hier sei bemerkt, daß sich auch Ausgaben mit wenig Illustrationen, schlechtem Druck und Papier sowie billiger Erscheinungsformen den Titel 'Prachtausgabe' verliehen. Dennoch sind unter den Goethe-Ausgaben teure Luxusexemplare ebenso zu finden.

Im Zuge der aufwendigen Gestaltung werden auch bisher nicht illustrierte Gedichte mit einer Zeichnung versehen. Obwohl der Schwerpunkt in der optischen Gestaltung eindeutig auf dem Bild liegt, vermitteln die meisten Ausgaben eine störende Überladenheit, bei der das Wort und letztendlich auch das Bild ihre Aussagekraft verlieren.

Die 'illustrierten' Ausgaben verfügen meistens über viertel-, halb- und ganzseitige Gedichtillustrationen. Diese sind entweder über, unter, neben oder zwischen den Strophen plaziert. Der Leser kann sich ihnen nur schwer entziehen, vor allem, wenn die Bilder das Gedicht auseinanderreißen und ein kontinuierliches Lesen unmöglich machen. Manche Ausgaben wurden darüber hinaus durch Zierleisten und kunstvoll gestaltete Initialen geschmückt. Je aufwendiger und teurer

---

57 Mandelkow: Goethe im Urteil seinerKritiker, Bd. III, S. LXVI.

58 Vgl. die oben besprochene Ausgabe Goethe's Werke. Erste illustrirte (sic!) Ausgabe. Berlin Grote 1867/70. Ursprünglich kannte man die Bezeichnungen: 'Mit Kupfern', 'Mit Stahlstichen', 'Mit Federzeichnungen' etc., die allesamt auf das künstlerische Verfahren verwiesen und den Aspekt bildende Kunst/Lyrik bereits im Titel ankündigten.

59 Der Terminus 'Prachtausgabe' wird im Rahmen dieser Untersuchung ausschließlich für die aufwendig illustrierten Bücher der Gründerzeit verwendet. Zur Geschichte der Prachtwerke allgemein vgl. Ira Diana Mazzoni: Prachtausgaben. Literaturdenkmale in Quart und Folio, Marbacher Magazin 58/1991.

die Ausgabe produziert wurde, desto großzügiger war die Gestaltung auf den Innenseiten. Manche dieser Gedichtbände erschienen im Überformat (ca. 40 x 35 cm) und wogen mehrere Kilogramm. Ihnen mußte der Platz auf dem 'Salontisch' garantiert gewesen sein, zumal sie sich schon wegen ihres unhandlichen Formats nicht zum Lesen, sondern höchstens zum Blättern eigneten. Folglich ist zu vermuten, daß besonders die ganzseitigen Illustrationen die Aufmerksamkeit des Betrachters auf sich zogen. Goethes Lyrik wurde somit erstmals überwiegend optisch rezipiert.

Während die ersten Groteschen Ausgaben noch mit den neuen drucktechnischen Möglichkeiten experimentieren und relativ schlicht wirken, nimmt die übermäßige Bebilderung in den 80er Jahren drastisch zu. Allmählich versucht man sich auch stilistisch von der Romantik zu lösen, um Goethes Gedichte in realistischer Manier zu illustrieren, was ob der meist mangelnden künstlerischen Qualität oft peinlich berührt und dem Gehalt der Dichtung nicht unbedingt entgegenkommt. Unter den diversen Prachtbänden der Gründerjahre sticht die 1882 von der deutschen Verlagsanstalt verlegte Ausgabe *Goethe's Werke. Illustriert von ersten deutschen Künstlern* heraus. Obwohl man auch hier nicht mit Bildern und sonstigen Schmuckelementen gespart hatte – die gesamten fünf Bände verfügen über 1058 Illustrationen – sind die meisten davon in ihrem Wort/Bild-Verhältnis ausgewogen. Stilistisch bewegen sich die Künstler zwischen Spätromantik und Realismus, wobei einige Illustratoren erstaunlich moderne Elemente einfließen lassen. Formal gleichen manche der Drucke frühen Kupferstichen, andere wiederum Lithographien oder Ölbildern. Die Vielfältigkeit der Formensprache kommt den Gedichten zugute, da jede Illustration unmittelbarer auf den Stil des Gedichts eingehen kann, wobei manche Stilkombinationen passender wirken als andere.

Die Ausgabe ließ keine Gedichtabteilung unbeachtet und wagte sich auch an sonst verschmähte Gedichte. Goethes 'Späte Lyrik' wird erstmals von verschiedenen Künstlern ins Bild umgesetzt. R. Püttner wählte z. B. aus den Dornburger Gedichten *„Dem aufgehenden Vollmonde"* *(Abb. 59)*, um es – zugegebenermaßen schlicht – zu illustrieren. A. Riedel wiederum schafft mit seinem Bild zu *„Sakontala"*, aus der Abteilung 'ANTIKER FORM SICH NÄHERND', die überhaupt einzige Illustration zu diesem Gedicht Goethes *(Abb. 57)*.

Sakontala.

1791.

Willst du die Blüthe des frühen, die Früchte des späteren Jahres,
Willst du, was reizt und entzückt, willst du, was sättigt und nährt,
Willst du den Himmel, die Erde mit Einem Namen begreifen;
Nenn' ich, Sakontala, dich, und so ist Alles gesagt.

Abb. 57: A. Riedel, „Sakontala"

Abb. 58: E. Unger, „Gesang der Geister über den Wassern"

Abb. 59: R. Püttner, „Antiker Form sich nähernd“

Abb. 60: 1882, „Die Braut von Korinth“

Dafür, daß über 40 Künstler an der Ausgabe mitgewirkt haben, weist sie eine in sich geschlossene harmonische Gesamtgestaltung auf, die trotz der Dominanz des Bildes, Goethes Gedichten würdig begegnet. Inwieweit allerdings jede einzelne der zahlreichen Illustrationen dem jeweiligen In- und Gehalt der Gedichte gerecht wird, bleibt fraglich.[60]

Die über 60 Illustrationen Frank Kirchbachs, die 1897 bei Adolf Titze in Leipzig eine Prachtausgabe begleiten, mögen hier stellvertretend für den Niedergang der Illustrationskunst stehen *(Abb. 61, 62, 63)*. Zwar ist die Gestaltung der Ausgabe so großzügig konzipiert, daß der Text Priorität vor dem Bild hat, dennoch werden Goethes Gedichte durch Kirchbachs Bildbeigaben weitgehend entstellt. Namentlich jene Illustrationen, in denen der Künstler seinen bildhauerischen Neigungen Ausdruck verleiht, wirken zu grob, um Goethes zum Teil zarte Inhalte darzustellen. Kirchbach scheint den Dichter vorwiegend als Titanen begriffen zu haben, gemäß der 1898 gestellten Forderung Hermann Grimms:

> Wir verlangen monumentale Bilder unserer großen Männer (...) Nicht wie sie waren, wollen wir sie sehen, ... sondern wie sie innerhalb der Volksphantasie sich erheben. (...) Das Thronende, das Olympische, das [Goethes] Mitlebenden schon als sein eigentliches Wesen hervortrat, muß seine Statue umschweben.[61]

Wieder andere Illustrationen Kirchbachs verzerren durch ihre eigenwillige Interpretation die Aussage von Goethes Gedichten vollkommen. Hier liegt die Vermutung nahe, daß der Eindruck, den man beim Betrachten der Bilder gewinnt, auf die Wirkung der Gedichte ungünstig abfärbt. Kirchbach versuchte sich auch an der Darstellung von Amoretten und Putten; die 'RÖMISCHEN ELEGIEN' wiederum illustrierte er in stilistischen Anklängen an den Jugendstil. Die Uneinheitlichkeit der künstlerischen Form trägt hier zusätzlich zur Unausgewogenheit des Gesamtwerkes bei.

---

60 Eine diesbezügliche Ausführung in extenso würde den Rahmen dieser Arbeit sprengen, böte sich jedoch als Forschungsgebiet für weitere Untersuchungen an.

61 Quelle aus Mandelkow: Goethe in Deutschland, Bd. I, S. 203.

Abb. 61: Frank Kirchbach, „Erlkönig“

Abb. 62: „Prometheus“

Abb. 63: „Die Braut von Korinth“

Hinsichtlich des Rezeptionsverhaltens der damaligen Leserschaft lassen sich wiederum nur Vermutungen anstellen. Kirchbach gehörte zu den etabliertesten Malern seiner Zeit. Die Aufmachung des Bandes mutet deshalb gar als eine Hommage an den Künstler an. Es ist anzunehmen, daß zumindest ein Teil der bürgerlichen Rezipienten den überladenen Stil nicht als störend empfanden, zumal er dem Stilempfinden der Zeit entsprach. Die Künstler und Intellektuellen jener Zeit dürfte Kirchbach weniger angesprochen haben. Zum einen vertrat er noch eine Malschule von der sich die jungen Künstler zu lösen versuchten, zum anderen befaßte man sich bereits seit geraumer Zeit mit Buchkunst im Sinne der englischen Vorbilder, die das Augenmerk auf eine sensible Ausstattung legten. Zum Lesen war das Werk ob seines Überformats und Gewichts ohnehin weniger geeignet. Kritischen Geistern wird das Mißverhältnis zwischen Kirchbachs Interpretationsansatz und der zarten Komponente in Goethes Gedichten aufgefallen sein. Otto Grautoffs Bezeichnung mancher Prachtausgabe als der eines „Buchungeheuers“[62] dürfte auf diese Edition vom kunstgeschichtlichen Standpunkt aus durchaus zutreffen.

1901 tritt der Otto Maier Verlag mit einer *Neuen Prachtausgabe mit ca. 300 Abbildungen* hervor, die, als eine der letzten ihrer Art, Goethes Gedichte mit vielerlei Bildern begleitet.[63] Einige Illustrationen fallen durch ihren betont erotischen Charakter jedoch völlig aus dem gewohnten Rahmen. Sie sind ihrerseits als Unikum in der Goetheschen Lyrikillustrationsgeschichte zu betrachten, vor allem, wenn man sich vor Augen führt, daß die Ausgabe 1901 erschienen ist und im Vorwort zu lesen steht:

> Es ist eine selten schöne Ausgabe geschaffen worden, die von unvergänglichem Wert für jede Privatbibliothek ist und auch für den Salon zur vornehmsten Zierde des Tisches gerechnet werden darf.[64]

---

62 Otto Grautoff: Die Entwicklung der modernen Buchkunst in Deutschland, Leipzig 1901, S. 5.

63 Zu den in der Ausgabe genannten Illustratoren zählten Klingebeil, Berwald, Lotter u.a.

64 Otto Maier, Neue Prachtausgabe, 1901.

Antiker Form sich nähernd.

Ländliches Glück.

Seid, o Geister des Hains, o seid, ihr Nymphen des Flusses,
Eurer Entfernten gedenk, euren Nahen zur Lust!
Weihend feierten sie im stillen die ländlichen Feste;
Wir, dem gebahnten Pfad folgend, beschleichen das Glück.
Amor wohne mit uns! Es macht der himmlische Knabe
Gegenwärtige lieb, und die Entfernten euch nah.

Anakreons Grab.

Wo die Rose hier blüht, wo Reben um Lorbeer sich schlingen,
Wo das Turtelchen lockt, wo sich das Grillchen ergötzt,
Welch ein Grab ist hier, das alle Götter mit Leben
Schön bepflanzt und geziert? Es ist Anakreons Ruh.
Frühling, Sommer und Herbst genoß der glückliche Dichter;
Vor dem Winter hat ihn endlich der Hügel geschützt.

Abb. 64: Otto Maiers Neue Prachtausgabe, „Antiker Form sich nähernd“

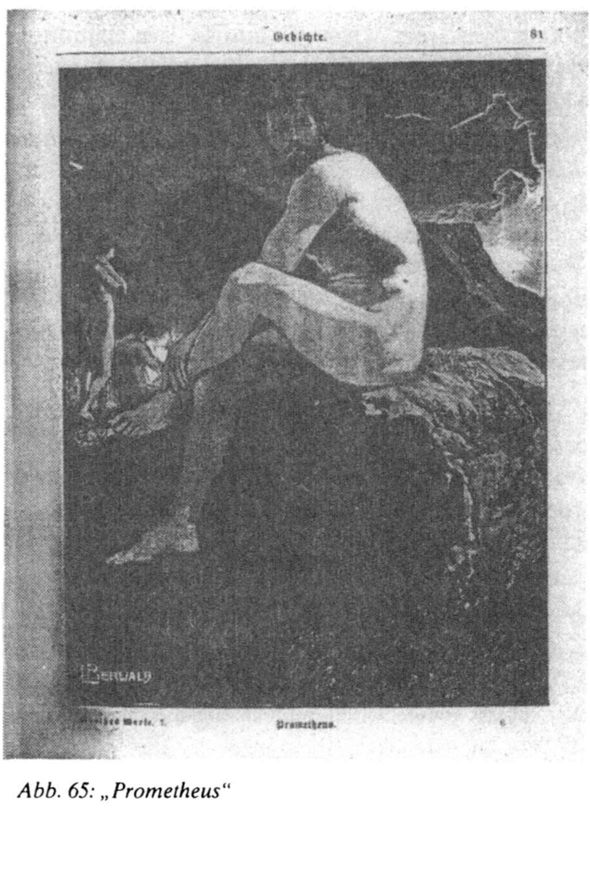

Abb. 65: „Prometheus“

Dies ist nun reichlich übertrieben. Die Zahl der Bilder ist hier bereits stark gesunken, und trotz der hochgestochenen Bezeichnung 'Prachtausgabe' finden sich weder Zierleisten noch Initialen, der Druck ist schlicht, die Papierqualität schlecht. Der Großteil der Bilder ist belanglos, so daß sich die Frage stellt, ob das zeitgenössische Lesepublikum den oben zitierten Worten des Herausgebers wohl bedingungslos zugestimmt hat *(Abb. 64, 65)*.

Vom Niedergang der deutschen Illustrationskunst blieb letztlich auch die Goethe-Illustration nicht verschont. Im Rahmen des Goethe-Kultes nehmen ab 1900 bezeichnenderweise die Dichter-Portraits in den Ausgaben zu.[65] Allerdings lassen sich nun eine Differenzierung der Ausgaben und eine größere Ausrichtung auf verschiedene Leserkreise feststellen.

5.4.2 Ausgaben für Damen

Damen wurden in der Gründerzeit mit speziell auf sie zugeschnittenen Goethe-Gedichtausgaben versorgt. Hier handelt es sich durchgehend um eine Auswahl aus der Lyrik, meist Goethes Liebeslyrik, einzelne Balladen und Beiträge aus der Abteilung 'VERMISCHTE GEDICHTE'. Auch innerhalb dieser Ausgaben konnte man zwischen mehreren Formaten und Erscheinungsformen wählen. Zwei Beispiele mögen im folgenden stellvertretend erwähnt sein.

Coethen verlegte bereits 1870 eine aufwendig gestaltete Ausgabe *für deutsche Frauen mit vier Illustrationen von Hermine Stilke*. Der Band im Quartformat war „Seiner königlichen Hoheit dem Großherzog Carl Alexander von Sachsen-Weimar-Eisenach", dem Enkel Karl Augusts, gewidmet. Die erste Illustration stellt Goethe im Profil als griechischen Jüngling in eine Toga gekleidet mit langer Haartracht dar, wobei er von vielerlei Blumen – hauptsächlich Rosen – und Lorbeer umrankt ist. Dieses Portrait gehört durch die Gestaltung und seine grelle Farbpalette – rot, gold, grün und blau – zu den kitschigsten Goethebildern der Zeit. Angesichts der Tatsache, daß Goethe in Deutschland über Jahrzehnte hinweg weitgehend in Vergessenheit geraten war,[66] ist

---

65 In der Propyläen-Ausgabe von Goethes sämtlichen Werken in vierzig Bänden, Georg Müller Verlag, München 1909, wurden erstmals 167 Bildnisse Goethes in einem Supplement-Band veröffentlicht. Die bekanntesten Portraits finden sich in anderen Ausgaben wieder.

Abb. 66: Emil Klein, „Der Musensohn“

Abb. 67: „Blumengruß“

Abb. 68: Hermine Stilke, „Harzreise im Winter“

Abb. 69: „Wandrers Sturmlied“

diese Art der Renaissance doch kritisch zu beurteilen, zumal der Dichter damit in eine Rolle gedrängt wurde, die seinem Werk nur *eine* Dimension zusprach.

„Harzreise im Winter" und *„Wandrers Sturmlied" (Abb. 68, 69)* wurden mit zwei Illustrationen begleitet, in denen das im Titelbild angedeutete Pathos vorherrscht. Die vierte Illustration dieses Prachtwerks schließlich, umrankt die Verse „Denkt an mich ..." mit kleinen blauen und goldenen Blumen, kann jedoch nicht als Gedichtillustration gewertet werden.

Einen Hang zum Kitsch zeigt auch das formatmäßige Gegenstück dieses Bandes, die 1891 erschienene Miniaturausgabe[67] *Goethe's Gedichte für die Frauenwelt.* Allerdings wirkt die Ausgabe trotz des Goldschnitts und rosaroten und türkisfarbenen Seitenumrandungen nicht nur ob des kleinen Formats zierlicher und weniger bombastisch. Goethes Gedichte bekommen vielmehr wieder privaten Charakter, indem sie für die Intimsphäre der Damen gedacht sind. Den Gedichten sind 8 Lichtdruckbilder nach Originalen von Emil Klein beigegeben *(Abb. 66, 67).*[68]

Auffallend ist, daß die Bilder nicht neben dem jeweiligen Gedicht stehen, sondern quer über den Band verteilt sind. Die Illustration erfüllt hier die sonst seltene Aufgabe, von sich abzulenken, um auf das Gedicht aufmerksam zu machen: Unter jedem Bild ist die Seitenzahl vermerkt, auf der man den dazugehörigen Text finden kann. Einleuchtende Gründe für diese Konzeption sind nicht zu finden, u. U. erschienen sie dem Herausgeber auch nicht von Bedeutung. Die Wirkung einer derartigen Text- und Bildgestaltung auf den Rezeptionsprozeß beim Lesen mag zwar als sehr subtil eingeschätzt werden, ist aber dennoch zu berücksichtigen.

Besonders bei den zielgruppenspezifischen Ausgaben,[69] wie z. B. den Ausgaben für Damen, stellt sich die Frage, ob die Erschei-

66 Eine Ausnahme stellten nur seine treuesten Anhänger dar, nicht jedoch der Großteil der Literaten oder gar das Publikum. Die Rezeptionsforschung weist z.B. stets erneut darauf hin, daß Goethes 100. Geburtstag 1849 fast gänzlich übergangen wurde und erst sein 50. Todestag 1882 Anlaß zu Gedenkreden und Feierlichkeiten bot, wohingegen Friedrich Schiller allgemein höher im Kurs stand.

67 Miniaturausgaben waren in der Regel ca. 8 x 12 cm groß.

68 Zu den Gedichten: „Rettung", „Musensohn", „Unschuld", „An die Erwählte", „Blumengruß", „Der Sänger", „Der Fischer" und „Der Edelknabe und die Müllerin".

nungsform einer Ausgabe den Rezeptionsprozeß des Lesers gelenkt hat oder ob nicht vielmehr die epochenspezifische Goethe-Rezeption die Wirkungsgeschichte der Gedichte bedingt hat. Die Problematik einer diesbezüglichen Untersuchung liegt darin, daß die beiden Faktoren zwangsläufig voneinander abhängig sind und daß aus heutiger Sicht nicht mehr nachvollziehbar ist, inwieweit Illustrationen auf das Empfinden des einzelnen Lesers tatsächlich gewirkt haben. Es ist anzunehmen, daß die Käufer jener Prachtausgaben oder der diversen Editionen für Damen vom Zeitgeschmack derart konditioniert waren, daß sie der eindimensionalen Darbietung von Goethes Lyrik nicht gewahr wurden. Breite Leserkreise rezipierten seine Gedichte folglich über Ausgaben, die ihrem ohnehin existenten Goethebild entsprachen. Darüber hinaus ging es dem „gebildeten Deutschen weniger darum, Goethe zu lesen, als über Goethe."[70] Die Herausgeber setzten dabei zusätzliche Akzente: Goethes Beziehung zu Frauen beispielsweise hielt man für die Damen von Interesse; ihnen wurde er vorwiegend als Liebeslyriker dargeboten.[71] Sofern der Gedichtband Repräsentationszwecke erfüllen sollte, standen wiederum die 'LIEDER' und 'BALLADEN' im Vordergrund. Dieses Konzept findet sich auch in den jeweiligen Illustrierungsformen wieder. Erst die Interessen einzelner Goetheliebhaber ermöglichten schließlich Editionen für ein differenzierteres Lesepublikum.

Nach der Jahrhundertwende vergrößern sich die Unterschiede im künstlerischen Gehalt der illustrierten Gedichtbände erheblich. Während die Prachtausgaben auf dem Markt bleiben und in ihrer Qualität auch ausstattungsmäßig zunehmend sinken, finden sich im gleichen Zeitraum hochwertige Sonderausgaben verschiedener kleiner Verlage und Kunstpressen.[72] Die Illustrierung gewinnt allmählich ihre künstlerische Eigenständigkeit wieder. Zwar herrschen Auftragsarbeiten immer noch vor, dennoch bemühen sich einschlägig interessierte Verleger um eine ästhetische Gestaltung der Ausgaben. Bis zum Ersten Weltkrieg finden sich sowohl weitere illustrierte Pracht-

69 Vgl. Kap. 3.4.

70 Mandelkow: Goethe im Urteil seiner Kritiker, Bd. III, S. XLVII.

71 Häufig sind die Gedichte in diesen Ausgaben den jeweiligen Frauengestalten aus Goethes Leben zugeordnet.

72 Vgl. Anhang.

ausgaben als auch vom Jugendstil geprägte Einzelbände, deren Augenmerk nicht nur auf der Illustrierung des einzelnen Gedichts, sondern einer harmonischen Gesamtgestaltung liegt. Gedacht waren diese Ausgaben nicht mehr für den Salontisch,[73] sondern tatsächlich für den Leser. Zumal die preiswerten Editionen weiterhin erhältlich waren, sind zwischen 1900 und 1914 erstmals alle Leserkreise abgedeckt. Vereinzelt erscheinen darüber hinaus buchkünstlerische Ausgaben mit besonderer Typographie.

5.4.3 Einzelbände mit Buchschmuck

Besonders erwähnenswert ist der 1901 von Stefan George und Karl Wolfskehl herausgegebene Band *Goethe. Deutsche Dichtung* der Reihe *Blätter für die Kunst.* Die Ausstattung oblag Melchior Lechter, die Auflage war auf 303 Exemplare limitiert. Hierbei handelt es sich um eine erste buchgraphische Goethe-Gedichtausgabe in der Tradition von William Morris und der Doves Press. Zwar verfügt der Band über keine Illustrationen, dennoch zählt er zu den bibliophilen Kunstwerken *(Abb. 70).*

Der Buchschmuck unterwirft sich hier nicht dem Text, sondern steht ebenbürtig neben ihm. Obwohl die Herausgeber und der Künstler ausdrücklich Goethes Worte in den Mittelpunkt der Ausgabe rücken wollten, erschwert die kunstvolle Gestaltung bisweilen das ungehinderte Lesen. Darüber hinaus setzte Stefan George seine Kleinschreibung durch, was nun nicht unbedingt als Texttreue aufzufassen ist. Als kostbare Rarität unter den Goethe-Gedichtausgaben muß der Band dennoch unbedingt gewertet werden.

Die 1903 in Leipzig erschienene Elzevier-Ausgabe *Goethe. Ausgewählte Gedichte* wiederum mag als Beispiel dafür angeführt werden, daß nun auch einfache Editionen niveauvoll in Erscheinung treten wollten. Um sich von den gängigen Ausgaben abzugrenzen, nennt sich das Büchlein im Untertitel auch nicht 'illustrierte Ausgabe', sondern *mit Buchschmuck.* Die meisten der kleinen Bilder gleichen zwar eher Vignetten, dennoch finden sich auch ganzseitige Illustrationen zu einigen Gedichten. Die Illustrationen sind formal einfach gehalten, es überwiegt das ruhige Moment. Die Bilder lenken den

---

73 Namentlich in teuren Ausgaben wurde auf den gehobenen sozialen Status des Leserkreises unter deutlicher Abgrenzung der ärmeren Bevölkerung eingegangen.

Abb. 70: Melchior Lechter, „Gott und Welt“

Abb. 71: Hugo Flintzer, Elzevier-Ausgabe, Titel

Abb. 72: „An den Mond"

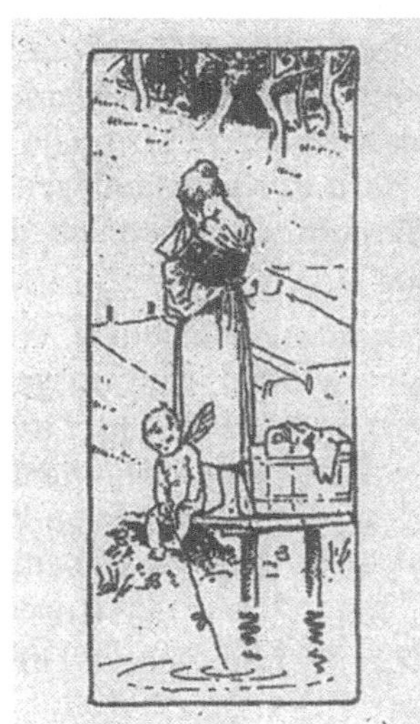

Abb. 73: „Die Spinnerin"

Leser nicht ab, sondern fügen sich in die Textgestaltung ein. Daß sie dennoch nicht nur als schmückendes Element wirken, sondern durch die Interpretation des Künstlers für sich sprechen, liegt nicht zuletzt am ästhetischen Konzept der Ausgabe *(Abb. 71, 72, 73).*

5.5 1918–1933

Für die Zeit von 1918–33 gilt derselbe Sachverhalt wie bis zum Ersten Weltkrieg: für alle Leserkreise und Ansprüche ist auf dem Buchmarkt genügend Auswahl vorhanden. Auch an illustrierten Bänden fehlt es nicht, zumal Goethes Lyrik nach dem Ersten Weltkrieg wieder unmittelbar in das Bewußtsein der Künstler und Herausgeber rückt. Auffallend für diesen Zeitraum sind bibliophile Ausgaben einzelner Gedichte. Wie hoch die Inspirationskraft von Goethes Lyrik einzuschätzen ist, läßt sich schließlich an den bibliophilen Kunstdrucken und Malerbüchern ersehen. Hier setzen sich bildende Künstler mit Goethes Lyrik auseinander, um eine Symbiose zu schaffen, die in der Form nie mehr erreicht werden sollte.

Paul Cassirer verpflichtete Ernst Barlach, Max Liebermann, Hans Meid und Karl Walser für seine Edition von Goethes Gedichten; bis 1933 illustrieren expressionistische Maler ihnen besonders wertvolle Gedichte Goethes für kleinere Editionen, womit der Themenkreis abermals erweitert wird. Die Zahl der buchkünstlerischen Ausgaben, wenn auch in Kleinstauflagen von 100-450 Exemplaren, nimmt rapide zu: allesamt erreichen sie das bislang wohl höchste künstlerische Niveau.

Rezeptionsgeschichtlich wird die Zeit von einer neuen Standortsuche geprägt, die, ausgelöst durch den Ersten Weltkrieg, sehr unsicher vonstatten geht. Goethes Lyrik wird einerseits zum Sinnbild für das Verlangen nach einem neuen Humanismus, wobei die Sozialdemokraten den „Geist von Weimar" beschwören und „Gesellschaftsprobleme in dem Geist behandeln (wollen), in dem Goethe sie ... erfaßt hat",[74] Bertold Brecht wiederum zieht 1929 das Fazit: Die Klassiker sind tot, „sie sind im Krieg gestorben."[75]

---

74 Mandelkow: Goethe im Urteil seiner Kritiker, Bd. IV, S. XXII

75 Ebd., S. XXVI.

Anhand der verschiedenen Illustrationsprojekte jener Zeit, läßt sich diese neue Standortsuche ebenso nachvollziehen. Namentlich die Illustratoren der Künstler- und Malerbücher versuchen in ihrer eigenen Formensprache Goethes Lyrik neu zu interpretieren. Einige Beispiele mögen verdeutlichen, wie inspirierend Goethes Gedichte auf bildende Künstler wirken konnten und welches schöpferische Potential damit freigesetzt wurde.

5.5.1 Künstlerbücher

Unmittelbar nach dem Ersten Weltkrieg häufen sich bibliophile Ausgaben ausgewählter Lyrik. Bereits 1918 bringt der Berliner Hoennicke Verlag zwei Ausgaben einzelner Gedichte Goethes mit besonderer Typographie in limitierter Auflage heraus. Den *Antiken Gedichten*[76] war zusätzlich eine Originalradierung beigegeben, die *Chinesisch-deutschen Gedichte*[77] wurden in einer Schrift des 16. Jahrhunderts gedruckt.

Im Jahre 1919 erscheinen in verschiedenen Verlagen neben vielerlei nicht-illustrierten Einzelausgaben *Das Tagebuch 1810* mit Steinzeichnungen von Rudolf Großmann und die *Elegien und Epigramme aus Italien* mit Originalradierungen von Rolf Schott. Die Auflagen waren auf 220 bzw. 450 Exemplare limitiert.[78]

1919 bringt der Berliner Graupe Verlag im Rahmen der Reihe *Meisterwerke der Weltliteratur mit Original-Graphik* Goethes *Balladen* mit Radierungen von Sepp Frank heraus.[79] Diese Ausgabe gehört zu den herausragendsten ihrer Zeit, da der Künstler als einziger Illustrator Goethes, die Erfahrungen und Erlebnisse des Ersten Weltkriegs verarbeitet und zu Goethes Lyrik in Beziehung gesetzt hat.

Stellt eine Balladensammlung an sich schon keine ausdrücklich heitere Thematik dar, so betonen die Illustrationen Franks zusätzlich

---

76 Antike Gedichte. Geschrieben und mit 1 Original-Radierung von Fritz Janowski. Berlin, Hoennicke 1918, 37 Bl. (Daphnis-Druck).

77 Chinesisch-deutsche Gedichte. Gedruckt bei Joh. Enschedé in einer Schreibschrift des 16. Jahrhunderts von Hendrik Leendert de Jonge, Amsterdam. Berlin, Hoennicke 1918, 37 Bl., (Daphnis-Druck).

78 Vgl. Bibliographie.

79 Der Leipziger Griffel Verlag brachte 1925 einen gebundenen Nachdruck dieser Ausgabe heraus, von dem auch die hier abgebildeten Illustrationen stammen.

Abb. 74: Rolf Schott, „Erlkönig"

Abb. 75: „Die Braut von Korinth"

Abb. 76: Sepp Frank, „Mignon"

Abb. 77: „Der Rattenfänger"

Abb. 78: „Die wandelnde Glocke"

deren Tiefgründigkeit. Die jeweilige Dramatik der Gedichte rückt in den Hintergrund und macht Wehmut und Trauer Platz, wobei durchaus auch Anklänge an den Tod und das Grauen in Erscheinung treten, wie z. B. in den Illustrationen zu *„Der Fischer“*[80] und *„Der Rattenfänger“ (Abb. 77)*. Lyrische Darstellungen wiederum sind bei handlungsarmen Balladen zu finden, beispielsweise zu *„Mignon“ (Abb. 76)*.

Dem Stil der Zeit entsprechend greift Frank inhaltliche Elemente aus den Balladen auf, um seine eigenen Assoziationen daran zu knüpfen und darzustellen. Dabei verzichtet er als fast einziger auf die bis dahin herkömmlichen Motive. Dies führt zugegebenermaßen manchmal von Goethes Aussage weg, ist jedoch nicht als Einschränkung der jeweiligen Gedichte zu verstehen. Für *„Die wandelnde Glocke“ (Abb. 78)* beispielsweise, steht erstmals keine solche, sondern ein leeres Kirchenschiff, das ebenso gut die Stimmung in Franz Kafkas Kapitel *'Im Dom'* aus seinem Roman *Der Prozess* wiedergeben könnte. Indem sich die Bilder nicht unmittelbar worttreu geben, ordnen sie sich den Gedichten zwar nicht unter, bieten dem Leser jedoch eine weitere Dimension. Dennoch drängen sich die Illustrationen nicht auf: Es steht dem Betrachter jeweils offen, sich mit Franks Interpretation zu identifizieren.

Vor dem zeitgeschichtlichen Hintergrund scheint mir diese Form der Illustrierung von Goethes Gedichten jedenfalls ehrlicher und unverhohlener zu sein, als jene, die, alle Ereignisse ignorierend, im Rahmen der Goethe-Illustration den Schein einer heilen Welt zu wahren suchte.

---

80 Vgl. Kap. 4.3.

5.5.2 'Goethe-Gedichte' bei Paul Cassirer

Die bekanntesten Künstler der Zeit finden sich ab 1924 als Illustratoren im Paul Cassirer Verlag wieder. Unter dem Titel *Goethe. Gedichte. Mit Illustrationen von graphischen Künstlern der Gegenwart* hatte Paul Cassirer eine zwölfbändige Reihe mit Künstler-Mappenwerken geplant. Sein vorzeitiger Freitod verhinderte die Beendigung des Projektes, für das u. a. Oskar Kokoschka, Max Slevogt und Max Heckel verpflichtet werden sollten.

Alle Lieferungen zeichneten sich durch dieselbe Erscheinungsform aus: Die Gedichte waren mit der Handpresse auf lose, unpaginierte Büttenbögen abgezogen, die Illustration befand sich entweder über bzw. unter dem Gedicht oder auf einem weiteren Bogen daneben. Somit blieb es dem Besitzer der Mappe überlassen, sie in einer ihm angenehmen Reihenfolge zu binden. Der Mappe wurden darüber hinaus alle Lithographien der Künstler inklusive vier weiterer, nicht in den Textteil aufgenommener, beigegeben. Die Lithos waren auf Japanpapier gedruckt, unter Passepartout gelegt und vom jeweiligen Künstler signiert. Cassirer ließ seine Künstler die zu illustrierenden Gedichte selbst auswählen, wobei schon die Gedichtwahl Rückschlüsse auf die jeweilige Künstlerpersönlichkeit zuläßt. Jedes Gedicht sollte allerdings nur einmal vertreten sein, was prompt zu einem Eklat führte: Barlach hatte den *„Fischer"* für sich gewählt und mußte feststellen, daß dieser bereits von Max Liebermann bearbeitet worden war. Barlach zufolge war Liebermann dem Thema nicht gerecht geworden – worin ihm gelegentlich auch die kunstwissenschaftliche Forschung zustimmt;[81] dennoch entschied sich Cassirer für die Illustration Liebermanns, der 1924 die erste Lieferung besorgt hatte.

81 Vgl. Kommentar von Elmar Jansen im Nachdruck der Cassirer Ausgabe 'Goethe Gedichte mit Steinzeichnungen von Ernst Barlach' Berlin, DDR 1970. Im übrigen sei bemerkt, daß sich die Forschung bei keiner illustrierten Goethe-Ausgabe so uneins ist wie hier. Die Kommentare reichen bei jedem Künstler vm höchsten Lob bis zum vollkommenen Verriß, m. E. ein Zeichen für den Gehalt der Illustrationen – andernfalls würde man sich nicht so kontrovers mit ihnen auseinandersetzen.

Abb. 79: Max Liebermann, „Die Braut von Korinth“

Abb. 80: Ernst Barlach, „Die wandelnde Glocke“

Abb. 81: Ernst Barlach, „Paria“

Abb. 82: Ernst Barlach, „Erlkönig"

Max Liebermann

Der impressionistische Maler, der als Mitbegründer der Berliner Secession 1899 in die Kunstgeschichte einging, hatte neben Goethes Ballade *„Der Fischer"*,[82] *„Die Braut von Korinth" (Abb. 79)*, den *„Müllerinnen-Zyklus"* sowie das Gedicht *„Kenner und Künstler"* als Vorlagen gewählt, zu denen er jeweils mehrere Blätter lieferte. Die Illustrationen zeichnen sich durch eine vorwiegend lyrische Interpretation aus, wenngleich es sich bis auf letztere um Balladen handelt, die eigentlich auf Spannung und Dramatik bauen.

Wie Hartwig Schultz überzeugend aufgezeigt hat, geht es Liebermann vor allem im Vergleich zu Barlach „nicht um die Reduktion auf die Gestaltung kosmischer Urkräfte, sondern mehr um die Atmosphäre, die in der Lyrik Goethes differenziert gestaltet ist."[83] Im Besonderen versucht er, Goethes Balladen „die Atmosphäre subtiler Erotik"[84] abzugewinnen. Dies wird den Gedichten nicht gerecht, wenn man sie wörtlich oder inhaltlich umgesetzt sehen möchte. Dennoch deutet eine derartige Illustrierung auf einen den Gedichten ebenso immanenten Wesenszug hin. Wenngleich Liebermanns Interpretation und die Wahl seiner Motiv neue Aspekte in die Illustrationsgeschichte zu Goethes Lyrik einbringen, besitzen sie nicht die überwältigende Kraft, die ihnen innerhalb eines Mappenwerks durchaus hätte zustehen können. So gesehen stellen sie sich als eine mögliche Interpretationsform neben Goethes Text, ohne diesen jedoch zu vereinnahmen, wie dies bei den Bildern Barlachs der Fall ist.

Ernst Barlach

Von allen Illustratoren, die an der Cassirer-Ausgabe beteiligt waren, hinterläßt Barlach den größten Eindruck. Seine 1924 als zweite Lieferung erschienenen Beiträge wurden wiederholt neuaufgelegt, darüber hinaus zog er innerhalb der Forschung die größte Aufmerksamkeit auf sich.[85] Obwohl Barlachs Illustrationen ohne Zweifel zu

---

82 Vgl. Kap. 4.3.

83 Hartwig Schultz: „Zur Rezeption von Goethes Lyrik", in: Maisak: Goethe in der Kunst des 20. Jh., S. 152.

84 Ebd., S. 153.

85 Da die Bedeutung seiner Illustrationsgraphik bereits Gegenstand mehrerer kunstwiss. Forschungsarbeiten ist, sei hier auf die Sekundärliteratur verwiesen.

den beeindruckendsten innerhalb dieses Genres gehören, weisen seine Bilder eine Eigenständigkeit auf, die Goethes Worte zuweilen in den Hintergrund treten lassen. Schultz zufolge bringt Barlach „oft nur Teilaspekte der Goethe-Texte ins Bild“[86] – eine eigentlich selbstverständliche Tatsache, zumal Illustrationen nie alle Aspekte einer Dichtung darstellen können. Dennoch gingen seine „expressionistischen, oft gewaltsamen Illustrationen ... mit den klassischen Texten eine spannungsreiche, aber fast immer überzeugende Verbindung ein.“[87] Elmar Jansen wiederum stellt fest: „Wesentliches blieb ihm doch auch verschlossen.“[88]

Barlach wählt vorwiegend Goethes Balladen bzw. handlungsreiche Gedichte als Illustrationsvorlagen,[89] wobei er sich nicht nur auf die Dramatik der Gedichte konzentriert, sondern den Akzent auf diejenigen Motive legt, die ihn persönlich am meisten ansprechen: Natur-Mystik, wie sie z. B. im *„Erlkönig“ (Abb. 82)* zu finden ist, aber auch Angst, Verzweiflung und die Qualen innerer Zerrissenheit charakterisieren seine Bilder. Barlach interpretiert Goethe jedoch auch humoristisch, wie an der Illustration zur Ballade *„Die wandelnde Glocke“* zu ersehen ist. Die von den Illustratoren stets wiederholte 'leibhaftigen‘ Glocke, wird mit Ironie umgewandelt: der Pfarrer nimmt durch Tracht und Leibesfülle die Gestalt einer 'wandelnden‘ Glocke an *(Abb. 80)*.

Barlachs Illustrationen sind bis auf diejenigen zu den lyrischen Gedichten sehr ausdruckstark. Seinen eigenen Aussagen ist zu entnehmen, daß er sich bei der Illustrierung unmittelbar an Goethes Worte gehalten hat. Seine Bilder sind zwar eigenwillig, stehen aber ebenbürtig neben dem Text. Inwieweit der Leser von Goethes Gedichten mit Barlachs jeweiliger Interpretation übereinstimmt, mag dahingestellt bleiben. Sammler der Mappen dürften vorrangig an der persönlichen Goethe-Interpretation der Künstler interessiert gewesen

---

86 Schultz, in Maisak: Goethe in der Kunst des 20. Jh. S. 153 (s. Anm. 83).

87 Ebd.

88 Jansen, vgl. Anm. 81.

89 Barlach illustrierte die Gedichte „Der Totentanz“, „Der getreue Eckart“, „Schäfers Klagelied“, „Erlkönig“, „Der Zauberlehrling“, „Die wandelnde Glocke“, „Der König in Thule“, „An den Mond“, „Rastlose Liebe“, „Grenzen der Menschheit“, „Prometheus“, „Harzreise im Winter“, „Geistesgruß“ und „Paria“.

Abb. 83: Hans Meid, „Am Flusse"

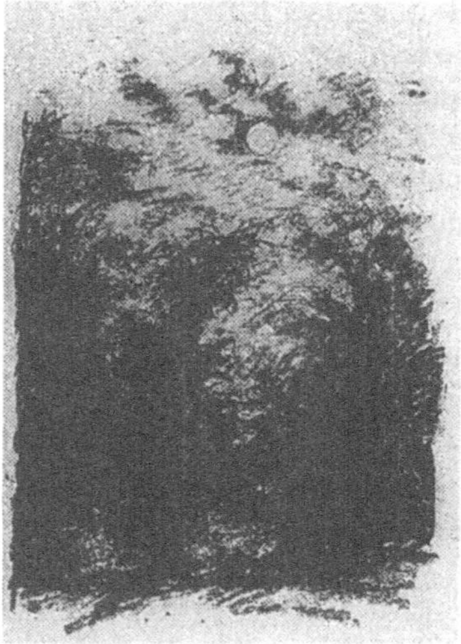

Abb. 84: Hans Meid, „Dem aufgehenden Vollmonde"

Abb. 85: Karl Walser, „Blinde Kuh"

Abb. 86: Karl Walser, „Wandrers Nachtlied"

sein, weshalb den Bildern nicht vorzuwerfen ist, daß sie sich nicht hundertprozentig dem Text unterordnen.

Hans Meid und Karl Walser

Die dritte Lieferung übernimmt 1925 Hans Meid, ein Jahr später folgt Karl Walser mit der vierten und letzten Mappe.

Meid wählt vorwiegend Stimmungsgedichte und eine Ballade.[90] Erstere, z. B. *„Dem aufgehenden Vollmonde" (Abb. 82)*, *„An Belinden"* oder *„Sehnsucht"*, gibt er wort- und inhaltstreu wieder ohne eine persönliche Interpretation des Gedichts vorzunehmen. Hier zeigt sich wieder, daß worttreue Abbildungen zwar Text und Inhalt nicht entstellen, die Vielschichtigkeit eines Gedichts bzw. sein Gehalt jedoch in den Hintergrund tritt.

Auffallend an Meids vorwiegend figürlichen Darstellungen der lyrischen Gedichte ist eine Art Leitmotiv bzw. Leitfigur, das die Gedichte untereinander in einen Zusammenhang stellt. Die Mappe wird mit dem Gedicht *„Am Flusse"* eröffnet, über dem Gedichtanfang befindet sich die Illustration: Zu sehen ist ein in Mantel und Hut gehüllter, am Flußufer stehender Mann *(Abb. 83)*. Diese Figur taucht in mehreren Illustrationen wieder auf, so daß der Eindruck erweckt wird, es spräche stets das gleiche fiktive Ich. Aus Goethes Balladen wählt Meid lediglich den *'Rattenfänger'* und besticht hier durch eine skurrile Darstellung.

Karl Walser wiederum hat sich ganz auf Goethes 'LIEDER' konzentriert und liefert Illustrationen zu *„Das Heidenröslein"*,[91] *„Die Spröde"*, *„Die Bekehrte"*, *„Blinde Kuh" (Abb. 85)* u. a.,[92] wobei er jeweils die Unmittelbarkeit des Augenblicks betont. Schultz zufolge hafte seinen Gestalten sogar „etwas Rustikal-Schlichtes an, was den gewählten Gedichten zum Teil durchaus angemessen ist. Denn meist sind es anspruchslose, volksliedhafte Kurzgedichte".[93]

---

90 „Am Flusse", „Sehnsucht", „An Belinden", „Gefunden", „Freundliches Begegnen", „Rettung", „Dem aufgehenden Vollmonde", „Chinesisch-deutsche Jahres- und Tageszeiten", „Anliegen", „Der Rattenfänger", „Lust und Qual", „Die schöne Nacht" und „Willkommen und Abschied".

91 Vgl. Kap. 4.3.1.

92 „Schweizerlied", „An Lina", „An die Erwählte", „Brautnacht", „Verschiedene Empfindungen", „Nachgefühl", „Wanderers Nachtlied", „Ein Gleiches", „Junggesell und Mühlbach".

Dem kann hier nicht zugestimmt werden, da bei Walsers Illustrationen weniger die Figuren als die dargestellte Lebendigkeit der Bewegung überzeugt, was die Illustrationen zu Momentaufnahmen macht. Die Komposition der Illustration zu *„Blinde Kuh"* ist nicht rustikal, sondern erinnert vielmehr an die Figurenkonstellation in Bildern Toulouse-Lautrecs: Jede Figur steht in diesem Reigen für sich und blickt in eine andere Richtung – bei Lautrec eine Metapher für die Vereinsamung des Individuums – ein Motiv, das durchaus auch in Goethes Gedicht in der Verlassenheit des Jünglings wiederzufinden ist.

Weniger überzeugend erscheinen Walsers Illustrationen zu *„Wandrers Nachtlied" (Abb. 86)* und *„Ein Gleiches"*. Hier wird er der Vielschichtigkeit von Goethes Texten in der Tat nicht gerecht. Der Leser oder Betrachter wird vor allem bei letzterer durch die Vereinfachung des Motivs irritiert. Schultzes Urteil scheint in dem Fall gerechtfertigt, wenn er konstatiert, Walsers Illustration könne „die Verbindung von Tiefsinn und Schlichtheit, die Goethes Gedicht auszeichnet, nicht wiedergeben" und wirke daher „eher simpel und leer."[94]

Bei aller Kritik sind Meids und Walsers Illustrationen dennoch als Bereicherung für die Goethe-Lyrikillustration zu verstehen. Obwohl zwischen den vier Cassirer-Mappen erhebliche Qualitätsunterschiede festzustellen sind, wäre ein Künstlervergleich äußerst reizvoll[95] zumal alle vier Illustratoren in Goethes Gedichten eine anderen Aspekt betonen und somit das Augenmerk zwangsläufig auf die interpretatorische Bandbreite seiner Lyrik gerichtet wird.

5.6 Resümee

Betrachtet man die Illustrationsgeschichte zu Goethes Lyrik anhand der vorgestellten Ausgaben, so fällt zunächst der Sachverhalt auf, relativ wenig Illustrationen bis 1832 und keinen bedeutenden Anstieg derselben bis 1871 vorzufinden. Hierzu läßt sich feststellen, daß die spärliche Illustrierung von Goethes Gedichten bis zum Erscheinen der

93 Schultz, in: Maisak: Goethe in der Kunst des 20. Jh., S. 153.

94 Ebd.

95 Die Forschung hat sich bisher fast ausschließlich auf die Illustrationen Ernst Barlachs konzentriert.

Prachtausgaben im Kaiserreich zum einen rezeptionsgeschichtlich bedingt ist und sich zum anderen aus der jeweils zeitbedingten Erscheinungsweise der Ausgaben ableiten läßt, wobei auch an Goethes mutmaßlichen Einfluß auf die Illustrierung seines lyrischen Werkes erinnert sei. Der Umstand, daß Goethes lyrische Produktion dem Zeitgeschmack nicht immer entsprach, ist darüber hinaus als entscheidener Faktor innerhalb der Illustrationsgeschichte zu werten.

Durch ständig neue Editionen der Gedichte Goethes konnten sich die Leser jeder Epoche einen neuen Zugang zu ihnen eröffnen, zumal der jeweils kulturelle wie gesellschaftspolitische Hintergrund stets andere Rezeptionsvoraussetzungen bot. Auch dieses Phänomen spiegelt sich in der Illustrationsgeschichte wider. Gerade die Tatsache, daß bereits illustrierte Gedichte stets aufs Neue bearbeitet wurden, liegt m. E. eher in ihrem immanenten Anreiz begründet, sich mit ihnen auseinanderzusetzen, als in ihrer formalen Bildhaftigkeit.

Waren die Illustrationen bis 1832 mit Ausnahme der sozialkritischen Bilder Rambergs an sich schon kein Politikum, so bemühten sich nach Goethes Tod die Herausgeber seiner Werke, das Bild des klassischen, an der Antike orientierten Dichters vorherrschen zu lassen ohne jemals die kritischen Stimmen jener zu berücksichtigen, die sich gegen eine Mythisierung Goethes wehrten. Die in der Kaiserzeit schließlich erfolgte Einstufung Goethes als eines 'Olympiers'[96] entzog ihn einer jeglichen politischen Interpretation und verhinderte außerdem eine Verbindung zwischen seiner Dichtung und dem aktuellen Zeitgeschehen herstellen zu können. Derart entrückt, war Goethes Lyrik somit zum reinen Kunstgenuß bestimmt. Während diese betont unpolitische Komponente in der Zeit zwischen 1832 und 1871 letztlich zum vorübergehenden Abflauen von Goethes Beliebtheit beitrug, gewann sie im Kaiserreich an substantiellem Wert.

Schon Neureuthers eigentlich naive Illustrierung, von der Goethe so angetan war, rückte die 'LIEDER' und 'BALLADEN' von jeglicher Politisierung weg, wobei gerade dieser graphische Zyklus die Leser-

---

96 Mandelkow konstatiert: „Die Bezeichnung 'Olympier', ... wird im neuen Reich zur inflationistisch gebrauchten Etikettierung des kulturellen Über-Ichs einer zur politischen Großmacht sich entwickelnden und an ökonomischer Expansion vorrangig interessierten Nation, die ihre gründerzeitliche Hybris auch auf ihr geistiges Erbe, allem voran Goethe, übertrug." Vgl. Karl Robert Mandelkow: Goethe im Urteil seiner Kritiker, Bd. III, S. XVII.

kreise nachhaltig geprägt hatte. Wilhelm Kaulbachs Illustrationen nach Goethes Tod sind unter ideologischen Gesichtspunkten belanglos, dennoch vermied auch er es, mit seinen Bildern an dem überlieferten Goethebild zu rütteln. Mit Ludwig Richters Illustrationen wird Goethes Lyrik dann endgültig in die Sphäre spätbiedermeierlichen Bürgerglücks versetzt, eine Position, die von der Gründerzeit übernommen wurde und an der sich bis nach der Jahrhundertwende nichts wesentliches mehr ändern sollte. Abgesehen von dem ohnehin nicht sehr ausgereiften Illustrationsstil jener Zeit, wirken die Ausgaben der Gründerzeit sehr pathetisch und überladen. Im Vergleich zu der Goethe-Deutung des Jugendstils bzw. der Zeit nach dem Ersten Weltkrieg spiegeln die Illustrationen dabei sehr deutlich die Beziehung wider, die man in jener Epoche zu Goethe hatte. Der Konsens lautete dahingehend: „Der Dichter ... wird seine nationale Funktion um so besser und um so wirksamer erfüllen, je weniger er sich in die politischen Zeitinteressen hineinziehen läßt.“[97] Indem die Ausgaben mittels ihrer Gestaltung an die „germanische Volksseele“[98] appellierten und Goethe als Identifikationsfigur einer neuen Gesellschaft präsentierten, stimmt auch hier der rezeptionsgeschichtliche Zugang zu Goethe mit der Erscheinungsform und Ausstattung der jeweiligen Ausgaben überein. All jene, die sich im Kaiserreich gegen die völkische Vereinnahmung Goethes gewehrt haben, die gegen den „inneren Zusammenhang von Reichsgründung und einer neuen vorurteilslosen Würdigung Goethes“[99] protestierten, fanden in den buchkünstlerischen Ausgaben ein ihnen adäquates Forum. Bezeichnenderweise erschienen diese Kunstbücher nur in Kleinstauflagen.

Die Spaltung in Goethe-Kritik einerseits und Goethe-Apotheose andererseits blieb auch nach dem Ersten Weltkrieg bestehen, wobei dieser, wie die Rezeptionsforschung dargelegt hat, eine Zäsur im Goetheverständnis bewirkt hatte. Die Versuche der Konservativen, an alte Bilder und Wertmaßstäbe wiederanzuknüpfen, läßt sich in der Zeit von 1918 – 1933 ebenso an den Goethe-Ausgaben ablesen, wie das Bestreben der Modernen, Goethe neu zu interpretieren, wobei namentlich die Expressionisten zu einem Wandel im Goethe-

97 Ebd. S. XX.

98 Ebd. S. XXX.

99 Ebd. S. XXV.

verständnis beigetragen haben. Kurz nach dem Ersten Weltkrieg finden sich daher eine Faksimili-Neuauflage von Neureuthers *Randzeichnungen* und Ludwig Richters *Goethe Album* neben Malerbüchern und buchkünstlerischen Editionen auf dem Buchmarkt. Dennoch: Der Großteil der Gedicht- und Werkausgaben Goethes die während der Weimarer Republik erschienen sind, weist keinerlei Illustrationen auf. Goethes Lyrik war bis dahin von allen politischen Richtungen und Kunstströmungen beansprucht und mittels einschlägiger Illustrationen vielfach interpretiert worden. Nach einer geistigen Umwälzung, wie sie der Erste Weltkrieg in Europa ausgelöst hatte, mußte erst eine neue innere Standortbestimmung stattfinden. Die ging langsam und zaghaft vorsich und Goethes *Worte* sollten dabei eine neue Renaissance erleben.

6. Schlußbetrachtung

Literaturwissenschaftliche Betrachtungen zum Wesen der Lyrikillustration verleiten zunächst dazu, das jeweilige Verhältnis von Wort und Bild in den Mittelpunkt der Untersuchung zu rücken. Diese Schwerpunktsetzung ist fürs erste auch naheliegend, zumal es vorwiegend Aufgabe der Kunstwissenschaft zu sein scheint, die wirkungsästhetisch relevanten Aspekte einer Illustration aufzudecken und zu erörtern. Sobald Lyrikillustration jedoch als Dokument eines rezeptionsgeschichtlichen Prozesses betrachtet werden soll, vervielfachen sich die zu berücksichtigenden Dimensionen. Ausschließlich vordergründige Urteile werden dieserhalb den Bildern nicht gerecht. Es gilt, sich stets den zeitgeschichtlichen Hintergrund, beteiligte technische und wirtschaftliche Faktoren, konkrete Konstellationen zwischen Dichter, Illustrator und Verleger und epochenspezifische Eigenheiten vor Augen zu führen, um den möglichen Wirkungsgrad einer Illustration so differenziert wie möglich zu beurteilen. Stehen diese Ergebnisse einmal fest, kann man sich auf die Interaktion zwischen Text und Bild konzentrieren.

Angesichts der eklatanten Forschungslücken innerhalb der Goetheschen Lyrikillustrationsgeschichte, war es Anliegen dieser Untersuchung, grundlegende Daten zur Entstehungsgeschichte und Erscheinungsform der illustrierten Gedichtausgaben zu erstellen und sie vor ihrem jeweiligen komplexen Hintergrund zu präsentieren, um damit weiterführenden Untersuchungen den Weg zu ebnen.

Es wäre anzunehmen gewesen, daß Goethes Werk ob seines Ruhmes innerhalb der Illustrationsgeschichte eine Ausnahmestellung eingenommen hat. Stattdessen hat der Abriß der illustrierten Gedichtausgaben dargelegt, daß die bildliche Umsetzung von Goethes Gedichten weitgehend den äußeren Normen der jeweils aktuellen Lyrikillustration entsprach. Dieses Faktum erklärt auch die starken Qualitätsschwankungen unter den Bildern.

Die unterschiedliche Häufigkeit der Illustrationen in den einzelnen Epochen wiederum sind nicht nur auf besagte zeitspezifische Umstände zurückzuführen, sondern belegen den Wandel innerhalb der Goetheschen Rezeptionsgeschichte. Bis 1832 dürfen die Gründe für die geringe Anzahl von Bildbeigaben in Goethes Skepsis gegenüber der Illustration sowie den gegebenen äußeren Umständen zu suchen sein. Ferner verwundert es nicht, zwischen 1832 und 1871 nur wenig Illustrationen vorzufinden – befand sich Goethes Beliebtheit doch auf ihrem Tiefpunkt – , um ab 1871 einen rasanten Anstieg illustrierter Ausgaben aufzuweisen, der mit Goethes „Wiederentdeckung" einhergeht. Daß hierbei die Quantität der Bilder über deren Qualität siegte, liegt den künstlerisch-technischen Voraussetzungen und den Verlegerinteressen des ausgehenden 19. Jahrhunderts zugrunde. In gleichem Maße unterlag die Illustration zu Goethes Lyrik den buchkünstlerischen Einflüssen um die Jahrhundertwende.

Die Erfahrung des Ersten Weltkriegs sowie die daraus folgenden neuen geistigen Strömungen wiederum bewirkten einen grundlegenden Wandel innerhalb der Goethe-Rezeption. Die Illustrationen dürfen hier folglich als Sinnbild eines sich weiter entwickelnden Goethe-Verständnisses betrachtet werden.

Die Analyse aller jemals illustrierten Gedichtabteilungen bzw. Gedichte erlaubte, präzisere Schlüsse über die Goethe-Rezeption zu ziehen. Hier erwies sich, daß der vermeintlich volksnahe Dichter dem tiefgründigen vorgezogen wurde. Vor allem jene Gedichte, die zwar keine unmittelbare bildhafte Ebene besitzen, aber über inhaltliche wie gehaltvolle Tragweite verfügen, wurden als Bildvorlage verschmäht. Dies liegt m. E. nicht in ihrer schwierigen Darstellbarkeit begründet, sondern in der Tendenz des Publikums – und hier seien Verleger wie manche Künstler eingeschlossen –, Goethes Gedichte auf eine heitere Ebene zu reduzieren. Gefällige Wortwahl, gelungene Form und leichte Lesbarkeit täuschen nicht selten über die vielschichtigen Inhaltsebenen der Gedichte hinweg; es ist daher für die Goethe-Rezeption symptomatisch, wenn stets dieselben Publikumsrenner illustriert wurden, und die Herausforderung, sich mit anderen Themen aus Goethes Dichtung zu befassen, nur äußerst selten angenommen wurde.

Die Erörterung der Rahmenbedingungen und Hintergründe wiederum hat dargelegt, daß die Illustration zwar als Medium im Rezeptionsprozeß eingesetzt werden kann, ihr Einfluß auf die Textrezeption jedoch von ihrer jeweiligen Funktion abhängig ist. So gilt es zu unterscheiden, ob einer Gedichtillustration ästhetische oder absatzpolitische Konzepte zugrunde liegen; der Bildbeigabe wird in ihrer Funktion als schmückendes Beiwerk, z. B. als Titelkupfer, verständlicherweise eine andere Aufmerksamkeit zuteil, als wenn sie als eigenständiges Kunstwerk neben den Text tritt, wie dies in den

Malerbüchern der Fall ist. Darüber hinaus wirken Gedichtillustrationen, die neben oder direkt im Text plaziert sind, unmittelbarer als eine gesondert gebundene Bilderfolge.

Verlegerische Interessen schließlich, wie die Ausrichtung einzelner Editionen auf bestimmte Zielgruppen, dürfen in diesem Rahmen als zusätzlich gewichtige Manipulationsmechanismen zu werten sein. Inwieweit dabei inhaltliche Kriterien zunehmend mißachtet wurden, ist namentlich an den Ausgaben der Gründerzeit zu ersehen.

Für die Zeit zwischen 1800 und 1933 konnte also ein erster Überblick geschaffen werden. Die Erfassung aller gefundenen illustrierten Gedichtausgaben und Illustrationen ermöglichte es darüber hinaus, das Thema aufzubereiten und die jeweiligen epochalen Tendenzen vor ihrem mannigfaltigen Hintergrund aufzuzeigen.

Welche letztendliche Rolle man der Illustration im Rezeptionsprozeß tatsächlich zusprechen kann, bleibt dennoch weitgehend Mutmaßungen und Spekulationen überlassen. Zum einen sprechen die dargelegten Fakten für sich. Zum anderen muß stets erneut darauf hingewiesen werden, daß die gegenseitige Abhängigkeit von bereits gegebenen Rezeptionsprozessen einerseits und einer weiterführenden Umsetzung der Gedichte ins Bild andererseits meistens zu groß ist, um eindeutige richtungsweisende Einflüsse aufzeigen zu können. Selbst dann, wenn ein Künstler neue interpretatorische Akzente gesetzt hat, wie im Falle Ludwig Richters (1856) oder Sepp Franks (1919), sind diese aus ihrem zeitgeschichtlichen Umfeld heraus zu erklären und können folglich nicht als *Ursache* für eine sich wandelnde Goethe-Rezeption betrachtet werden. Inwiefern sie dem Leser jedoch weitere Dimensionen eröffnet und womöglich zu einem neuen Goethe-Verständnis beigetragen haben, kann zwar nicht nachgewiesen, darf aber vermutet werden.

Die Tatsache, sich hier beständig im Bereich der Spekulationen bewegen zu müssen, sollte nicht unterschätzt werden, gehört jedoch zur Grundproblematik der Rezeptionsforschung. Obwohl es an Beiträgen zur Rezeption von Goethes Lyrik nicht mangelt, liegen beispielsweise keine Untersuchungen vor, die sich mit dem nachweislichen Empfinden des einzelnen Lesers befassen.

Nicht minder differenziert ist das Verhältnis von Wort und Bild zu betrachten. Wie am Beispiel der Mehrfachillustrationen ersichtlich wurde, können diesbezüglich keine allgemeingültigen Normen aufgestellt werden. Es überrascht nicht, daß die Forderungen der Wissenschaft, was eine Gedichtillustration zu unterlassen und wo sie ihre Grenzen zu sehen habe viel detaillierter und unnachgiebiger ausfallen, als etwaige Vorschläge hinsichtlich ihrer Aufgaben und Möglichkeiten. Hier sei noch einmal an die Thesen Wilhelm Höcks erinnert,[1] die im Rahmen dieser Diskussion eine Ausnahmestellung einnehmen.

Im übrigen wäre es äußerst wünschenswert, wenn die Gedichtillustration aus ihrem starren Korsett befreit würde. Somit würde einer Kunstform Raum gegeben, die sich gemeinsam *mit* dem Text einem höheren harmonischen Prinzip unterordnen könnte.

Um schließlich weitere konstruktive Beiträge liefern und die dem Thema immanente Problematik bewältigen zu können, scheint es mir unabdingbar, das Augenmerk zukünftig auf eine einzige Epoche oder einen Künstler zu legen. Somit würde gewährleistet, nicht nur der überwältigenden Stoffülle, sondern auch den einzelnen Illustrationen gerecht zu werden. Weitere aussagekräftige Ergebnisse, die ihrerseits konkrete Rezeptionsprozesse erhellen könnten, wären durchaus wünschenswert; möge die vorliegende Untersuchung hierzu als Anregung gedient haben.

1 Vgl. Kapitel 2.4.

Anhang

Verzeichnis illustrierter Goethe-Lyrikausgaben in chronologischer Reihenfolge

Werkausgaben, Einzeldrucke, Almanache. (Vgl. hierzu Tab. 3)

1800

Göthe's neue Schriften. Mit Kupfern, Berlin, bei Johann Friedrich Unger, 1800, Bd. 7.

1801

Goethe's neue Schriften. Neue Auflage, Mannheim, 1801, Bd. 8 und 9 (Nachdruck).

1821

Minerva. Taschenbuch für das Jahr 1821, Leipzig, bei G. Fleischer, 1821.

1822

Minerva. Taschenbuch für das Jahr 1822, Leipzig, bei G. Fleischer, 1822.

1823

Minerva. Taschenbuch für das Jahr 1823, Leipzig, bei G. Fleischer, 1823.

1827

Kupfersammlung von Goethe's sämmtlichen Werken (= Vollständige Ausgabe letzter Hand), Leipzig, Fr. Fleischer, 1827–1833.

1829

Neureuther, Eugen Napoleon: *Randzeichnungen zu Goethes Balladen und Romanzen*, Heft 1-3, Tübingen, bei Cotta, 1829.

1830

Neureuther, Eugen Napoleon: *Randzeichnungen zu Goethes Balladen und Romanzen*, Heft 4, Tübingen, bei Cotta, 1830.

1832

Neureuther, Eugen Napoleon: *Randzeichnungen zu den Dichtungen der deutschen Classiker,* o. O., 1832.

1839

Neureuther, Eugen Napoleon: *Randzeichnungen zu Goethes Balladen und Romanzen*, Heft 5, Tübingen, bei Cotta, 1839.

1840

Goethes sämmtliche Werke in 40 Bänden, Stuttgart und Tübingen, 1840, Cotta, Bd. 1 und 2.

1844

Rheinisches Taschenbuch auf das Jahr 1844. Hrsg. von Dr. Adrian. Mit 8 Stahlstichen, Frankfurt/Main, Verlag Joh. David Sauerländer.

1856

Richter, Ludwig: *Goethe Album*, Wigand, Leipzig, o. J.

1860

Goethes sämmtliche Werke in 6 Bänden, Stuttgart, Cotta, 1860, Bd. 1.

1869

Goethes sämmtliche Werke in 3 Bänden. Mit 42 Stahlstichen, Stuttgart, Göpel, 1869, Bd. 1.

1869a

Goethe's Gedichte. Mit Zeichnungen von Ludwig Pietsch, Ferdinand Piloty u. A., Berlin, Grote, 1869.

1870

Goethe's Gedichte für deutsche Frauen. Mit 4 Illustrationen von Hermine Stilke. Coethen 1870.

1871

Goethe's Werke. Erste illustrirte Ausgabe (sic!), 2. Aufl. Berlin, Grote, 1871, Bd. 1 und 2.

1874

Goethes Werke. Auswahl in 12 Bänden, mit 40 Stahlstichen, Stuttgart, Cotta, 1874, Bd. 1 und 2 (Nachdruck).

1882

Goethes Werke. Illustriert von den ersten deutschen Künstlern. Herausgegeben von Heinrich Düntzer, Stuttgart und Leipzig, o. J. (1882), Bd. 1.

1883

Goethe's Werke. Neue illustrierte Ausgabe. Herausgegeben von Ludwig Geiger, Berlin, Grote, 1883.

1891

Goethe's Gedichte für die Frauenwelt, ausgewählt von Clara Braun. Mit 8 Lichtdruckbildern nach Originalen von Emil Klein, Stuttgart 1891.

1897

Goethes Gedichte. Mit Bildern und Zeichnungen von Frank Kirchbach, Leipzig, Adolf Titze, 1897.

1900

Römische Elegien. Illustriert von Chr. Wild, August Schupp Verlag (Iris-Bücher), München und Leipzig 1900.

1901

Goethes Werke in 2 Bänden. Neue Prachtausgabe. Mit ca. 300 Abb. von Klingebeil, Berwald, Lotter u. A., Leipzig, Verlag Otto Maier, 1901.

Goethe. Deutsche Dichtung. Hrsg. und eingeleitet von Stefan George und Karl Wolfskehl. Blätter für die Kunst. Ausgestattet von Melchior Lechter, 303 Exempl. Berlin 1901.

1903

Goethe. Ausgewählte Gedichte. Buchschmuck von Hugo Flintzer, Elzevierausgabe, Leipzig 1903.

1909

Aus Goethes Sonnentagen. Eine Auswahl aus Goethes Liebeslyrik. Mit Silhouetten von Johanna Beckmann, Berlin 1909.

1910

Goethes Werke. In Auswahl. Illustrierte Ausgabe. Leipzig, Minerva, 1910, Bd. 1.

1919

Das Tagebuch von Goethe 1810. Mit Steinzeichnungen von Rudolf Großmann. Hrsg. von Martin Richter und Curt Moreck, 220 Exempl., München, Phantasus Verlag, 1919.

Goethe. Elegien und Epigramme aus Italien. Mit Titel und 6 Originalradierungen von Rolf Schott. Hrsg. von Dr. Johannes Reiher, 450 Exempl., München, Hesperos-Verlag, 1919.

Goethe. Balladen. Mit Radierungen von Sepp Frank. Meisterwerke der Weltliteratur mit Originalgraphik, Berlin, Graupe Verlag, 1919.

1920

Goethe. Das Tagebuch. 'Die Blaue Blume'-Luxuspublikationen I. Band. Illustrationen, Buchschmuck und Titel von Remigius Geyling. Lichtdrucke von Max Jaffé, Wien, Hermes Druckerei, 1920, 250 Exempl.

1922

Goethe. Römische Elegien. Mit 8 Lithographien und 1 Vignette von Alphons Woelfle, München, Arche Verlag, 1922, 100 Exempl.

1923

J. W. Goethe. Der Totentanz und Hochzeitlied. Mit 28 Originalradierungen von Oscar Graf, München 1923, 1. Aufl. 110 Exempl.

1924

Goethe. Balladen und Romanzen. Mit 15 Originalradierungen von Rolf Schott. Hrsg. von Anton Putz zu Adlersthurn, München, Hesperos Druck, 1924, 260 Exempl.

Goethe. Gedichte. Mit Steinzeichnungen von Max Liebermann, 1. Lieferung, Berlin, Paul Cassirer Verlag, 1924, 100 Exempl.

Goethe. Gedichte. Mit Steinzeichnungen von Ernst Barlach, 2. Lieferung, Berlin, Paul Cassirer Verlag, 1924, 100 Exempl.

1925

Goethe. Balladen. Radierungen von Sepp Frank, Leipzig, Griffel Verlag 1925 (Nachdruck).

Goethe. Gedichte. Mit Steinzeichnungen von Hans Meid. 3. Lieferung. Berlin, Paul Cassirer Verlag, 100 Exempl.

1926

Goethe. Gedichte. Mit Steinzeichnungen von Karl Walser, 4. Lieferung, Berlin, Paul Cassirer Verlag, 1926, 100 Exempl.

1927

Venetianische Epigramme von J. W. v. Goethe. Mit Zeichnungen von Wilhelm Kleukens, Ratio-Presse-Darmstadt 1927, 150 Exempl.

Literaturverzeichnis

Bibliographische Nachschlagwerke

Goedeke, Karl: Grundriss zur Geschichte der deutschen Dichtung, Bd. 4.3., 4.4., Dresden 1912, ders.; Bd. 4.5., Berlin 1957.

Goethe-Bibliographie: Literatur zum dichterischen Werk. Zusammengestellt von Helmut G. Hermann, Stuttgart, Reclam UB, 1991.

Goldschmidt, Arthur: Goethe im Almanach, Leipzig 1932.

Hagen, Waltraud: Die Drucke von Goethes Werken, Berlin 1971.

Pyritz, Hans: Goethe-Bibliographie, Heidelberg 1955.

Werk- und Briefausgaben von Johann Wolfgang Goethe

(FA) :Johann Wolfgang Goethe. Sämtliche Werke. Briefe, Tagebücher und Gespräche, 40 Bände (=Frankfurter Ausgabe), Deutscher Klassiker Verlag, Frankfurt 1987 f.

(GA):Johann Wolfgang von Goethe. Gedenkausgabe der Werke, Briefe und Gespräche in 24 Bänden, herausgegeben von Ernst Beutler. Artemis, Zürich 1949 .

(HA):Goethes Werke, Hamburger Ausgabe in 14 Bänden. Herausgegeben von Erich Trunz, München, Beck 1981.

(MA):Johann Wolfgang Goethe. Sämtliche Werke nach Epochen seines Schaffens (= Münchner Ausgabe). Herausgegeben von Karl Richter in Zusammenarbeit mit Herbert G. Göpfert, Norbert Miller und Gerhard Sauder, Hanser, München 1985 f.

(WA):Goethes Werke, 4 Abteilungen, 133 Bde., Hrsg. im Auftrage der Großherzogin Sophie von Sachsen. Weimar, Hermann Böhlau, 1887/1912. (= Weimarer Ausgabe).

Johann Wolfgang Goethe und andere Autoren

Brentano, Clemens: „Erklärung der Sinnbilder“, in: Ders.: Werke, Bd. 2, München, Hanser, 1963, S. 1046-1054.

Goethe und Cotta. Briefwechsel 1797–1832. Textkritische und kommentierte Ausgabe in drei Bänden. Herausgegeben von Dorothea Kuhn, Stuttgart 1979.

Eckermann, Johann Peter: Gespräche mit Goethe in den letzten Jahren seines Lebens, MA, Bd. 19.

Goethe, Johann Wolfgang: Aus meinem Leben. Dichtung und Wahrheit, MA, Bd. 16., bzw. Frankfurt, Insel, 1975.

ders.: Gott und Welt, Randzeichnungen aus dem Gebetbuche des Kaisers Maximilian. Mit der ausführlichen Besprechung von J. W. v. Goethe, Berlin 1920 (Nachdruck).

ders.: „Einfache Nachahmung der Natur, Manier, Stil", in: Propyläen, Schriften zur Kunst 1788-1800, WA, Bd. 47, S. 76–83.

ders.: „Über die bildende Nachahmung des Schönen von Carl Philipp Moritz", in: Ebd., S. 84–90.

ders.: „Über die Gegenstände der bildenden Kunst", in: Ebd.,S. 91–95.

ders.: „Über Laokoon", in: Ebd., S. 101–117.

Klinger, Max: Malerei und Zeichnung, Leipzig 1895.

Lessing, Gotthold Ephraim: „Laokoon", in: Ders.: Werke, Bd. 6, München Hanser, 1974, S. 555–659.

Schiller und Goethe: Der Briefwechsel zwischen Schiller und Goethe, MA, Bd. 8, bzw. herausgegeben von Emil Staiger, Frankfurt, Insel, o. J.

Sekundärliteratur

Assel, Jutta: „Werther Illustrationen. Bilddokumente als Rezeptionszeugnisse", in: Jäger, Georg: Die Leiden des alten und neuen Werther, München 1984, S. 57-106.

Bänfer, Carl: Bild und Wort im illustrativen Schaffen der letzten hundert Jahre. Probleme der jüngeren Buchillustration, Diss. Münster 1952.

Barlach Ernst. Werke und Werkentwürfe aus 5 Jahrzehnten. Kataloge 1-3. Berlin Ost 1981. Ausstellungskatalog.

Benz, Richard: Goethe und die romantische Kunst, München 1941.

Bilzer, B./ Eyssen, J./ Winzer, F. (Hrsg.): Das große Buch der Kunst. Vom Altertum zur Gegenwart, Braunschweig 1987.

Bland, David: A History of Book Illustration, London 1958.

Boerner, Peter: Johann Wolfgang von Goethe in Selbstzeugnissen und Bilddokumenten, Hamburg 1980 (1 1964).

Braun, Julius W. (Hrsg.): Goethe im Urtheile seiner Zeitgenossen, (Berlin 1885), Faksimili Hildesheim 1969.

Brenni, Vito: Book illustration and decoration, London 1980.

Breucker, Fritz: Ludwig Richter und Goethe, Leipzig 1926.

Büttner, Frank: „Die Illustration im 18. und frühen 19. Jahrhundert. Probleme ihrer Katalogisierung und der bibliographischen Erschließung der Sekundärliteratur“, in: Bibliographische Probleme im Zeichen eines erweiterten Literaturbegriffs. (Mitteilungen IV der Kommission für Germanistische Forschung), Weinheim 1988, S. 159-173.

Busch, Werner: „Umrißzeichnung und Arabeske als Kunstprinzipien des 19. Jahrhunderts“, in: Timm: Buchillustration im 19. Jh., (1988), S. 117-148.

Busch, Wilhelm M.: „Der Illustrator zwischen Autor und Leser“, in: Illustration 63. Zeitschrift für die Buchillustration unserer Zeit, Jg. 1975, H. 3, S. 75-78.

Caspers, Eva: Paul Cassirer und die Pan-Presse. Ein Beitrag zur deutschen Buchillustration und Graphik im 20. Jahrhundert, Diss. Hamburg 1986.

Clösges, Elisabeth: Die Illustration von Goethes Dichtung in seiner Zeit, Diss. Bonn 1943.

Debes, Dietmar: Georg Joachim Göschen. Die typographischen Leistungen des Verlegers, Leipzig 1965.

Dieterle Bernard: „Zum Text-Bild-Verhältnis im illustrierten Gedicht“, in: Timm: Deutsche Buchillustration im 19. Jh., (1988), S. 87-115.

Dohmen, Walter: Die Lithographie. Geschichte, Kunst, Technik. Köln 1982.

Etzold, Ute: „Einbandgestaltung im 19. Jahrhundert“, in: Timm: Deutsche Buchillustration des 19. Jh., (1986), S. 141-143.

Eyssen, Jürgen: Buchkunst in Deutschland. Vom Jugendstil zum Malerbuch. Buchgestalter, Handpressen, Verleger, Illustratoren. Hannover 1980.

Fambach, Oscar (Hrsg.): Goethe und seine Kritiker, Düsseldorf 1953.

Faust, Wolfgang Max: Bilder werden Worte. Zum Verhältnis von bildender Kunst und Literatur. Vom Kubismus bis zur Gegenwart, Köln 1987.

Fischer, Anita: Die Buchillustration der deutschen Romantik. (Germanische Studien, Heft 145), Berlin 1933.

Friedenthal, Richard: Goethe. Sein Leben und seine Zeit, München 1963.

Friedländer, Max: „Über das Illustrieren", in: Almanach Bruno Cassirer 1920, Berlin 1920, S. 75-83.

Garvey, Eleanor: The artist and the book 1860-1960 in Western Europe and the United States, Boston 1962.

Geck, Elisabeth: Grundzüge der Geschichte der Buchillustration, Darmstadt 1982.

Gerhard, Claus W.: „Die Wirkungen drucktechnischer Neuerungen auf die Buchgestaltung im 19. Jahrhundert", in: Raabe: Buchgestaltung in Deutschland, (1980), S. 146-180.

Glaser, Horst Albert (Hrsg.): Deutsche Literatur. Eine Sozialgeschichte, Hamburg 1980, Bd.5, 1786-1815.

Göpfert, Herbert G.: „Der expressionistische Verlag. Versuch einer Übersicht", in: Brannenburger Vorträge 1962, München 1962, S. 41-69.

Ders. (Hrsg.): Buch und Leser. Vorträge des ersten Jahrestreffens des Wolfenbütteler Arbeitskreises für die Geschichte des Buchwesens, Hamburg 1976.

Ders. (Hrsg.): Lesen und Leben, Frankfurt 1975.

Goethe. Leben und Werk. Ausstellung. Sammlung Kippenberg. Marburg 1949.

Goethe und seine Drucker. Gutenbergmuseum Mainz. Ausstellung: Pressendrucke. Erstausgaben. Illustrationen. Mainz 1949.

Götze, Alfred: „Die Frühzeit der Lithographie aus Goethes Sicht (1806-1821)", in: Goethe-Jahrbuch 1967, S. 233-260.

Graucob, Karl: Ernst Barlach als Illustrator von Goethe-Gedichten. Erweiterter Eröffnungsvortrag im „Alten Vaterhaus" in Ratzeburg zur Ausstellung der Goethe Gedichte Illustration 12.Juni bis 30. September 1976, herausgegeben für die Ernst Barlach Gesellschaft von Prof. Dr. Dr. Hans Harmsen, Ratzeburg 1976.

Grautoff, Otto: Die Entwicklung der modernen Buchkunst in Deutschland, Leipzig 1901.

Griesbach, Dieter: Illustrationen zur deutschsprachigen Lyrik von der Romantik bis zum Expressionismus. Eine Untersuchung über das Verhältnis von Wort und Bild, Stuttgart 1986, (Diss. Heidelberg 1984).

Grimme, Ernst Günther: Die Geschichte der abendländischen Buchmalerei, Köln 1980.

Gulyga, Arseni: „Goethe als Ästhetiker und Kunsttheoretiker", in: Goethe-Jahrbuch 1979, S. 111-127.

Hagen, Waltraud: „Goethes Werke auf dem Markt des deutschen Buchhandels. Eine Untersuchung über Auflagenhöhe und Absatz der zeitgenössischen Goethe-Ausgaben", in: Goethe-Jahrbuch 100, 1983, S. 11-58.

Harms, Wolfgang (Hrsg.): Text und Bild, Bild und Text, Stuttgart 1990.

Hausenstein, Wilhelm: Rokoko. Französische und deutsche Illustratoren des XVIII. Jahrhunderts, München 1958 (1 1912).

Hauser, Arnold: Sozialgeschichte der Kunst und Literatur, München 1953, Bd. II.

Hausmann, Manfred: „Die gemeinsame Mitte. Das Bild im Buch", in: Illustration 63, Zeitschrift für Bücherfreunde, Memmingen Jg. 1975, H. 2, S. 39-42.

Hauswedell, E./ Voigt, Chr. (Hrsg.): Buchkunst und Literatur in Deutschland 1750-1850, Hamburg 1977, Bd. I und II.

Häntzschel, Günter: „Gedichte und Illustrationen in Anthologien und Prachtausgaben des 19. Jahrhunderts. Das Beispiel Heinrich Heine", in: Timm: Buchillustration im 19. Jh., (1988), S. 67-85.

Henning, Hans: Nachwort, in: Kupferstiche zu Goethes Werken 1827-1834, Zürich 1987.

Hinderer, Walter (Hrsg.): Geschichte der deutschen Lyrik vom Mittelalter bis zur Gegenwart, Stuttgart 1983.

Höck, Wilhelm: „Die Grenzen der Buchillustration. Zur Phänomenologie eines künstlerischen Ausdrucksmittels", in: Illustration 63, Zeitschrift für Bücherfreunde, Memmingen Jg. 1964, H.2, o. Pag.

Ders.: „Lyrik-Illustration. Oder das Verhältnis zwischen dichterischem und gezeichnetem Bild", in: Illustration 63, Zeitschrift für Bücherfreunde, Memmingen Jg. 1964, H. 4, o. Pag.

Hoffmann-Scholl, Rosemary: „Die Buchillustration im 18. Jahrhundert“, in: Raabe: Buchgestaltung in Deutschland, (1980), S. 39-53.

Jahn, Johannes: „Goethe und Dürer“, in: Goethe-Jahrbuch 1971, S. 75-95.

Kaldewey, Gunnar: „Die Vignettenbücher des Rokoko in Deutschland 1750-1770“, in: Raabe: Buchgestaltung in Deutschland, (1980), S. 54-67.

Klein, Johannes: Geschichte der deutschen Lyrik. Von Luther bis zum Ausgang des Zweiten Weltkrieges, Wiesbaden 1957.

Kolb, Albert: „Goethes Stellung zum Buch“, in: Gutenberg-Jahrbuch 1951, S. 205-210.

Kommerell, Max: „Goethes Balladen“, in: Gedanken über Gedichte, Frankfurt 1956, S. 310-384.

König, Dominik von: „Lesesucht und Lesewut“, in: Göpfert: Buch und Leser, (1976), S. 89-112.

Koschatzky, Walter: Die Kunst der Graphik. Technik, Geschichte, Meisterwerke, Herrsching 1990 (1972).

Kuhn, Dorothea: „Verleger und Illustrator. Am Beispiel der J. G. Cotta'schen Verlagsbuchhandlung“, in: Timm: Buchillustration im 19. Jahrhundert, (1988), S. 213-240.

Dies.: „Johann Friedrich und Georg von Cottas Bemühungen um die Buchillustration“, in: Raabe: Buchgestaltung in Deutschland, (1980), S. 105-123.

Lanckoronska, Maria Gräfin: Geschichte der deutschen Taschenbücher und Almanache aus der klassisch-romantischen Zeit, München 1954.

Dies./ Oehler, Richard: Die Buchillustration des XVIII. Jahrhunderts in Deutschland, Österreich und der Schweiz, 3 Bd., Frankfurt 1932.

Landau, Paul (Hrsg.): Chodowiecki's Illustrationen zu den deutschen Klassikern, Berlin 1914.

Lang, Lothar: Expressionistische Buchillustration in Deutschland 1907-1927, Luzern 1975.

Lang, Oskar: Deutsche Romantik in der Illustration, München 1940.

Lankheit, Klaus: Revolution und Restauration 1785-1855, Köln 1988.

Laufhütte, Hartmut: Die deutsche Kunstballade. Grundlegung einer Gattungsgeschichte, Heidelberg 1979.

Lautz-Oppermann, Gisela: Die Illustrationsgraphik Ernst Barlachs und deren Stellung in seinem Gesamtwerk, Diss. Marburg 1950.

Lecke, Bodo: Literatur der deutschen Klassik. Rezeption und Wirkung, Heidelberg 1981.

Ders. (Hrsg.): Goethe unter den Deutschen. Materialien zur literarischen Wirkung in drei Jahrhunderten, Frankfurt 1978.

Leppmann, Wolfgang: Goethe und die Deutschen. Der Nachruhm eines Dichters im Wandel der Zeit und der Weltanschauungen. Ein Spiegelbild deutscher Kultur und Bildung, Bern 1982.

Leskien, Elfriede: „Die Spiegelung der künstlerischen Strömungen der Goethezeit in der damaligen deutschen Buchillustration“, in: Gutenberg-Jahrbuch 1933, S. 214-226.

Livre. Le livre illustré en Occident du haut Moyen Age à nos jours. Catalogue. Brüssel 1977.

Loubier, Hans: Die neue deutsche Buchkunst, Stuttgart 1921.

Ludwig, Horst: Eugen Napoleon Neureuther und die Illustrations-Groteske. Ein Beitrag zum ‘genus humile’ im Biedermeier, Diss. München 1971.

Lühmann, Frithjof: „Wandlungen der Buchgestaltung am Ende des 18. Jahrhunderts“, in: Raabe: Buchgestaltung in Deutschland, (1980), S. 89-104.

Maisak, Petra: Goethe in der Kunst des 20. Jahrhunderts. Ausstellungskatalog, Frankfurt 1982.

Mandelkow, Karl Robert: Goethe in Deutschland. Rezeptionsgeschichte eines Klassikers, München 1980, (Bd. I) bzw. 1989 (Bd. II).

Ders. (Hrsg.): Goethe im Urteil seiner Kritiker. Dokumente zur Wirkungsgeschichte Goethes in Deutschland, München 1979, Bd. I-IV.

Mazzoni, Ira Diana: Prachtausgaben. Literaturdenkmale in Quart und Folio, Marbacher Magazin 58/1991, Marbach 1991.

Müller-Seidel, Walter: „Balladen und Justizkritik. Zu einem wenig bekannten Gedicht Goethes“, in: Karl Richter (Hrsg.): Gedichte und Interpretationen 2, Stuttgart 1984, S. 437-450.

Nicolai, Heinz: Zeittafel zu Goethes Leben und Werk, München 1977.

Nicolovius, Alfred: Über Goethe. Literarische und artistische Nachrichten, Leipzig 1828.

Paret, Peter: Die Berliner Secession. Moderne Kunst und ihre Feinde im Kaiserlichen Deutschland, Frankfurt 1983.

Plünnecke, Wilhelm: Grundformen der Illustration, Diss. Leipzig 1940.

Raabe, Paul (Hrsg.): Buchgestaltung in Deutschland 1740-1890. Vorträge des dritten Jahrestreffens des Wolfenbütteler Arbeitskreises für Geschichte des Buchwesens in der Herzog August Bibliothek Wolfenbüttel.(Wolfenbütteler Schriften zur Geschichte des Buchwesens 5), Hamburg 1980.

Ders.: „Die Kunst der Illustration“, Vorwort in: Timm: Deutsche Buchillustration des 19. Jh. (1986), S. 7.

Ders.: „Zeitschriften und Almanache“, in: Hauswedell/Voigt: Buchkunst und Literatur, (1977), S. 145-195.

Rasch, Wolfdietrich (Hrsg.): Bildende Kunst und Literatur. Beiträge zum Problem ihrer Wechselbeziehungen im neunzehnten Jahrhundert, Frankfurt 1970.

Rodenberg, Julius: „Das illustrierte Buch des 19.Jahrhunderts“, in: Zeitschrift für Bücherfreunde, N. F. 23. Jg., H. 2, Leipzig 1931, S. 21-30.

Rümann, Arthur: Das deutsche illustrierte Buch des XVIII. Jahrhunderts. Studien zur deutschen Kunstgeschichte, Heft 282, Straßburg 1931.

Ders.: Das illustrierte Buch des XIX. Jahrhunderts in England, Frankreich und Deutschland 1790 - 1860, Leipzig 1930.

Ders.: „Die deutsche Buchillustration. Anmerkungen zu ihrer Geschichte von 1880-1925“, in: Imprimatur (Jahrbuch für Bücherfreunde) Bd. IX, Weimar 1939, S. 129-144.

Ders: „Ein Jahrhundert Goethe-Illustration“, in: Philobiblon 5, Zeitschrift für Bücherfreunde, Wien 1932, Heft 1, S. 11 f., Fortsetzung in Heft 2, S. 53.

Rumer, Eberhard: „Deutsche Buchillustration im 19. Jahrhundert", in: Timm: Deutsche Buchillustration des 19. Jh., (1986), S. 11-28.

Ruppert, Hans und Ilse: „Goethes Briefwechsel mit Neureuther", in: Goethe-Jahrbuch 1956, S. 194-207.

Scharffenberg, Renate: Der Beitrag des Dichters zum Formwandel in der äußeren Gestalt des Buches um die Wende vom 19. zum 20. Jahrhundert, Diss. Marburg 1953.

Schauer, Georg Kurt: Deutsche Buchkunst 1890-1960, Hamburg 1963, Bd. I und II.

Ders.: „Schrift und Typographie", in: Hauswedell/Voigt: Buchkunst und Literatur, (1977), S. 7-57.

Schlaffer, Hannelore: Epochen der deutschen Literatur in Bildern. Klassik und Romantik 1770-1830, Stuttgart 1986.

Schultz, Hartwig: „Zur Rezeption von Goethes Lyrik", in: Maisak: Goethe in der Kunst des 20. Jh. (1982), S. 150-154.

Schulz-Hellenberg, Gisela: Goethe und die Bedeutung des Gegenstandes für die bildende Kunst, München 1947.

Seiten der Zeit. Beispiele deutscher Buchillustration 1908-1930. Mit einer Einleitung von Eva-Maria Hanebutt-Benz. Ausstellungskatalog, Frankfurt 1986.

Stubbe, Wolf: „Illustrationen und Illustratoren", in: Hauswedell/Voigt: Buchkunst und Literatur, (1977), S. 58-144.

Timm, Regine: Deutsche Buchillustration des 19. Jahrhunderts. Ausstellung Herzog August Bibliothek, Katalog 54, Weinheim 1986.

Dies. (Hrsg.): Buchillustration im 19. Jahrhundert. Wolfenbütteler Schriften zur Geschichte des Buchwesens Bd. 15, Herzog August Bibliothek, (Wiesbaden) 1988.

Trumpke, Ulrike: Balladendichtung um 1770. Ihre soziale und religiöse Thematik, Stuttgart 1975.

Unseld, Siegfried: Goethe und seine Verleger, Frankfurt 1991.

Von Odysseus bis Felix Krull. Gestalten der Weltliteratur in der Buchillustration des 19. und 20. Jahrhunderts. Katalog zur Ausstellung der Kunstbibliothek. Berlin 1982.

Wendland, Henning: Die Buchillustration von den Frühdrucken zur Gegenwart, Aarau 1987.

Willberg, Peter: „Buchform und Lesen“, in: Börsenblatt für den deutschen Buchhandel, Frankfurter Ausgabe, Nr. 103/104 vom 28.12.1977, Beilage.

Willems, Gottfried: „Kunst und Literatur als Gegenstand einer Theorie der Wort-Bild-Beziehungen“, in: Harms: Text und Bild, Bild und Text, (1990), S. 415-429.

Winkler, Kurt: „Prachtwerke. Die illustrierten Prunkbücher des Historismus“, in: Timm: Deutsche Buchillustration des 19. Jh. (1986), S. 177-186.

Wittmann, Reinhard: Geschichte des deutschen Buchhandels. Ein Überblick, München 1991.

Ders.: „Literarisches Leben 1848-1880. Der Buchhandel“, in: Realismus und Gründerzeit. Manifeste und Dokumente zur deutschen Literatur 1848-1880, hrsg. von Bucher, Hahl, Jäger, Stuttgart 1976, Bd. 1, S. 161-196.

Ziegler, Edda: „Buchgestaltung in Deutschland 1820-1850“, in: Raabe: Buchgestaltung in Deutschland, (1980), S. 124-145.

Abkürzungen und Bemerkungen zur Zitierweise

Angeführte Personen werden bei Erstnennung jeweils mit vollständigem Namen benannt. Vornamen werden nur abgekürzt oder entfallen ganz, wenn sie der Verfasserin unbekannt sind.

Zitate wurden nicht orthographisch angepaßt. Unterschiedliche Schreibweisen – auch von Goethes Namen und Werktiteln mögen daher nicht verwundern.

Zitate aus wissenschaftlichen Goethe-Werkausgaben sind wie in der Bibliographie gekennzeichnet. Jahrbuch bzw. Jahrbuch der Goethe-Gesellschaft = GJB. Es mußten mehrere Werkausgaben benutzt werden, da bis auf die WA keine Ausgabe mit komplettem Inhalt vorliegt. Im übrigen unterscheiden sich die Schreibweisen der Gedichte in den einzelnen Ausgaben bis zur Sinnentstellung.

Sämtliche Auswertungen und Tabellen beruhen auf dem kompletten Inhaltsverzeichnis der WA.

Die Abbildungen möchten dem Leser einen Eindruck vermitteln. Fälle minderer Abdrucksqualität möge der Leser entschuldigen.

Photonachweis

Die Illustrationen (Abb. 1, 2, 6, 10, 11, 12, 14, 15, 16, 19, 21, 26, 34, 35, 39, 40, 41, 42, 42a, 45, 46, 47, 53, 54, 57, 58, 60, 67, 76) wurden von Stephan Kausch, München, mit freundlicher Genehmigung der Bayerischen Staatsbibliothek München sowie der Universitätsbibliothek der Ludwig-Maximilians-Universität München abphotographiert.

Copyright

Abdruck der Reproduktionen von Ernst Barlach erfolgte mit freundlicher Genehmigung der Ernst und Hans Barlach Lizenzverwaltung, Ratzeburg 1995.

Abdruck der Reproduktionen von Max Liebermann erfolgte mit freundlicher Genehmigung von Marianne Feilchenfeldt, Zürich, 1995.

Die VG-Bild-Kunst Bonn, verzeichnet keine Rechtsnachfolger für Johanna Beckmann, Hugo Flintzer, Sepp Frank, Oscar Graf, Frank Kirchbach, Hans Meid und Karl Walser. Etwaige Lizenzverwalter mögen sich bitte an die Autorin wenden.

GPSR Compliance

The European Union's (EU) General Product Safety Regulation (GPSR) is a set of rules that requires consumer products to be safe and our obligations to ensure this.

If you have any concerns about our products, you can contact us on ProductSafety@springernature.com

In case Publisher is established outside the EU, the EU authorized representative is:

Springer Nature Customer Service Center GmbH
Europaplatz 3
69115 Heidelberg, Germany

Batch number: 10578186

Printed by Printforce, the Netherlands